AF544609

Ein Jahrhundertdenker

Für
Elena, Elisabeth, Michaela
und Nicolas

Er hat in seinen Arbeiten gelebt, sein Leben war seine Arbeit.

Ernst Gombrich über Karl Popper

Kurt Salamun

Ein Jahrhundertdenker

Karl R. Popper und die offene Gesellschaft

MOLDEN

Inhalt

Vorwort

Als Karl Raimund Popper am 17. September 1994 im Alter von 92 Jahren verstarb, hatte dies viele Nachrufe zur Folge. In einigen davon wurde er als „Jahrhundertphilosoph" bezeichnet. Der renommierte deutsche Sozialwissenschaftler Ralf Dahrendorf schrieb in einem Nachruf in der bekannten Hamburger Wochenzeitung *Die Zeit* anerkennend: „Karl Popper wird als eine der großen Gestalten des Jahrhunderts noch lange fortleben ... Er war einer der letzten großen öffentlichen Wissenschaftler, ein wahrer professor ordinarius publicus." (*Die Zeit*, Nr. 39, 1994, S. 70).

Ich habe dieses Buch mit der Absicht geschrieben, interessierten Lesern einen Einblick in das umfangreiche Werk dieses vielseitigen Denkers zu bieten. Es sollte kein wissenschaftliches Fachbuch werden, um damit an der internationalen wissenschaftlichen Diskussion über Poppers Werk teilzunehmen – diese ist besonders im angelsächsischen Sprachraum äußerst umfangreich. Mir war es in erster Linie ein Anliegen, die oft sehr komplexen Inhalte von Poppers Philosophie in möglichst klarer Form einer breiteren Leserschaft zugänglich zu machen. Dass Popper ein großer Denker des 20. Jahrhunderts war, der auf verschiedenen Gebieten, wie Lern- und Denkpsychologie, Erkenntnislehre, Wissenschaftstheorie, Sozialphilosophie und Politische Theorie, richtungsweisende Gedanken entwickelt hat, ist heute unbestritten.

Man kann Popper als einen „österreichischen" Jahrhundertphilosophen bezeichnen, weil er fast alle seine kreativen Leitideen bereits in jener Lebensphase entwickelt hat, die er als Schüler, Student, Handwerker (Tischlerlehrling), Volks- und Hauptschullehrer und Sozialpädagoge in Österreich – vor allem in Wien – verbracht hat. Die Übersiedlung in angelsächsische Länder erfolgte erst im 35. Lebensjahr.

Ich hoffe mit diesem Buch zeigen zu können, dass sich Poppers Philosophie nicht auf eine positivistisch orientierte Erkenntnis- und Wissenschaftslehre reduzieren lässt, wie dies von manchen seiner Kritiker nahegelegt wurde. Seine Philosophie entwirft vielmehr das Bild eines kritisch-rationalen Menschentyps, der als normative Zielvorstellung eine Vorbildfunktion haben kann. Zentrale Kennzeichen dieses Menschentyps sind die kritische Vernunft und die Wertschätzung einer offenen, demokratischen Gesellschaft. Mit diesem Menschenbild legt Popper moralisch-politische Grundeinstellungen und Werthaltungen nahe, die in einer Zeit wertvoll und bedenkenswert sind, in der aufgrund des rasanten technischen Fortschritts und politischer Unwägbarkeiten wieder Irritationen und Verunsicherungen um sich greifen, sodass die Nachfrage nach weltanschaulichen Orientierungsidealen steigt.

Dass Poppers Philosophie ein brauchbares Potential zur Kritik von politischen Ideologien enthält und damit für eine demokratische politische Bildung von Bedeutung ist, möchte ich an den Anwendungsbeispielen Nationalsozialismus, Marxismus und Islamismus deutlich machen.

In diesem Buch wird erstmals auch ein Überblick der öffentlichen und akademischen Rezeption von Gedanken Poppers in Österreich gegeben.

Für die Entstehung dieses Werks waren viele stilistische und inhaltliche Ratschläge wichtig, die mir meine Frau bei der Endfassung des Manuskripts gegeben hat. Auch die Unterstützung bei der Literaturbeschaffung durch meinen zeitweiligen Forschungsassistenten Mag. Michael Matzer war eine wertvolle Hilfe.

Graz, Dezember 2017, **Kurt Salamun**

Leben

Kindheit und Jugend

Karl Popper wurde am 28. Juli 1902 in Ober-St.-Veit im 13. Wiener Gemeindebezirk Hietzing geboren. Wien war damals nach London, Paris und Berlin die viertgrößte Stadt in Europa und Hauptstadt der Habsburgermonarchie. Popper war das dritte und jüngste Kind von Eltern jüdischer Herkunft, die zur evangelischen Kirche übergetreten waren. Er wurde auch evangelisch getauft.

Der Vater Dr. Simon Siegmund Carl Popper stammte aus Prag, hatte in Wien Rechtswissenschaft studiert und war ein erfolgreicher, liberal gesinnter Rechtsanwalt, dessen Anwaltsbüro und Wohnung in der Freisingergasse in der Inneren Stadt lagen. Er war hoch gebildet und übersetzte griechische und römische Dichter und Schriftsteller ins Deutsche und interessierte sich auch für Philosophie; in seinem Studierzimmer hingen Bilder von Darwin und Schopenhauer. Er hatte sich eine reichhaltige Privatbibliothek aufgebaut. Popper erinnert sich noch daran, dort Bücher der deutschen, russischen, englischen, französischen und skandinavischen Klassiker sowie Werke von Platon, Bacon, Descartes, Spinoza, Locke, Kant, Schopenhauer, John St. Mill, Kierkegaard, Nietzsche, des theoretischen Physikers Ernst Mach und des Sprachkritikers Fritz Mauthner vorgefunden zu haben. In dieser Bibliothek fand der heranwachsende Karl viele Bücher, die sein Leseinteresse weckten. Er berichtet nicht nur in seiner Autobiographie *Unended Quest. An Intellectual Autobiography* (1974), deutsch: *Ausgangspunkte. Meine intellektuelle Entwicklung* (1979), über prägende Lektüreerlebnisse in der Kindheit, sondern erwähnt dies auch in publizierten Vorträgen und Interviews. Zu den damaligen Lieblingsbüchern zählten vor allem Reise- und Entdeckerbücher, so das Buch *Durch Nacht und Eis* des norwegischen Polarforschers Fridtjof Nansen, ein Bericht über dessen Nordpolexpedition 1893 bis 1896.

In einem Rückblick auf die prägende Wirkung dieses Buches stellt Popper in hohem Alter fest:

> Es ist Nansens Buch, durch das mir die Bedeutung von kühnen Theorien, von gewagten Hypothesen schon als Kind klar wurde. Wie Nansen berichtet, wurden seine Ideen scharf kritisiert, vor allem von den Fachleuten, von seinen Vorgängern in der Polarforschung. Diese attackierten Nansens brillante Pläne als phantastisch und selbstmörderisch und prophezeiten, daß die „Fram", ebenso wie frühere Schiffe, im Eis zerdrückt werden würde. Nansens ... Reise durch drei lange Polarwinter wurde zu einer experimentellen Prüfung seiner gewagten, aber gründlich durchdachten Theorien. Die Ansicht, daß die Forschung, darin besteht, kühne Hypothesen aufzustellen, um sie experimentell zu überprüfen, wurde mir also schon in meiner Kindheit klar. **(Popper 1994a, S. 322)**

Ein weiteres Buch, das Popper in der Kindheit sehr beeindruckt hat und das seine Mutter Jenny Popper, geborene Schiff, ihm und seinen beiden älteren Schwestern Dora und Annie wiederholt vorgelesen hat, ist *Die wunderbare Reise des kleinen Nils Holgersson mit den Wildgänsen* von der schwedischen Schriftstellerin Selma Lagerlöf. Wie Popper berichtet, las er dieses Buch und weitere Bücher derselben Autorin später als Erwachsener viele Male (Popper 1979, S. 8). Die Bibliothek des Vaters blieb ihm sein Leben lang als ein Schlüsselerlebnis zum Leseansporn aus der Kindheit und Jugend in Erinnerung.

Ein wesentlicher Impuls, der vom Vater auf den Sohn ausging, war die Beschäftigung mit der sogenannten „sozialen Frage". Der Vater studierte viel an sozialkritischer Literatur. In seiner Bibliothek befanden sich sowohl die Werke von Karl Marx und Friedrich Engels, Karl Kautsky und Eduard Bernstein als auch kritische Werke über Marx aus der österreichischen Schule der Nationalökonomie, wie jene von Carl Menger und Eugen Böhm-Bawerk. Er engagierte sich bei sozialen Projekten zur Unterstützung von elternlosen Kindern und Obdachlosen. Dies geschah im

Rahmen einer illegalen Freimaurerloge („Humanitas"), deren „Meister vom Stuhl" er jahrelang war.

War es der Vater, der den Ansporn zum Lesen gab, so war es die Mutter, die beim heranwachsenden Kind die Liebe zur Musik weckte. Sie stammte aus einer musikalisch talentierten Familie, ihre Eltern waren Gründungsmitglieder der berühmten Gesellschaft der Musikfreunde in Wien und ihre Geschwister waren begabte Klavier- und Geigenspieler(Innen). Karl hörte dem Klavierspiel der Mutter häufig zu, wenn sie am Bösendorfer Konzertflügel im Speisezimmer der Wohnung Werke aus der klassischen Musik spielte, etwa von Bach, Haydn, Mozart, Beethoven und Brahms. Als Kind nahm er einige Geigenstunden, um dann aber zu Hause das Klavierspielen zu erlernen und es privat sein ganzes Leben lang auszuüben. Über seinen Musikgeschmack ist in der Autobiographie zu lesen, dass er die Musik von Richard Wagner und Richard Strauss nicht mochte, aber dafür Franz Schubert liebte, den er „für den letzten ganz großen Komponisten" hielt. Auch einige Werke von Anton Bruckner und Johannes Brahms schätzte er sehr. (Popper 1979, S. 72) Er versuchte sich selbst auch als Komponist und komponierte eine am Musikstil von Johann Sebastian Bach orientierte Fuge.

Die Entstehung der Zwölftonmusik in der damaligen Wiener Musikszene verfolgte er als kurzfristiges Mitglied des Vereins für musikalische Privataufführungen. Der Präsident dieses Vereins war Arnold Schönberg, der einige seiner eigenen Werke und auch Werke von Alban Berg dort erstmalig aufführen ließ. Diesem damals neuen und modernen Musikstil konnte Popper jedoch nur wenig abgewinnen.

Als der Erste Weltkrieg ausbrach, war Popper zwölf Jahre alt. Er hielt sich gerade mit Mutter, Geschwistern und befreundeten Familien zur Sommerfrische im Salzkammergut auf, wo viele bekannte Familien des Wiener jüdischen Bildungsbürgertums den Sommerurlaub verbrachten. So z. B. auch der Mitbegründer der Salzburger Festspiele, Hugo von Hofmannsthal, der sich durch Naturerlebnisse in dieser schönen Gegend in seiner schriftstellerischen Tätigkeit inspirieren ließ. Bei einem dieser Sommeraufenthalte während des Krieges hatte Popper ein erschütterndes Erlebnis, das ihn im Gegensatz zur euphorischen Kriegspropaganda der k. u. k. Regierung zu einem entschiedenen Kriegsgegner werden ließ. Er berichtet darüber:

> „Sigmund Freuds Schwester, Rosa Graf, die mit meinen Eltern befreundet war, und ihre Tochter waren mit uns. Ihr Sohn Hermann, der nur fünf Jahre älter war als ich, kam in Uniform, um seinen letzten Urlaub, bevor er an die Front ging, mit seiner Mutter zu verbringen. Bald darauf kam die Nachricht von seinem Tod. Der Schmerz seiner Mutter – und seiner Schwester, der Lieblingsnichte Freuds – war erschütternd. Ich verstand jetzt etwas besser, was diese täglich furchtbar langen Listen der Gefallenen, Verwundeten und Vermißten bedeuteten. **(Popper 1979, S. 13)**

Das frühe sozialkritische, politische Engagement von Popper beweist der Umstand, dass er noch als Schüler der Vereinigung sozialistischer Mittelschüler beitrat und später auch Versammlungen der Vereinigung sozialistischer Universitätsstudenten besuchte. (Popper 1979, S. 40) Das soziale Engagement des Vaters, der Einfluss des Jugendfreundes Arthur Arndt, aber auch sein eigenes Erleben des sozialen Elends in breiten Bevölkerungsgruppen im damaligen Wien ließen Popper kurze Zeit auch mit der Weltanschauung des Marxismus sympathisieren.

> „Zuerst traute ich den Kommunisten nicht recht, weil mir mein Freund Arndt vieles über sie erzählt hatte. Aber im Frühjahr 1919 überzeugte mich und einige meiner Freunde ihre Propaganda: Wir glaubten, daß sie die Avantgarde des Sozialismus seien. Für zwei oder drei Monate betrachtete ich mich als Kommunist. Die Ernüchterung sollte bald kommen. **(Popper 1979, S. 40)**

Das politische Schockerlebnis in der Hörlgasse

Diese Ernüchterung erfolgte durch ein Ereignis, das Popper am 15. Juni 1919 in der Hörlgasse am Alsergrund im 9. Wiener Gemeindebezirk erlebte. Bei einer Demonstration von jugendlichen Sozialisten machten diese den Versuch, einige Kommunisten zu befreien, die in der Wiener Polizeidirektion inhaftiert waren. Sie wurden dabei von kommunistischen Agitatoren zur Gewaltanwendung ermutigt. Die Polizei reagierte mit brutaler Gegengewalt und erschoss zwanzig unbewaffnete Demonstranten, siebzig Personen wurden schwer verletzt. Popper war durch das Miterleben dieser Katastrophe zutiefst geschockt und versuchte die Ursachen dafür zu verstehen. Er kam zum Ergebnis, dass eine zentrale Ursache für dieses Geschehen in der Ideologie des Marxismus lag, der eine permanente Verschärfung des Klassenkampfes in der bürgerlichen, kapitalistischen Gesellschaft verlangt. Kommunistische Agitatoren riefen damals ohne Rücksicht auf Verluste und Leiderfahrungen in der Arbeiterschaft zur Verschärfung des Klassenkampfes auf, und zwar wegen des doktrinären Glaubens an die höchst vage Vision von einer künftigen friedvollen, klassenlosen Gesellschaft.

> „Was mich vom Kommunismus abbrachte und was mich auch bald vom Marxismus überhaupt wegführte, gehört zu den wichtigsten Ereignissen meines Lebens … Ich war entsetzt und erschüttert über das Vorgehen der Polizei, aber auch empört über mich selbst. Denn es wurde mir klar, daß ich als Marxist einen Teil der Verantwortung für die Tragödie trug – wenigstens im Prinzip. Die marxistische Theorie verlangte die dauernde Verschärfung des Klassenkampfes,

> damit das Kommen des Sozialismus beschleunigt werde. Ein Marxist wußte wohl, daß die soziale Revolution schreckliche Opfer fordern wird. Aber er wußte auch ... mit der vollsten Sicherheit, daß der Kapitalismus an jedem Tag mehr gewaltsame Opfer fordert als die ganze soziale Revolution. Ich fragte mich, ob eine solche Behauptung durch den sogenannten „wissenschaftlichen Sozialismus" je wissenschaftlich begründet werden könne. Diese Frage und überhaupt das ganze Erlebnis, führte zu einer dauernden Abwendung vom Marxismus. **(Popper 1979, S. 40 f.)**

Einzelne Argumente, mit denen Popper die marxistische Ideologie und deren autoritär-utopische Grundtendenzen widerlegt hat, werden in diesem Buch im Kapitel über *Marx* als *„falscher Prophet"* genauer besprochen.

Nach dem Ende des Ersten Weltkriegs und dem Zusammenbruch der Habsburgermonarchie herrschte in Wien ein weit verbreitetes soziales Elend, das durch viele Zuwanderer aus den ehemaligen Kronländern der zusammengebrochenen Monarchie noch verschärft wurde. Dazu kamen politische Turbulenzen, weil drei politische Gruppierungen um die Macht in der neu gegründeten Republik Österreich konkurrierten. Es waren dies die sozialistische und die christlich-soziale Partei und eine deutsch-nationale Gruppierung, die zum Wegbereiter der späteren nationalsozialistischen Bewegung in Österreich wurde.

Schule und Universität

In dieser Periode des sozialen und politischen Umbruchs fasste Popper zwei Entschlüsse, die sein weiteres Leben entscheidend beeinflussten: Er trat Ende 1918 als Sechzehnjähriger aus der Mittelschule (dem Gymnasium) aus. Als Begründung schreibt er in einem Rückblick auf diese Phase seiner Schulzeit:

> Ich fand bald heraus, dass in der Mittelschule die Zeit totgeschlagen wurde. Nie vorher und nie nachher habe ich mich gelangweilt: aber die tödliche Langeweile in der Mittelschule gehört zu den schmerzlichsten Erlebnissen meiner Jugend. **(Popper 2006, S. 498)**

Im Alter blickte er auf die Zeit noch einmal zurück, in der er selber Schüler und später Lehrer war, und erinnerte sich an folgenden radikalen Vorschlag, den er damals für die Schulorganisation machte:

> Indem ich damals über meine eigenen Erfahrungen als junger Lehrer an schlechten Schulen nachgedacht habe, bin ich draufgekommen, daß es das Wichtigste ist, schlechten Lehrern in der Schule die Möglichkeit zu schaffen, die Schule zu verlassen ... Ich habe gesehen, daß nur Menschen, die eine gewisse Begabung haben – es ist keine eigentlich intellektuelle Begabung, es ist eine innere Beziehung zu Kindern –, gute Lehrer sein können. Und sehr viele Lehrer werden sozusagen von der Schule eingefangen, sind dort unglücklich und können nicht mehr heraus. Ich habe einen ganz einfachen Vor-

> schlag gemacht: Man muß diesen Menschen ... goldene Brücken bauen, damit sie heraus können; dann kommen an ihrer Stelle wieder junge Leute, die zum Teil geborene Lehrer sind. Solange viele Lehrer verbitterte Lehrer sind, verbittern sie die Kinder und machen sie unglücklich. Sie bleiben in der Schule bis zu ihrer Pensionierung und atmen auf, wenn sie eine Pension bekommen. Solange in der Schule verbitterte Lehrer sind, die aus begreiflichen Gründen die Kinder terrorisieren, auch deshalb, weil sie von ihren Vorgesetzen, zum Beispiel von Inspektoren, eingeschüchtert werden, solange kann die Schule nicht besser werden. **(Popper/Lorenz 1985, S. 117 f.)**

Popper begann ein Studium an der Wiener Universität, allerdings nur als außerordentlicher Hörer, weil er noch keinen Matura-Abschluss hatte. Diesen holte er als Privatschüler erst im Jahr 1922 nach, und zwar am Bundesrealgymnasium im 3. Wiener Gemeindebezirk Landstraße.

Der zweite weitreichende Entschluss betraf den Auszug aus dem Elternhaus. Im Winter 1919/20 verließ er das Elternhaus und zog in ein Barackenlager im Bezirk Döbling, wo ein ehemaliges Kriegslazarett von Studenten zu einem primitiven Studentenheim umgebaut worden war. Dort hatten viele durch die Kriegsereignisse entwurzelte, arbeitslose Jugendliche Unterschlupf gefunden.

Eine Folge des frühzeitigen Schulaustritts war die Freiheit, an der Universität je nach Interesse zunächst Vorlesungen über ganz verschiedene Sachgebiete besuchen zu können. Popper erwähnt in seiner Autobiographie die Fächer Geschichte, Literatur, Psychologie, Philosophie und besonders Mathematik und theoretische Physik. (Popper 1979, S. 50) Nach einem grob gewonnenen Überblick über so verschiedene Wissenschaftsdisziplinen konzentrierte er sich dann aber auf Mathematik, Physik, Philosophie, Psychologie und Musikgeschichte. Von den akademischen Lehrern, mit denen er an der Universität konfrontiert war, beeindruckten ihn besonders der Mathematiker Hans Hahn, ein Mitbegründer des Wiener Kreises des Logischen Empirismus oder Neopositivismus, der Philosoph Heinrich Gomperz mit seinen systematischen Perspektiven in Bezug auf die Philosophiegeschichte sowie der Sprach- und Entwicklungspsychologe Karl Bühler.

Während seiner Studienzeit übte Popper viele Tätigkeiten aus: Ein Jahr lang war er Schüler an der Abteilung für Kirchenmusik am Wiener Konservatorium; er arbeitete als Hilfsarbeiter an einer Straßenbaustelle; er unterrichtete amerikanische Studenten und wirkte unentgeltlich bei Erziehungsberatungsstellen mit, die der Individualpsychologe Alfred Adler leitete. (Popper 1979, S. 45 f.) Von dessen Individualpsychologie hielt er bald ebenso wenig wie von Sigmund Freuds Psychoanalyse. Er bezweifelte den Wissenschaftscharakter dieser beiden psychologischen Richtungen, weil ihre Vertreter immer nur nach Bestätigungen („Verifikationen") für ihre vagen Hypothesen Ausschau hielten und sich nie die Frage stellten, ob ihre Hypothesen nicht auch Irrtümer enthalten bzw. durch irgendeine Erfahrung widerlegt werden könnten.

Popper stellt dazu fest:

> Die Psychoanalyse schließt kein mögliches Verhalten von Menschen aus. Sie sagt nicht, es sei unter gewissen Umständen unmöglich, daß ein Mensch das eine oder andere tut. Daher wird, was immer der Mensch tut, zu einer Bestätigung der psychoanalytischen Theorie. **(Kreuzer 1982, S. 11 f.)**

In einer späteren Schrift erwähnt Popper im Rückblick auf diese Zeit eine persönliche Begegnung mit Alfred Adler während der Tätigkeit an dessen Erziehungsberatungsstelle. Er trug Adler den Fall eines Kindes vor, der ihm nicht durch Adlers individualpsychologische Theorien erklärbar schien. Über Adlers Reaktion berichtete Popper:

> Er hatte nicht die geringste Schwierigkeit, ihn im Sinne seiner Theorie als einen Fall von Minderwertigkeitsgefühlen zu diagnostizieren, obwohl er das Kind nicht einmal gesehen hatte. Ich war darüber etwas schockiert und fragte ihn, was ihn zu dieser Analyse berechtigte. „Meine vieltausendfältige Erfahrung" war seine Antwort. **(Popper 1994, S. 49)**

Diese Antwort war für Popper ein Beweis für eine falsche wissenschaftliche Grundhaltung, die dogmatisch bloß auf die fortwährende Bestätigung (Verifikation) einer einmal gefassten Theorie fixiert ist und die Möglichkeit nicht in Rechnung stellt, dass eine aus dieser Theorie abgeleitete Verallgemeinerung auch scheitern könnte.

Im selben Rückblick bemerkte er zu diesem Thema auch auf ironisch-polemische Weise:

> „Ich fand, daß diejenigen meiner Freunde, die Bewunderer von Marx, Freud oder Adler waren, von gewissen Eigenschaften dieser Theorien beeindruckt waren, die allen dreien gemeinsam waren, vor allem von dem, was ihnen als ihre große *Erklärungskraft* erschien. Denn diese Theorien schienen fähig zu sein, alles zu erklären, was in ihren Anwendungsbereich fiel. Ihr Studium schien einen faszinierenden Effekt zu haben, den einer intellektuellen Bekehrung oder Offenbarung. Es gingen Dir einfach die Augen auf für eine neue Wahrheit, die den Uneingeweihten verborgen war. Und wenn Dir einmal die Augen geöffnet waren, dann konntest Du auch überall bestätigende Beispiele finden. Die Welt war übervoll von *Verifikationen* der Theorie. Was immer sich ereignete, war eine Bestätigung für sie. So schien ihre Wahrheit offenbar zu sein, und die, die nicht daran glaubten, waren sicher nur Leute, die die geoffenbarte Wahrheit nicht sehen wollten, sei es, weil sie gegen ihr Klasseninteresse war, sei es weil sie „unanalysierte" Verdrängungen hatten, die erst eine Behandlung brauchten. **(Popper 1994, S. 48)**

Arbeit als Möbeltischler und Ausbildung zum Volks- und Hauptschullehrer

Von 1922 bis 1924 absolvierte Popper eine Lehre als Möbeltischler und schloss die Ausbildung mit einem Gesellenstück ab: einem Wandkästchen mit zwei verglasten Rahmentüren und zwei eingepassten Laden, ausgeführt in Nussholz furniert. An seine erfolgreiche Gesellenprüfung erinnert eine Gedenktafel am ehemaligen Innungshaus der Wiener Möbeltischler in der Ziegelofengasse 31 im 5. Wiener Gemeindebezirk Margareten. Über seinen Lehrmeister im Tischlerhandwerk schreibt er in der Autobiographie in nostalgisch-euphorischer Erinnerung:

> „Ich vermute, daß ich über Erkenntnistheorie mehr von meinem lieben allwissenden Meister Pösch gelernt habe als von irgendeinem anderen meiner Lehrer. Keiner hat so viel dazu beigetragen, mich zu einem Jünger von Sokrates zu machen. Denn mein Meister lehrte mich nicht nur, daß ich nichts wußte, sondern auch, daß die einzige Weisheit, die zu erwerben ich hoffen konnte, das sokratische Wissen von der Unendlichkeit meines Nichtwissens war. **(Popper 1979, S. 1 f.)**

Im Jahr 1924 erwarb Popper an der Bundes-Lehrerbildungsanstalt in Wien I die Lehrbefugnis an Volksschulen (Grundschulen) für Mathematik und Physik, im Jahr 1929 ergänzte er diese Ausbildung durch die Befähigungsprüfung für den Unterricht an Hauptschulen.

Nachdem keine Lehrerstelle an Schulen frei war, arbeitete Popper zunächst als Erzieher für sozial gefährdete Kinder in einem Hort der Gemeinde Wien. Im Jahr 1925 wurde er Student von hochschulmäßigen

Lehrerbildungskursen am Pädagogischen Institut der Stadt Wien. Diese neu gegründete Institution sollte in Verbindung mit der Universität – die Studierenden hatten dort u. a. eine Pflichtvorlesung aus Psychologie zu besuchen – ein reformfreudiges und psychologisch geschultes Lehrpersonal heranbilden. Dabei ging es vor allem um die Umsetzung von Vorschlägen zur Reform der Volks- und Hauptschulen im Sinne des sozialdemokratischen Bildungspolitikers und Schulreformers Otto Glöckel, der damals Präsident des Wiener Stadtschulrates war. Zu seinen Hauptanliegen gehörte die Demokratisierung der Schule durch organisatorische und inhaltliche Mitbestimmung der Lehrer, Eltern und Schüler. Das pädagogische Hauptziel war die Abkehr von der reinen Lernschule = „Drillschule". Diese sollte zur „Arbeitsschule" weiterentwickelt werden, die auf neuen Erkenntnissen der Psychologie des Denkens und der Gedächtnisforschung aufgebaut war. Popper wurde zu einem engagierten Mitdenker der Wiener Schulreformbewegung und zu einem Bewunderer von Karl Bühler, der 1922 aus Würzburg als Professor für Psychologie an die Wiener Universität berufen worden war. Durch seine Berufung sollten die studierenden Psychologen und Pädagogen mit den neuesten Erkenntnissen der Denkpsychologie bekannt gemacht werden. Karl Bühler und seine Frau Charlotte Bühler waren bis zu ihrer Emigration in die USA 1938, erzwungen durch die nationalsozialistische Machtergreifung in Österreich, hoch geachtete Forscherpersönlichkeiten an der Wiener Universität. Charlotte Bühler war Spezialistin für Kinder- und Jugendpsychologie und gründete die „Wiener kinderpsychologische Schule". Die Tradition dieser Schule wird heute noch von dem im Jahr 1992 in Wien neu gegründeten „Charlotte-Bühler-Institut für praxisorientierte Kleinkindforschung" fortgesetzt.

Während seiner Tätigkeit als Hauptschullehrer und seiner Studien am Pädagogischen Institut trat ein Ereignis ein, das Poppers ganzes weiteres Leben bestimmen sollte. Er lernte seine spätere Frau Josefine Anna Henninger kennen. „Hennie" war engagierte Lehrerin und eine ebenso begeisterte Schulreformerin wie er selber. Beide hatten die gleichen sportlichen Hobbys, nämlich Bergwandern und Schilaufen. In seiner Autobiographie schreibt Popper darüber:

> In persönlicher und geistiger Hinsicht waren die Jahre am Institut für mich höchst bedeutsam, weil ich dort meine Frau kennenlernte. Sie war eine meiner Kolleginnen und sollte einer der strengsten Beurteiler meiner Arbeit werden. Ihr Anteil an meiner Arbeit war seither mindestens so aufreibend wie meiner. Ohne sie wäre vieles nie zustande gekommen. **(Popper 1979, S. 100)**

Zu dieser Zeit publizierte Popper unter dem Einfluss von Bühlers lern- und denkpsychologischen Erkenntnissen mehrere Artikel in reformpädagogischen Zeitschriften zu der damals hoch aktuellen und kontroversen Diskussion über das Verhältnis zwischen „Lernschule" und „Arbeitsschule". Im Jahr 1925 veröffentlichte er im Sinne der damaligen Reformpädagogik in der Zeitschrift *Schulreform* (4. Jg.) seinen ersten Artikel mit dem Titel *Über die Stellung des Lehrers zu Schule und Schüler. Gesellschaftliche oder individualistische Erziehung?*. Darin plädierte er für eine möglichst lebensnahe Erziehung und formulierte folgende zentrale Richtlinien:

> Es muß die *grundlegende Stellungnahme des Erziehers* zum Zögling sein, ihn als eine *Individualität* anzusehen.
> (...)
> Es ist *Aufgabe der Erziehung*, dem Zögling Gelegenheit zu geben, beizeiten durch *Erlebnisse* und *Erfahrungen* gesellschaftlicher Natur *Einsicht in sein Verhältnis zur Gesellschaft* zu gewinnen. **(Popper 2006, S. 6 und 7)**

Seine Dissertation schrieb Popper bei Bühler über das Thema *Zur Methodenfrage der Denkpsychologie* (1928). Als zweites Fach der Doktoratsprüfung wählte er Musikgeschichte. Bei den Rigorosen, den öffentlichen mündlichen Prüfungen für das Doktorat, war der Zweitprüfer aus Philosophie und Psychologie Moritz Schlick. Dieser war 1922 als Schüler des berühmten Physikers Max Planck aus Berlin nach Wien berufen worden, und zwar auf die Lehrkanzel für Philosophie der induktiven Wissenschaften. Diese Lehrkanzel hatte vor ihm schon der bedeutende Physiker Ernst

Mach innegehabt und auch ein anderer Physiker von Weltgeltung, Ludwig Boltzmann, hatte im Rahmen dieser Lehrkanzel eine Zeit lang Lehraufgaben erfüllt. Um Schlick bildete sich an der Universität bald eine Diskussionsgruppe, der hauptsächlich philosophisch interessierte Mathematiker und Naturwissenschaftler angehörten, wie Hans Hahn, Rudolf Carnap, Kurt Gödel u. a. Diese Gruppe ging unter der Bezeichnung *Wiener Kreis* des Logischen Empirismus oder Neopositivismus in die Wissenschaftsgeschichte ein. Dass sich Popper mit Gedanken dieser Denkschule teilweise schon während seiner Dissertation beschäftigt hatte, zeigt sich darin, dass er bereits in der Einleitung eine Passage aus Schlicks Hauptwerk *Allgemeine Erkenntnislehre* (1918) zitiert und dazu aus der Sicht von Bühlers Denkpsychologie kritisch Stellung bezieht. Nachdem er das Doktorratsstudium abgeschlossen hatte, verlagerte sich sein wissenschaftliches Interesse von der Psychologie des Lernens und Denkens immer stärker zur Philosophie der Forschung und der Wissenschaftstheorie.

Begegnung mit den Neopositivisten

Während der Zwanziger- und Anfang der Dreißigerjahre des 20. Jahrhunderts war die Denkschule des Logischen Empirismus bzw. Neopositivismus nicht nur an der Wiener Universität dominant. Auch in Berlin hatte sich in einer *Gesellschaft für empirische Philosophie* eine neopositivistische Gruppe um Hans Reichenbach herausgebildet, die sich mit logischen und erkenntnistheoretischen Problemen des wissenschaftlichen Denkens beschäftigte. Der Philosophie wurde die Aufgabe zugesprochen, in enger Anlehnung an das Erkenntnis- und Methodenideal der Naturwissenschaften die logischen Denkverfahren und die sprachliche Begrifflichkeit in den einzelnen Wissenschaftsdisziplinen zu untersuchen. Man erhob die Forderung, allzu spekulative und metaphysische Relikte in den Wissenschaften kenntlich zu machen und zu eliminieren. Aus den wissenschaftlichen Aussagesystemen müssten vage und mehrdeutige Begriffe ausgegrenzt werden, wenn ihr „Sinn" bzw. Erkenntnisinhalt nicht zumindest prinzipiell durch Sinneserfahrung überprüfbar und damit als wahr oder falsch gekennzeichnet werden könne. Die grundlegende Absicht der Neopositivisten bestand darin, durch logische Analyse der Begriffe, Sätze, Beweise, Hypothesen und Theorien in der Wissenschaft dazu beizutragen, erkenntnishemmende Scheinprobleme aufzudecken. Als Hauptverursacher solcher Pseudoprobleme wurde die Metaphysik angesehen. Es galt daher, metaphysische Sätze als „sinnlos" (d. h. ohne überprüfbaren Erkenntnisgehalt) zu erweisen und damit aus den wissenschaftlichen Aussagensystemen auszuschließen. Damit könnten Hindernisse beim Erkenntnisfortschritt beseitigt und Forscher(Innen) davor bewahrt werden, Zeit- und Energieaufwand nutzlos zu vergeuden.

Mit diesem Philosophieverständnis wurde Popper nicht nur durch Vorlesungen an der Universität bekannt, sondern auch durch den Besuch von mehreren Intellektuellenzirkeln, in denen das Programm der Neopositivisten – zum Teil im Anschluss an Ludwig Wittgenstein und dessen Buch *Tractatus logico-philosophicus* (1922) – intensiv diskutiert wurde. Popper las auch programmatische Schriften von Mitgliedern des Wiener Kreises, so von Rudolf Carnap und Otto Neurath. Obwohl er, wie er in der Autobiographie bedauernd feststellt, nie zu den Zusammenkünften des engeren Kreises um Moritz Schlick eingeladen wurde (Popper 1979, S. 115), konnte er Kontakte zu einzelnen Mitgliedern, z. B. zu Victor Kraft und Herbert Feigl, knüpfen und ihnen gegenüber grundlegende Einwände gegen zentrale Gedanken der Denkschule vorbringen. Er wurde ermutigt, seine Gegenpositionen in einem Buch zusammenzufassen. An dem Buch, dem er den Titel *Die beiden Grundprobleme der Erkenntnistheorie* gab, arbeitete er von 1930 bis 1933. Jedoch war es nach Fertigstellung so umfangreich, dass es vom Verlag, dem er es anbot, nicht akzeptiert wurde. Popper konnte erst eine stark verkürzte Fassung im Jahr 1934 unter dem Titel *Logik der Forschung: Zur Erkenntnistheorie der modernen Naturwissenschaft* im Wiener Julius Springer-Verlag veröffentlichen. In den Jahren 1933 und 1935 publizierte Popper in der von den Neopositivisten gegründeten Zeitschrift *Erkenntnis* zwei kritische Artikel, die wie das vorhin genannte Buch keine nennenswerte Resonanz im deutschen Sprachraum erfahren haben.

1935 begegnete Popper in Wien dem polnischen Logiker Alfred Tarski (1901–1983). Bei Spaziergängen im Volksgarten führte er mit ihm intensive Fachgespräche über das Wahrheitsproblem und übernahm von ihm wichtige Gedanken aus dessen semantischer Interpretation der Korrespondenztheorie der Wahrheit. Popper schreibt dazu:

> Ich kam schließlich zu dem Ergebnis, dass Tarskis große Leistung darin bestand: Er konnte zeigen, dass, wenn wir erst den Unterschied zwischen einer Objektsprache und einer semantischen Metasprache verstanden haben – einer Sprache, in der wir gleichzeitig über Sätze und über Tatsachen sprechen kön-

> nen – es nicht mehr schwierig ist, zu *verstehen*, wie es möglich ist, von der Übereinstimmung eines Satzes mit einer Tatsache zu sprechen. **(Popper 1979, S. 138)**

Die Ursache für die mangelnde Resonanz von Poppers kritischen Schriften gegen den Neopositivismus war die politische Situation. In Deutschland waren die Nationalsozialisten im Jänner 1933 an die Macht gekommen, sodass prominente Vertreter der Berliner Gruppe des Logischen Empirismus ins Ausland emigrieren mussten, weil sie jüdischer Herkunft waren. Auch der Wiener Kreis löste sich auf, nachdem Rudolf Carnap 1935 eine Berufung an eine amerikanische Universität in Chicago angenommen hatte und das Haupt des Wiener Kreises, Moritz Schlick, am 22. Juni 1936 auf dem Weg in eine Vorlesung von einem ehemaligen Studenten im Hauptgebäude der Wiener Universität erschossen worden war. Am rechten Stiegenaufgang des Haupteingangs der Universität kann man heute noch auf einer mittleren Stufe einen Gedenktext an dieses Ereignis lesen. Hinsichtlich der Gründe für diesen Mord sind sich Historiker einig, dass sie nicht politischer Natur waren, man vermutet eher einen Eifersuchtsmord.

Viele Vertreter der neopositivistischen Denkrichtung flüchteten vor den Nationalsozialisten in angelsächsische Länder. In den USA erhielten die meisten von ihnen Professorenstellen an Universitäten, sodass sie ihr Verständnis von Philosophie nun auf Englisch durch ihre dortige Lehrtätigkeit und zahlreiche Publikationen weiterverbreiten konnten. Sie gelten als Begründer jener neueren Denkrichtungen, die als *Philosophy of Science* und *Analytical Philosophy* heute noch in angelsächsischen Ländern weit verbreitet sind. In Europa haben diese Denkrichtungen nach der Nazi-Diktatur und dem Ende des Zweiten Weltkriegs erst wieder in den Fünfziger- und Sechzigerjahren des vergangenen Jahrhunderts Eingang gefunden; dies unter den Bezeichnungen „Wissenschaftstheorie“ und „Analytische Philosophie“ – „analytisch“ im Sinne von Sprachanalyse.

In Österreich registrierte Popper schon weit vor der Okkupation durch Hitler-Deutschland im Jahr 1938 einen immer stärker werdenden Antisemitismus, auch an der Wiener Universität. Er berichtete darüber:

> An der Universität kam es häufig zu antisemitischen Unruhen, und es gab ständig Proteste gegen die allzu hohe Zahl von Juden unter den Professoren. Für jemanden, der jüdischer Herkunft war, wurde es bald unmöglich, ein Lehramt an der Universität zu bekommen. Und die miteinander konkurrierenden Parteien der Rechten überboten einander in ihrer Feindseligkeit gegen die Juden. **(Popper 1979, S. 149)**

Popper selber wurde von seiner Lehrtätigkeit an der Hauptschule ohne Gehalt beurlaubt, sodass nur noch seine Frau unterrichten konnte und für beide das für den Lebensunterhalt notwendige Geld verdienen musste. Da das Buch *Logik der Forschung* im angelsächsischen Bereich gut rezensiert wurde, erhielt Popper Einladungen zu Vorträgen an englischen Colleges und Universitäten. Bei zwei England-Aufenthalten in den Jahren 1935/36 lernte er bedeutende angelsächsische Philosophen kennen, im Besonderen Bertrand Russell, den er nicht nur wegen seiner kritisch-rationalen Auffassung von Philosophie überaus schätzte, sondern in dem er überhaupt „den größten Philosophen seit Kant" sah. (Popper 1979, S. 153). In England traf er auch auf Auslandsösterreicher, die dort an Universitäten lehrten. Darunter waren der Kunsthistoriker Ernst Gombrich, der sein bester Freund werden sollte, und der Wirtschaftswissenschaftler Friedrich von Hayek, der an der *London School of Economics and Political Science (LSE)* tätig war. Popper knüpfte dort Kontakte, die es ihm möglich gemacht hätten, in England Fuß zu fassen, als das Leben in Österreich für einen Wissenschaftler jüdischer Herkunft immer gefährlicher wurde.

Emigration und Arbeiten in Neuseeland

Am Weihnachtsabend 1936 erhielt Popper ein Telegramm, in dem ihm eine Dozentur am *Canterbury University College* in Christchurch, Neuseeland, angeboten wurde. Bereits im Jänner 1937 verließ er mit seiner Frau Wien und schiffte sich nach einem kurzen Aufenthalt in London nach Neuseeland ein. Es gab dorthin noch keine Flugverbindung und die Seereise dauerte fünf Wochen.

Bald nach der Ankunft in Neuseeland im März 1937 nahm Popper seine Lehrtätigkeit auf und hielt auf Englisch einen Seminarvortrag zum Thema „Was ist Dialektik?". Als einziger Philosophielehrer an der Universität war er mit Lehrtätigkeit stark ausgelastet. Er erinnert sich in der Autobiographie mit Bitterkeit daran:

> Die Bibliotheken in Neuseeland waren damals nicht sehr gut, und ich mußte eben mit den Büchern, die mir zugänglich waren, zurechtkommen. Ich hatte viel zu viele Vorlesungen zu geben, und die Universitätsbehörden versagten mir nicht nur jede Hilfe, sondern versuchten, mir aktiv Schwierigkeiten zu machen. Man sagte mir, daß ich gut daran täte, während meines Aufenthalts in Neuseeland nichts zu publizieren, und daß die Zeit, die ich mit Forschungen verbrächte, ein Diebstahl sei an meiner Arbeitszeit als Dozent, für die ich bezahlt werde. **(Popper 1979, S.169)**

Trotz dieser Hemmnisse nahm er die Forschungs- und Publikationstätigkeiten bald wieder auf. Seine Frau unterstützte ihn dabei, indem sie alle seine Manuskripte, auch in mehrfacher Überarbeitung, auf der Schreibmaschine abschrieb. Wie sehr er dabei mit dem Erwerb eines verständlichen Schreibstils auf Englisch zu kämpfen hatte, berichtet der skrupulöse ehemalige Grundschullehrer folgenderweise:

> Meine Hauptsorge war, in erträglichem Englisch zu schreiben. Ich hatte schon vorher einiges in englischer Sprache veröffentlicht, aber es war sprachlich sehr schlecht. Mein deutscher Stil, in dem ich die *Logik der Forschung* geschrieben hatte, war verhältnismäßig klar und leicht – für deutsche Leser; ich entdeckte jedoch, daß im Englischen völlig andere Anforderungen an den Autor und an die Klarheit seines Stils gestellt werden, und weit höhere als im Deutschen. Ein deutscher Leser nimmt zum Beispiel keinen Anstoß an vielsilbigen Wörtern. Im Englischen mußte ich lernen, ihnen gegenüber empfindlich zu werden. Wenn man aber noch kämpfen muß, um die einfachsten Fehler zu vermeiden, dann liegen solche höheren Ziele, auch wenn man sie für richtig hält, in weiter Ferne. **(Popper 1979, S. 161)**

In Neuseeland fasste Popper den Entschluss, wichtige Gedanken über die Politik, die er sich von früher Jugend an gemacht hatte, mit seinen ebenfalls in der Jugend gewonnenen denkpsychologischen und erkenntnistheoretischen Einsichten in Beziehung zu setzen und darüber zu publizieren. Er war davon überzeugt, „daß Ideen über die menschliche Erkenntnis und deren zentrale Probleme (‚Was können wir wissen?', ‚Wie gewiß ist unser Wissen?')" auch für unsere Einstellung zur Politik von entscheidender Bedeutung sind. (Popper 1979, S. 163) Er begann an einem Buch zu schreiben, das totalitäre Tendenzen und Denkstrukturen in den klassischen politischen Theorien von Plato, Hegel und Marx nachweisen sollte. Solche Tendenzen würden, nur in neue Inhalte verpackt, in aktuellen politischen Ideologien immer wieder auftreten. Er wollte über solche Denkweisen aufklären, weil sie eine große Gefahr für die liberalen, demokratischen Gesellschaftssysteme darstellen. Motiviert wurde Popper zu dieser Arbeit durch die aktuell in

Europa neu entstandenen totalitären Herrschaftssysteme in Nazi-Deutschland und der stalinistischen Sowjetunion. Über die Motivation zur Niederschrift seines sozialphilosophischen Hauptwerks *Die offene Gesellschaft und ihre Feinde* erinnert sich Popper wie folgt:

> „Vieles, was in diesem Werk enthalten ist, nahm zu einem früheren Zeitpunkt Gestalt an; aber den Entschluß zur Niederschrift faßte ich im März 1938, an dem Tag, an dem mich die Nachricht von der Invasion in Österreich erreichte. **(Popper 1992, S. XVII)**

In der *scientific community* trat Popper mit seiner Kritik an totalitären Denkformen schon im Jahr 1936 auf. Er hielt damals einen Vortrag an der *London School of Economics and Political Science* in einem Seminar seines liberalen Vorbildes Friedrich von Hayek. Zunächst als Artikel in der Zeitschrift *Economica* erschienen, hat Popper seine Kritik sowohl in dem in Neuseeland entstandenen Buch *The Poverty of Historicism* (1944), deutsch: *Das Elend des Historizismus* (1965), als auch in dem sozialphilosophischen Hauptwerk *The Open Society and Its Enemies (*1945), deutsch: *Die offene Gesellschaft und ihre Feinde* (1957/58), differenziert ausgearbeitet. Die beiden Bücher waren, wie Popper feststellt, als „eine Verteidigung der Freiheit gedacht – eine Verteidigung gegen totalitäre und autoritäre Ideen" und als „Beiträge zur kritischen Philosophie der Politik". (Popper 1979, S. 163)

Was den zuerst genannten Titel *Das Elend des Historizismus* betrifft, wunderte sich Popper darüber, dass der von ihm gewählte Titel nur von wenigen Lesern als Bezug auf den Marxismus verstanden wurde. Mit dem Titel wollte er andeuten, dass das Buch eine grundlegende Kritik an einer geschichtstheoretischen Überzeugung enthält, die exemplarisch im Geschichtsdenken von Karl Marx nachweisbar ist. Der Titel sollte eine Anspielung auf eine frühe Schrift von Marx sein, die den Titel *Das Elend der Philosophie* (1847) hatte. Diesen Titel wiederum hatte Marx als polemische Antwort auf die Schrift *Die Philosophie des Elends* (1846) des französischen Ökonomen und Frühsozialisten Pierre-Joseph Proudhon gewählt. Das Buch *Die offene Gesellschaft und ihre Feinde* ließ Popper zu einem Klassiker der politischen Theorie des 20. Jahrhunderts werden. Dass im Titel von „Feinden" der offenen Gesellschaft die Rede ist, hat man mehrfach kritisiert. Besonders Verteidiger von Plato und Hegel nahmen daran Anstoß.

Von den Begegnungen mit akademischen Fachkollegen während der Emigrationsjahre war die Bekanntschaft mit dem Neurophysiologen und Gehirnforscher Sir John C. Eccles für Popper am fruchtbarsten. Dieser lehrte während Poppers Aufenthalt in Neuseeland an der dortigen Universität in Otago. Im Jahr 1963 wurde ihm für seine Forschungen zusammen mit zwei anderen Fachkollegen der Nobelpreis für Medizin und Physiologie verliehen. Popper und Eccles entdeckten in vielen Diskussionen Gemeinsamkeiten in ihren Forschungsergebnissen über den stets aktiven Charakter von Gedächtnisleistungen. Deshalb entschlossen sie sich in den 1970er-Jahren ein gemeinsames, interdisziplinäres Buch mit getrennten Kapiteln über ihre Forschungsergebnisse zu publizieren, nämlich das Buch *The Self and Its Brain – An Argument for Interactionism* (1977), deutsch: *Das Ich und sein Gehirn* (1982).

Das Wirken an der London School of Economics und die skurrile Begegnung mit Ludwig Wittgenstein

Durch die Berufung nach London an die *London School of Economics*, die er übrigens dem dort lehrenden Landsmann Friedrich von Hayek verdankte, kam Popper im Jahr 1946 wieder nach England und Europa zurück.
Viele Jahre später erinnerte er sich genau an die Situation, als er in Neuseeland die beglückende Nachricht erhielt, wieder nach Europa zurückkehren zu können:

> „Im Jahr 1944 fuhr ich mit meiner Frau in einem bitterkalten Bus, der uns aus den Schiferien am Mount Cook zurückbrachte. Irgendwo hielt der Bus an, es war an einem abgelegenen, verschneiten Postamt. Zu meiner Überraschung wurde mein Name aufgerufen und jemand reichte mir ein Telegramm – das Telegramm, das unser Leben veränderte. Es war von F. A. Hayek und es bot mir eine Dozentenstelle in der London School of Economics an. Die Anstellung folgte dann 1945, und im Jahr 1949 erhielt ich den Titel ‚Professor für Logik und wissenschaftliche Methode'. **(Popper 1995, S. 55)**

Anfang Januar 1946 traf das Ehepaar in London ein, wo Popper seine Lehrtätigkeit zunächst als Dozent an der University of London aufnahm – die *London School of Economics* (LSE) ist ein Teil dieser staatlichen Londoner Universität. In unermüdlicher Lehr- und Vortragstätigkeit und durch zahlreiche weitere Publikationen zu Grundfragen der Erkenntnis- und

Wissenschaftslehre, der Ontologie sowie der Sozialphilosophie und Politischen Theorie verbreitete er seine philosophischen Gedanken und wurde zum Begründer der einflussreichen Denkrichtung des *Kritischen Rationalismus*. Poppers Forschungs- und Lehrtätigkeit in England waren ebenso wie seine Aktivitäten in Neuseeland durch viele interdisziplinäre Kontakte geprägt. Er selber berichtet, dass er in den Anfangsjahren seiner Tätigkeit vieles von Vertretern anderer wissenschaftlicher Fachdisziplinen gelernt habe, so vor allem von Ernst Gombrich, den beiden Wirtschaftstheoretikern Friedrich von Hayek und Terence Hutchinson sowie dem Psychologen Peter Medawar. In diese Zeit fallen auch Kontakte zum theoretischen Physiker Erwin Schrödinger, mit dem Popper mehrfach zu anregenden Diskussionen in London, Dublin, Wien und im Sommer im Tiroler Bergdorf Alpbach zusammentraf. Am dortigen Ortsfriedhof ist Schrödinger, einer von Österreichs Nobelpreisträgern, begraben.

Während der Tätigkeit an der LSE, die bis zur Emeritierung im Jahr 1969 dauerte, absolvierte Popper viele Reisen zu Gastvorträgen und Gastvorlesungen in aller Welt. Er veröffentlichte in dieser Zeit auch den für das Verständnis seines Gesamtwerks bedeutsamen Aufsatzband *Conjectures and Refutations. The Growth of Scientific Knowledge* (1963), deutsch: *Vermutungen und Widerlegungen. Das Wachstum der wissenschaftlichen Erkenntnis* (1993–1996).

Einer der bedeutendsten österreichischen Philosophen des 20. Jahrhunderts war Ludwig Wittgenstein (1889–1951), der ebenfalls in Wien geboren wurde. Als Popper aus Neuseeland nach England kam, war er Professor für Philosophie an der Universität Cambridge. Dort beteiligte er sich auch an einer Diskussionsgruppe im *Moral Science Club*. Diese Gruppe von Professoren und Studierenden der Philosophie traf sich wöchentlich zu Diskussionsrunden im *King's College*. Als Popper am 25. Oktober 1946 dorthin zu einem Vortrag eingeladen war, wählte er als Thema die Frage, ob es philosophische Probleme gebe. Dies im vollen Bewusstsein, dass er damit Wittgenstein provozieren würde. Dieser hatte behauptet, es gebe keine echten philosophischen Probleme, sondern nur philosophische Scheinprobleme, die auf einer Sprachverwirrung beruhen und sich in Form von „Vexierrätseln" (ein zum Scherz aufgegebenes Rätsel) äußern.

In Anwesenheit von Bertrand Russell, des damals berühmtesten Cambridger Philosophen, kam es zu einem Wortwechsel zwischen Popper und Wittgenstein. Im Verlauf der hitzigen Diskussion zwischen beiden, in der Popper als Beispiel für ein echtes Problem auf das Problem der Gültigkeit moralischer Regeln verwies, kam es zu einem Vorfall, den Popper folgenderweise dargestellt hat:

> An diesem Punkt sagte Wittgenstein, der beim Feuer saß und nervös mit dem Schürhaken gespielt hatte, den er gelegentlich wie einen Dirigentenstab benutzte, um seine Behauptungen zu unterstreichen: „Geben Sie ein Beispiel für eine moralische Regel!“ Ich erwiderte: „Man soll einen Gastredner nicht mit dem Schürhaken bedrohen.“ Darauf warf Wittgenstein ärgerlich den Schürhaken hin, stürmte aus dem Raum und schlug die Türe hinter sich zu. **(Popper 1979, S. 177)**

Popper berichtet weiter, dass diese Begegnung zwischen ihm und Wittgenstein abenteuerliche Gerüchte von einem Kampf zwischen ihnen beiden ausgelöst habe, die auch von Zeitungen verbreitet wurden. So erhielt er kurze Zeit später einen Brief aus Neuseeland mit der Anfrage, ob es wahr sei, dass er und Wittgenstein sich mit einem Feuerhaken geschlagen hätten. Zu weiteren Begegnungen kam es nicht.

Sicherlich herrschte zwischen den beiden eine Konkurrenzsituation, nachdem sich beide als Begründer von neuen philosophischen Denkschulen verstanden und während ihrer Lehrtätigkeit Idole für viele begabte Studierende an ihren Universitäten in England waren.

Dass Popper schon früh Kritik an Wittgenstein geübt hat, zeigt folgende Passage aus seinem wissenschaftstheoretischen Hauptwerk *Logik der Forschung* aus dem Jahr 1934:

> Der positivistische Radikalismus vernichtet mit der Metaphysik auch die Naturwissenschaft: Auch die Naturgesetze sind auf elementare Erfahrungssätze *logisch* nicht zurück-

> führbar. Wendet man das Wittgensteinsche Sinnkriterium konsequent an, so sind auch die Naturgesetze, die aufzusuchen „höchste Aufgabe des Physikers ist" (Einstein), sinnlos, d. h. keine echten (legitimen) Sätze; **(Popper 2005, S. 11)**

Wie polemisch Popper gegen Wittgenstein agiert hat, zeigt folgende Passage aus einer Anmerkung in dem Buch *Die offene Gesellschaft und ihre Feinde*:

> Die antimetaphysische Sinntheorie in Wittgensteins *Tractatus,* weit davon entfernt, bei der Bekämpfung von metaphysischem Dogmatismus und orakelnder Philosophie hilfreich zu sein, ist ein verschärfter Dogmatismus, der dem Feind, dem tief bedeutungsvollen metaphysischen Unsinn, Tür und Tor öffnet und der zugleich den besten Freund, die wissenschaftliche Hypothese, durch diese geöffnete Türe abschiebt. **(Popper, 1992, II, S. 355)**

Die späteren Lebensjahre und Ehrungen

Auch nach seiner Emeritierung forschte und publizierte Popper unermüdlich weiter und war stets darum bemüht, durch Vortragsreisen und Gastprofessuren seinen Gedanken breitere Publizität zu verleihen. Aus dieser Lebensphase stammen weitere Werke, in denen er nicht unerhebliche Ergänzungen und Modifikationen früherer Standpunkte vornahm. Ab ca. 1960 erarbeitete er sich Grundgedanken der Evolutionstheorie. Diese fanden ihren Niederschlag in dem Buch *Objective Knowledge: An Evolutionary Approach* (1972), deutsch: *Objektive Erkenntnis: Ein evolutionärer Entwurf* (1973), sowie in dem schon erwähnten, gemeinsam mit John Eccles herausgegebenen Buch *Das Ich und sein Gehirn* (1977). Darin untermauert er die frühe denkpsychologische Theorie vom aktiven menschlichen Erkenntnisvermögen durch Ergebnisse aus der Evolutionsbiologie und inkludiert auch das Leib-Seele-Problem. Er entwickelt Gedanken einer evolutionären Erkenntnistheorie und vertritt die These von einer „objektiven Erkenntnis“ ohne erkennendes Subjekt. (Popper 1973, 123–171).

Diese Konzeption manifestiert sich auch in Poppers trialistischer Seinslehre. Diese Lehre geht über die beiden traditionellen ontologischen Theorien hinaus, die entweder behaupten: Es gibt nur ein Sein in der Welt, nämlich die Materie, oder es gibt zwei Seinsdimensionen, nämlich Materie und Geist. Popper unterscheidet drei Seinsweisen, nämlich Materie, Bewusstsein und Geist. Er nennt diese Welt 1, Welt 2 und Welt 3. Mit der Welt 3, der Seinsdimension des kreativen Geistes, meint Popper sowohl die sprachlich artikulierten, subjektunabhängigen Erkenntnisresultate – unabhängig von ihren Erfindern gespeichert in Computern, Archiven,

Datenbanken usw. – als auch einen offenen Problembereich, der sich dem menschlichen Erkenntnisvermögen als Aufgabe stellt. Auch Kunstwerke als bleibende Ergebnisse der schöpferischen Intuition und Einbildungskraft kreativer Menschen sind der Welt 3 zuzurechnen.

Poppers Verdienste wurden in England durch die Verleihung des Adelstitels „Sir" gewürdigt (1965). Im Verlauf seines Lebens erhielt er für seine wissenschaftlichen Leistungen viele Ehrungen: Er wurde Mitglied oder Ehrenmitglied so bedeutender wissenschaftlicher Akademien wie der britischen *Royal Society*, des *Institut de France* und der *American Academy of Arts and Sciences*. Viele Universitäten in aller Welt ernannten ihn zu ihrem Ehrendoktor. An Ehrenzeichen wurden ihm u. a. verliehen: der Orden Pour le Mérite in Frankreich, das Große Verdienstkreuz der Bundesrepublik Deutschland, das Große Goldene Ehrenzeichen der Republik Österreich (1976) und das Ehrenzeichen für Wissenschaft und Kunst der Republik Österreich (1980).

Dass Popper bis an sein Lebensende auch an den politischen Ereignissen in der Welt regen Anteil nahm, zeigen engagierte Stellungnahmen in Zeitungsartikeln zum Balkankrieg im ehemaligen Jugoslawien und zu den Verträgen von Maastricht bezüglich der Vereinigung Europas in einer Europäischen Union.

Eine späte Kindheitserinnerung: Konrad Lorenz und Karl Popper

Eine Erinnerung an die frühe Kindheit ergab sich für Popper durch einen Wien-Aufenthalt im Jahr 1983. Zu Ehren seines 80. Geburtstages wurde damals ein dreitägiges Symposium über seine Philosophie veranstaltet. Als Vorveranstaltung fand das sogenannte Altenberger Gespräch zwischen ihm und dem Nobelpreisträger Konrad Lorenz statt, der für seine vergleichenden Verhaltensforschungen im Jahr 1973 den Nobelpreis für Physiologie und Medizin erhalten hatte. Lorenz war ebenso wie Popper in Wien aufgewachsen und beide erinnerten sich an gemeinsame Spiele in der Kindheit. Popper lobte Lorenz und sagte: „Ich war sehr beeindruckt von Konrad: Er war ein großer und tapferer Indianerhäuptling", und auch Lorenz erinnerte sich:

> Wie wir einander kennengelernt haben, haben wir Indianer gespielt ... Beim Indianerspielen haben wir ihn als ‚Bleichgesicht' an den Baum gebunden, worüber er nie bös war. **(Popper/Lorenz 1985, S. 13 f.)**

Bei dem Fachgespräch zwischen beiden ging es um erkenntnis- und evolutionstheoretische Fragen, der Moderator war übrigens Franz Kreuzer (1929–2015), einer der bedeutendsten und qualifiziertesten Wissenschaftsjournalisten in der damaligen Zeit.

Popper starb als 92-Jähriger am 17. September 1994 in Croydon bei London. Seine Urne wurde nach Österreich gebracht und in jenem Grab beigesetzt, in dem 1985 bereits seine Frau begraben worden war. Das Grab ist ein Ehrengrab der Stadt Wien und befindet sich auf dem Lainzer Friedhof im 13. Wiener Gemeindebezirk Hietzing.

Welche Geistesgrößen haben Popper entscheidend geprägt?

Sokrates

Eine frühe Leitfigur war für Popper die Person des Sokrates, die er durch die Lektüre von Platons Schrift *Die Apologie des Sokrates* kennenlernte. Es waren vor allem die These vom Nichtwissen und die Forderung nach intellektueller Bescheidenheit, die Popper an Sokrates besonders faszinierten. So referierte er einmal jene Begegnung von Sokrates mit dem Orakel von Delphi, bei der das Orakel auf die Frage, ob jemand weiser sei als Sokrates, mit „nein" antwortete. Sokrates wunderte sich darüber, kam aber dann zu dem Schluss:

> „Ich bin in der Tat etwas weiser als die andern; denn ich weiß, daß ich nichts weiß. Aber die anderen wissen nicht einmal so viel; denn sie glauben, etwas zu wissen."
> Sokrates' Einsicht in unser Nichtwissen „Ich weiß, dass ich (fast) nichts weiß", ist von der allergrößten Bedeutung.
> **(Popper 1979, S. XV)**

In vielen seiner Werke berief sich Popper auf das Beispiel von Sokrates, um überzogene Ansprüche in die Schranken zu weisen, man könne auf einem Gebiet alles wissen oder dass es ein absolut sicheres Wissen gebe. Eine seiner erkenntnis- und wissenschaftstheoretischen Hauptthesen fußt darauf, dass sogar unsere wissenschaftlichen Theorien kein absolut sicheres Wissen vermitteln können, sondern nur ein mehr oder weniger gut bestätigtes „Vermutungswissen".

Aus moralischer Sicht bewunderte Popper die intellektuelle Bescheidenheit von Sokrates und bemühte sich selbst, dieses moralische Prinzip zu befolgen. Dass ihm dies nicht immer gelang, belegen Prioritätsansprüche, die er in späteren Auflagen in Fußnoten des wissenschaftstheoretischen Hauptwerks *Logik der Forschung* (etwa in der Ausgabe von 1959) erhoben hat. Er betont dort ausdrücklich, dass er es war, der den Namen „Basissatz" erfunden habe, der in der neopositivistischen wissenschaftstheoretischen Diskussion eine zentrale Rolle spielte. (Popper 2005, S. 11)

Popper stilisiert Sokrates auch zu einem Vorkämpfer für eine echte Demokratie. Zwar habe er die athenische Demokratie vehement kritisiert, aber die Kritik war keine rein negative, „totalitäre Kritik", sondern eine wohlwollende Kritik, die für den Bestand einer Demokratie notwendig sei. Als Grundzüge der Lehren von Sokrates zählt Popper Charakteristika auf, die er auch als Kennzeichen und Prinzipien seiner eigenen Philosophie in Anspruch nimmt. So etwa, dass die menschliche Vernunft ein universales Mittel der Verständigung sei; die Prinzipien der Selbstkritik und der intellektuellen Ehrlichkeit; die Ideale der Gerechtigkeit und Gleichberechtigung; die Lehre, dass es besser sei, Unrecht zu erleiden, als es anderen zuzufügen. Die zuletzt genannte Lehre könne am besten helfen, den Kern der Ideen von Sokrates zu verstehen, „sein Credo des Individualismus, seinen Glauben, dass das menschliche Individuum ein Selbstzweck ist". (Popper 1992, I, S. 226)

John Stuart Mill

John Stuart Mill gilt als einer der einflussreichsten liberalen Denker des 19. Jahrhunderts, der auf den Gebieten der Philosophie und Wirtschaftstheorie bahnbrechende Werke verfasst hat. Mit seinen Ansichten wurde Popper als Heranwachsender schon im Vaterhaus vertraut, weil sein Vater ein Anhänger Mills war und dessen Hauptwerke in seiner Bibliothek hatte. Durch das Studium von Mills Schriften, vor allem von dessen Buch *Über die Freiheit* (dt. 1869) mit den Kapiteln „Von der Denk- und Redefreiheit", „Über Individualität als eines von den Elementen der Wohlfahrt" und „Über die Grenzen der Autorität der Gesellschaft in Bezug auf das Individuum" wurden in Popper zwei Grundüberzeugungen geweckt, die sich in seiner Philosophie wiederfinden: Das primäre Ziel allen politischen Handelns und der gesellschaftlichen Institutionen muss die Sicherung der individuellen

Freiheit sein; gesellschaftliche Entwicklungen und deren positive und negative Konsequenzen sind auf das Verhalten und die Handlungen von Individuen und Gruppen von Individuen zurückzuführen und nicht auf irgendwelche Kollektive, wie Volk, Rasse, Staat, Nation usw.

Dass Popper Mills Werke gründlich studiert haben muss, beweisen kritische Einwände, die er in vielen späteren Schriften gegen Ansichten von Mill erhoben hat. Ein häufig wiederholter Vorwurf war, Mill habe eine schwerwiegende Fehldeutung der Aufgabe der Sozialwissenschaft zu verantworten. Er habe deren Hauptaufgabe darin gesehen, möglichst exakte und wissenschaftlich fundierte Voraussagen über den künftigen Verlauf der Gesellschaftsentwicklung zu erarbeiten. Ein weiterer Einwand war, Mill habe fälschlich jedes soziale Handeln bloß aus psychischen Motivationen von Individuen, wie Besitzgier, Gewinnsucht, Machtstreben, zu erklären versucht. Damit habe er dem in den Sozialwissenschaften weit verbreiteten Psychologismus Tür und Tor geöffnet und den Einfluss von sozialen Institutionen auf das soziale Handeln viel zu gering bewertet.

Immanuel Kant

Für Popper war Immanuel Kant einer der größten Philosophen der Tradition der Aufklärung. Er sei von Fichte, Schelling und Hegel missbräuchlich als Gründer der „romantischen Schule des ‚Deutschen Idealismus'" ausgegeben worden, einer Denkschule, die in krassem Gegensatz zur Tradition der Aufklärung steht. (Popper 1992, I, S. XXI)

Für Popper hat Kant sowohl in der Erkenntnislehre als auch in der Moralphilosophie eine epochale Revolution vollbracht. Er nennt diese Revolution im Anschluss an Kant auch eine „Kopernikanische Revolution". In der Erkenntnislehre habe Kant erkannt, dass wir nicht

> „passive Zuschauer sind, die warten, bis die Natur ihnen ihre Gesetzmäßigkeiten aufdrängt. An die Stelle dessen müssen wir den Gedanken setzen, dass, indem wir unsere Sinnesempfindungen assimilieren, wir, die Zuschauer, ihnen die Ordnung und die Gesetze unseres Verstandes

> aufzwingen. Unser Kosmos trägt den Stempel unseres Geistes. **(Popper 1992, I, S. XXVI f.)**

Der Kantischen Erkenntnislehre zufolge sind in der menschlichen Erkenntnisstruktur die Anschauungsformen von Raum und Zeit und die Verstandeskategorien von vornherein *(a priori)* vorhanden. Sie werden vom Menschen beim Wahrnehmungs- und Erkenntnisprozess gleichsam wie ein Netz über die nicht strukturierte, chaotische Wirklichkeit gelegt. Damit ist der Erkenntnisvorgang von vornherein aktiv, wie dies auch Popper im Rahmen seiner Erkenntnislehre vertritt.

Ein anderer Einfluss von Kant betrifft die „regulativen Ideen" im Erkenntnisprozess. Popper übernimmt diesen Begriff für die Wahrheitsfrage. Für ihn ist die Idee von einer absoluten Wahrheit immer nur eine regulative Idee. Eine absolute Wahrheit kann in einem Erkenntnisvorgang nie tatsächlich erreicht werden. Sie stellt bloß einen Impuls zur permanenten Wahrheitssuche dar oder ein nie ganz verwirklichbares Annäherungsideal.

Als Popper in der späteren Denkphase ab 1960 zum Unterschied von traditionellen Seinslehren (Ontologien) eine Welt 3 unterschieden hat, wird eine Parallele zu Kant offensichtlich. Ähnlich wie in Kants Vorstellung von einer „intelligiblen Welt", an welcher der Mensch Anteil hat und frei von äußeren Zwängen ist, ist der Mensch auch bei Popper mit seinem Anteil an der Welt 3 ein absolut freies Lebewesen. In dieser Seinsdimension ist er nicht plan- und beherrschbar, weil seine kreative Phantasie und Einbildungskraft zur Schaffung von künftigen geistigen Phänomenen nicht plan- und voraussehbar ist.

In der Moralphilosophie liegt Kants Kopernikanische Wende für Popper in der Lehre von der Autonomie und der individuellen Freiheit.

> „Er sagt, dass wir dem Gebote einer Autorität niemals blind gehorchen dürfen, ja, daß wir uns nicht einmal einer übermenschlichen Autorität als einem moralischen Gesetzgeber blind unterwerfen sollen. Wenn wir dem Befehl einer Autorität gegenüberstehen, sind es doch immer nur wir, die auf unsere Verantwortung hin entscheiden, ob dieser Befehl

> moralisch ist oder unmoralisch ... Denn die Entscheidung liegt bei uns: wir können dem Befehl gehorchen oder nicht gehorchen; wir können die Autorität anerkennen oder verwerfen. **(Popper 1992, I, S. XXVIII)**

Albert Einstein

In seiner Autobiographie findet sich eine Passage, in der Popper berichtet, dass er im Jahr 1919 erstmals von Einstein gehört und eine Vorlesung besucht habe, die dieser im selben Jahr in Wien gehalten hat, und dass die „Einsteinsche Revolution über Jahre hinaus vielleicht den wichtigsten Einfluß" auf sein Denken darstellte. Einstein hatte als Jahrhundertgenie auf dem Gebiet der theoretischen Physik und Gravitationstheorie im Jahr 1915 seine *Allgemeine Relativitätstheorie* publiziert.

Popper bewunderte Einstein, weil er mit der Relativitätstheorie eine umfassendere kosmologische Theorie entworfen hatte, als es die Theorie von *Newton* war, die damals als absolut wahr und nicht überholbar galt. Einstein hatte aus der Sicht von Popper sogar den Mut, mit seiner Theorie Newtons These von der Existenz einer absoluten Zeit und einem absoluten Raum kritisch zu hinterfragen.

Noch stärker beeindruckt war Popper von Einsteins wissenschaftlichem Methodenverständnis. Dieser sagte aus der Sicht seiner allgemeinen Relativitätstheorie neue Effekte in unserem Sonnensystem voraus, ohne sich dabei auf astronomische und physikalische Beobachtungen stützen zu können. Er machte eine Voraussage über die Ablenkung des Lichts von Sternen durch das Schwerefeld der Sonne und gab Bedingungen an, unter denen sich die Voraussage durch empirische Beobachtungen als falsch erweisen könnte. Wenn im Fall einer Sonnenfinsternis die Lichtabweichung nicht in dem von ihm vorausgesagten Grad nachweisbar wäre, sei seine Gravitationstheorie widerlegt. Die rein theoretische Voraussage hat sich bei physikalischen Lichtmessungen anlässlich einer Sonnenfinsternis am 29. Mai 1919 aber als zutreffend erwiesen. Dass Einstein nicht Bedingungen angab, wie seine Theorie bewiesen werden könne, sondern durch welche Beobachtungen sie widerlegt würde, war für Popper richtungweisend für das zentrale Prinzip seiner eigenen wissenschaftlichen Methodenlehre, nämlich das Falsifizierbarkeitsprinzip.

In der Autobiographie schreibt Popper bewundernd:

> „Was mich aber am meisten beeindruckte, war Einsteins klare Feststellung, daß er seine Theorie als unhaltbar aufgeben würde, falls sie gewissen Überprüfungen nicht standhielte. … Einstein schlug Experimente vor (experimenta crucis), deren Übereinstimmung mit seinen Voraussagen die Theorie keineswegs als wahr bestätigen würde, während eine Nichtübereinstimmung, wie er betonte, die Theorie als unhaltbar erweisen würde. … So kam ich, gegen Ende des Jahres 1919, zu dem Schluß, dass die wissenschaftliche Haltung die *kritische* war; eine Haltung, die nicht auf „Verifikationen" ausging sondern kritische Überprüfungen suchte: Überprüfungen, die die Theorie *widerlegen* konnten, nie aber als wahr erweisen. **(Popper 1979, S. 48)**

Bei einem späteren Zusammentreffen mit Einstein im Jahr 1950 anlässlich einer Vortragsreise in die USA besuchten Popper und seine Frau Einstein in Princeton und Popper diskutierte mit ihm verschiedene kosmologische Probleme wie z. B. den Status der Zeit in einem Universum, das ein endliches und geschlossenes System darstellt.

Über den persönlichen Eindruck, den Einstein auf ihn und seine Frau bei diesem Besuch machte, berichtet Popper in der Autobiographie:

> „Es ist schwierig, den Eindruck zu vermitteln, den Einsteins Persönlichkeit auf mich und meine Frau machte. Man mußte ihm einfach vertrauen, mußte sich bedingungslos seiner Freundlichkeit überlassen, seiner Güte, seiner Weisheit, seiner Offenheit und einer beinahe kindlichen Einfachheit. Es spricht für unsere Welt und für Amerika, daß ein so weltfremder Mensch dort nicht nur überleben konnte, sondern geschätzt und geehrt wurde. **(Popper 1979, S. 189)**

Karl Bühler

Wie stark Popper von seinem Dissertationsvater während des Studiums und der Tätigkeit als Lehrer und Schulreformer beeinflusst worden ist, wurde hier schon im Bericht über seine Studienzeit und die Tätigkeit am Pädagogischen Institut der Stadt Wien angedeutet. Die lern- und denkpsychologischen Erkenntnisse Bühlers trugen dazu bei, dass Popper jene Auffassung vom menschliche Lernen und der Gedächtnisleistung entwickelt hat, die er in späteren Jahren die „Scheinwerfer-Theorie" des Bewusstseins und des Erkenntnisvermögens genannt hat. Während des Studiums und der Doktorarbeit besuchte Popper nicht nur die psychologischen Vorlesungen von Bühler, sondern er studierte auch dessen Bücher *Die geistige Entwicklung des Kindes* (1918) und *Die Krise der Psychologie* (1927). Dort weist Bühler die Erklärung der höheren Denkvorgänge durch die eher passiv orientierte Assoziationspsychologie in die Schranken und hebt die Bedeutung der aktiven Komponenten von Wahrnehmungs- und Reflexionsprozessen hervor.

Auch das „Organonmodell" der Sprache, das Bühler aus sprachtheoretischer Sicht entwickelte, wurde für Popper richtungsweisend. In diesem Modell werden drei Hauptfunktionen der Sprache unterschieden: die Kundgabe- oder Ausdrucksfunktion, die Auslöse- oder Signalfunktion und die Darstellungsfunktion. Die Kundgabe- oder Ausdrucksfunktion besteht darin, dass ein sprachliches Zeichen in einer Kommunikationssituation etwas über den Sender des Zeichens zum Ausdruck bringt, z. B. seine psychische Befindlichkeit. Die Auslöse- oder Signalfunktion ist dann erfüllt, wenn Sprache als Signal an einen Empfänger gerichtet ist und dazu dient, bestimmte Reaktionen auszulösen. Die dritte Funktion ist dann gegeben, wenn sich Sprachzeichen auf Sachverhalte oder Gegenstände beziehen und eine Darstellungsfunktion haben. Man will damit andere über Objekte und Tatsachen informieren. Bühler hat dieses sprachtheoretische Konzept in seinem Buch *Sprachtheorie. Die Darstellungsfunktion der Sprache* (1934) ausführlich dargelegt.

Popper nimmt für sich in Anspruch, das Bühlersche Sprachmodell um eine besonders wichtige und folgenreiche vierte Funktion erweitert zu haben. Er nennt diese zusätzliche Funktion die argumentative oder erklärende

Funktion der Sprache. Sie ermöglicht es, kritische Vergleiche von verschiedenen Erklärungen von Sachverhalten zu liefern und kritische Argumente zu formulieren. (Popper 1979, S. 101; 1994, S. 196) Diese Funktion ist aus der Sicht von Popper deshalb von so großer Bedeutung, weil sie es im Verlaufe der Evolution und Menschheitsentwicklung möglich gemacht hat, zwischen Personen und ihren sprachlich artikulierten Überzeugungen zu unterscheiden. In einer Konkurrenz- und Kampfsituation müssen Gegner oder Feinde aufgrund abweichender Überzeugungen nicht mehr mit physischer Gewalt versuchen, einander zu „überzeugen", sondern können sich mit kritischen Argumenten „bekämpfen". Die im Verlauf der evolutionären Sprachentwicklung entstandene argumentative Funktion der Sprache macht es möglich, weltanschauliche Hypothesen und Theorien „sterben zu lassen" anstelle von Menschen, wie es Popper in einer zugespitzten Formulierung einmal ausgedrückt hat. (Popper 1973, S. 140)

Friedrich August von Hayek

Friedrich A. von Hayek gilt als Klassiker liberaler Gesellschafts- und Wirtschaftstheorien im 20. Jahrhundert und wurde durch seine fundierte Kritik an planwirtschaftlich orientierten, sozialistischen Staatsauffassungen weltbekannt. Er war zunächst zusammen mit Ludwig von Mises Leiter des Österreichischen Instituts für Konjunkturforschung, bevor er im Jahr 1931 aus Wien nach London an die *London School of Economics* berufen wurde. Dort lehrte er als Vertreter der Österreichischen Schule der Nationalökonomie bis 1950. Im Anschluss daran war er an der *University of Chicago* und der Universität Freiburg tätig. Nach seiner Emeritierung 1967 erhielt er im Jahr 1974 zusammen mit dem schwedischen Sozial- und Wirtschaftswissenschaftler Gunnar Myrdal den Nobelpreis für Wirtschaftswissenschaften verliehen, und zwar für Pionierleistungen auf den Gebieten der Geld- und Konjunkturtheorie. Während seiner Tätigkeit in London förderte Hayek die akademische Laufbahn Poppers in außerordentlichem Maße. Er lud Popper im Jahr 1935 zu einem Vortrag in sein Seminar an der *London School of Economics* ein. Dort referierte Popper erstmals in der akademischen Öffentlichkeit seine Hauptgedanken zur

Methode der Sozialwissenschaften und zur Marxismus-Kritik. Dieser Vortrag wurde dann in der sozial- und wirtschaftswissenschaftlichen Zeitschrift *Economica* veröffentlicht, die Hayek damals herausgab.

Ein besonders folgenreicher Einschnitt in Poppers Laufbahn und Leben war die von Hayek im Jahr 1945 veranlasste Berufung als außerordentlicher Professor an die *London School of Economics*. Hayek ist auch die erstmalige Veröffentlichung von *Die offene Gesellschaft und ihre Feinde* in englischer Sprache im Jahr 1945 zu verdanken, weil er eine Empfehlung an den englischsprachigen Verlag abgab, wo das Buch dann erschien. Daher widmete Popper den 1963 zunächst auf Englisch herausgegebenen Band *Vermutungen und Widerlegungen* Friedrich von Hayek.

Wie sehr Popper in seinen Ideen über die Methodologie der Sozialwissenschaften und die Sozialphilosophie von Hayek beeinflusst wurde, beweisen die vielfachen Verweise auf dessen Publikationen in Poppers Büchern. So gehen die Unterscheidung von methodologischem Individualismus und methodologischem Kollektivismus und die Kritik an der Übertragung von naturwissenschaftlichen Methoden und Begriffen auf gesellschaftliche Phänomene und Sachverhalte weitgehend auf Hayek zurück. Was Hayek als die Unmöglichkeit eines „zentralisierten" und „kollektivistischen Planens" in Wirtschaft und Gesellschaft bezeichnet hat, wird bei Popper zur Unmöglichkeit einer „holistischen" und „utopischen Sozialtechnik". Popper schreibt selber einmal, dass Hayeks Kritik am Holismus, der Auffassung einer Gesellschaft oder eines Staates als Ganzheit, jener „sehr ähnlich" sei, die er selber entwickelt habe (Popper 1965, S. 42)

Bei der Kritik an ganzheitlichen Planungskonzepten beruft sich Popper auf Hayek, indem er auf die Unmöglichkeit verweist, alles bedeutsame Wissen für solche Planungskonzepte im Kopf eines Planers zusammenzufassen. Auch bei der Kritik an der Verabsolutierung von sozialen Einzelereignissen zu allgemeinen sozialen Gesetzen bezieht sich Popper auf Hayek. Dies geschieht auch bei dem Problem, dass absichtsgeleitetes Handeln im Wirtschafts- und Sozialbereich stets auch unbeabsichtigte Folgen hat. Bei seinen Bezugnahmen auf Hayek zitiert Popper zumeist dessen bekannte Bücher *Der Weg zur Knechtschaft* (engl. 1944, dt. 1945) und *Die Verfassung der Freiheit* (engl. 1960, dt. 1991).

Werk

Hauptgebiete und Vielseitigkeit des Denkens

Die Hauptgebiete von Poppers umfangreichem schriftlichem Werk konzentrieren sich nicht nur auf das Denken und Forschen in der Wissenschaft, sondern betreffen viele Bereiche des psychischen, sozialen und politischen Lebens.

Lerntheorie und Erkenntnislehre

Popper hat sich schon früh für Fragen interessiert, bei denen das menschliche Lern- und Erkenntnisvermögen im Zentrum steht. Wie kommen Erkenntnisse überhaupt zustande? Wie verlaufen Lernprozesse im Gedächtnis? Ist der menschliche Erkenntnisapparat zunächst leer und muss er mit Sinneseindrücken und Wahrnehmungen gefüllt werden, damit Denkprozesse entstehen können, oder sind im Gedächtnis immer schon Vermutungen und Vorerwartungen vorhanden? Unter welchen Bedingungen gelingt ein Wissensfortschritt? Welche Verfahren der Überprüfung sind erforderlich, um festzustellen, ob eine Erkenntnisbehauptung wahr oder falsch ist? Wie funktioniert richtiges Lernen im Vergleich zu falschen Lernmethoden? Welche Rolle spielt die Metaphysik in den wissenschaftlichen Erkenntnisprozessen? Erfolgt der Erkenntnisfortschritt in der Wissenschaft sprunghaft, d. h. in „revolutionären" Phasen, oder erfolgt der Fortschritt kontinuierlich bzw. „evolutionär"?

Wissenschaftstheorie

Es ist eine allgemein akzeptierte Tatsache, dass das Überleben des Menschen auf dem Planeten Erde nicht nur von der Politik, sondern auch von Wissenschaft und Forschung abhängt. Heute bilden neue wissenschaftliche Erkenntnisse in der Klimaforschung, Umwelt- und Lebensforschung, Bioforschung und Gentechnologie, der Materialforschung usw. Voraussetzungen dafür, dass die Überlebenschancen erhalten bleiben. In der Wissenschaft gilt es die angewandte Forschung und die Grundlagenforschung in gleichem Maße zu berücksichtigen. Zur Grundlagenforschung gehören Denkbemühungen über eine allgemeine Methode des wissenschaftlichen Forschens, die alle Einzelwissenschaften miteinander verbindet, aber auch das Überdenken der spezifischen Methoden und Forschungstechniken, die in den einzelnen Wissenschaftsbereichen angewandt werden.

Popper hat in Untersuchungen zur Logik des wissenschaftlichen Forschens grundlegende Einsichten gewonnen, die für jedes wissenschaftliche Denken und für die Weiterentwicklung der Wissenschaft von Bedeutung sind. Man könnte Poppers Erkenntnisse auch in folgenden Fragen formulieren: Wie kann man wissenschaftliche Erkenntnisbehauptungen von nicht-wissenschaftlichen Behauptungen abgrenzen? Sind wissenschaftliche Theorien oder Hypothesen auf ihre Wahrheit oder Falschheit zu überprüfen, indem man nach Bestätigungen in der Wirklichkeit Ausschau hält – das wäre die Methode der Verifikation –, oder soll man gleich nach widerlegenden, d. h. falsifizierenden Instanzen suchen? Kann man mit der Methode der Falsifikation Irrtümer in einer Theorie schneller erkennen und ausmerzen, um dann auch schneller eine neue, verbesserte Theorie formulieren zu können? Kann man in Bezug auf eine wissenschaftliche Theorie einen absoluten Wahrheitsanspruch erheben, d. h. die in der Theorie ausgedrückte Erkenntnis als ein für alle Mal gültig und gewiss ansehen? Oder handelt es sich bei jeder Theorie immer nur um eine vorläufige Erkenntnis, ein hypothetisches Vermutungswissen? Welche Rolle spielen induktive Schlussverfahren, d. h. das Schließen vom Einzelnen zum Allgemeinen, und deduktive logische Schlüsse, d. h. das Schließen vom Allgemeinen zum Einzelnen bzw. Besonderen, bei der Überprüfung des Wahrheitsanspruchs von Hypothesen? Wie sehr ist der Erkenntnisfortschritt in der Wissenschaft von der öffentliche Diskussion und der permanenten Kritik in der *scientific community* abhängig?

Popper hat solche grundsätzliche Fragen über das wissenschaftliche Denken und über Methoden in der Wissenschaft in den Büchern *Logik der Forschung*, *Objektive Erkenntnis. Ein evolutionärer Entwurf*, *Die beiden Grundprobleme der Erkenntnis* und *Vermutungen und Widerlegungen. Das Wachstum wissenschaftlicher Erkenntnis* ausführlich dargelegt und diskutiert.

Sozialphilosophie und Politische Theorie

Besonders wichtig angesichts der immer wiederkehrenden, autoritären Politikauffassungen von Spitzenpolitikern im Weltmaßstab sind Poppers Überlegungen zu einer lebenswerten, offenen, demokratischen Gesellschaft und den Aufgaben einer humanen Politik. Damit befasst er sich in den beiden Büchern *Das Elend des Historizismus* und *Die offene Gesellschaft und ihre Feinde*. In der darin entwickelten Sozialphilosophie und politischen Theorie geht es ihm besonders um eine liberale und demokratische, „offene Gesellschaft". Er wirft folgende Fragen auf: Ist das mit einer offenen Gesellschaft verbundene Verständnis von Politik überhaupt wirklichkeitsnahe? Wie lässt sich ein grundsätzliches Plädoyer für die Freiheit des Individuums in einer pluralistischen, demokratischen Gesellschaft mit den Forderungen nach Gleichheit und Gerechtigkeit vereinbaren? Wie verträgt sich die Notwendigkeit von staatlicher Planung in bestimmten Lebensbereichen mit dem Prinzip der individuellen Freiheit? Welche Rolle spielen Utopien im politischen Denken und Handeln? Kann man Gesellschaften als „Ganzes" überhaupt planen? Führt ein solcher Versuch nicht notwendig in eine freiheitsfeindliche, totalitäre Gesellschaftsordnung, wie es am Beispiel der ehemaligen Sowjetunion offenkundig wurde? Gibt es die grundsätzliche Möglichkeit die künftige Entwicklung einer Gesellschaft wissenschaftlich exakt vorauszusagen? Welche Rolle spielt das individuelle Handeln einzelner Personen bei der Planung und Einrichtung einer Gesellschaft? Welche Rolle spielt Moral in der Politik? Worin liegen Gefahren für den Bestand von pluralistischen, demokratischen Gesellschaftsordnungen? Welche Ideologien gefährden die liberalen, demokratischen Gesellschaften westlichen Typs?

Das liberale Menschenbild

Alle diese Themen und Fragen, die in Poppers Werken auftreten, müssen im Zusammenhang mit einem spezifischen Menschenbild gesehen werden, von dem aus er diese Fragen überhaupt erst gestellt hat. Dieses Menschenbild liegt seinen erkenntnis- und wissenschaftstheoretischen sowie seinen sozialphilosophischen Überlegungen zugrunde, man könnte es auch als seine philosophisch-anthropologische Rahmenvorstellung bezeichnen.

Als Popper in seiner späteren Denkphase den traditionellen monistischen und dualistischen Seinslehren (Ontologien) eine trialistische Variante entgegenstellte, erfolgte dies aus der Sicht seines Menschenbildes. Die Welt 3, als Dimension der nicht voraussehbaren Kreativität des Geistes, der Freiheit und der prinzipiellen Nichtdeterminierbarkeit des Individuums, ist spezifisch für dieses Menschenbild. Popper hat es sich schon von Kindheit an durch die liberale Erziehung im Elternhaus angeeignet und in seiner weiteren Persönlichkeitsentwicklung durch die Identifikation mit großen liberalen Denkern immer wieder bestätigt.

Im Vorwort habe ich betont, Popper habe während seiner Lebensphase in Österreich bis zu seinem 35. Lebensjahr bereits nahezu alle seine originellen Ideen entwickelt. Es ist erwiesen, dass geniale Menschen ihre bahnbrechenden Ideen bereits in einer frühen Lebensperiode (etwa zwischen dem 15. und dem 30. Lebensjahr) kreativ schaffen. Diese originellen Ideen bilden in den späteren Lebensperioden die Rahmenvorstellungen, die durch weitere Erkenntnisse und Forschungsziele auf neue Anwendungsgebiete übertragen, ausdifferenziert oder durch die Erfindung neuer Begriffe anschaulicher gemacht werden.

Dies zeigt sich auch bei Popper. So originell und vielseitig seine Denkleistungen in späteren Lebensphasen erscheinen mögen, sie lassen sich auf Einsichten und Entdeckungen zurückführen, die er in der Jugend gewonnen hat.

So war er schon früh vom aktiven Lernverhalten des Gedächtnisses und des Erkenntnisvermögens überzeugt. Zu dieser Einsicht gelangte er bei der Tätigkeit als Lehrer, aber auch als Student unter dem Einfluss der denkpsychologischen Forschungen seines Doktorvaters Bühler sowie durch frühe

Beschäftigung mit der Erkenntnislehre von Kant. In späterem Alter hat er die These vom aktiven Lernverhalten des Gedächtnisses durch evolutionsbiologische Einsichten und Ergebnisse aus der Gehirnforschung, die er zusammen mit John Eccles gewonnen hat, noch besser zu stützen versucht. Das wurde zum Thema seiner evolutionären Erkenntnistheorie.

Die Vorgangsweise der Wissenschaften, versuchsweise Theorien zu entwerfen und diese zu widerlegen, wurde Popper, wie er in seiner Autobiographie berichtet, schon mit siebzehn Jahren bewusst. Damals wurde er unter Anleitung eines Freundes mit Einsteins Relativitätstheorie und dessen Forschungsmethode bekannt. (Popper 1979, S. 47 f.) Er kam zur Einsicht, dass nicht das Verifikationsprinzip, sondern das Falsifikationsprinzip für den Erkenntnisfortschritt in der Wissenschaft verantwortlich ist.

Die Hauptargumente der differenzierten Marxismus-Kritik waren das Ergebnis von Überlegungen, die Popper im Jugendalter anstellte, als er sich fragte, warum er für kurze Zeit die Verwirklichung des marxistischen Gesellschaftsmodells als wünschenswertes soziales Zukunftsmodell angesehen hatte. Die wichtigsten Argumente gegen den Marxismus trug er bereits vor der Emigration nach Neuseeland bei jenem Vortrag vor, den er im Seminar von Friedrich von Hayek an der LSE im Jahr 1935 gehalten hat.

Das Aufklärungsethos, die individuelle Freiheit und die offene, demokratische Gesellschaft, die als Leitideen und Rahmenvorstellungen sein gesamtes Werk charakterisieren, haben ihre Wurzeln in der frühen Aneignung der Moralphilosophie und politischen Philosophie von Mill und Kant.

Das individuell Freiheitsideal bzw. Autonomie-Ideal, das Poppers Menschenbild von vornherein auszeichnete und in dem sich Grundgedanken des Aufklärers Kant wiederfinden, hat er später noch durch die These von der Welt 3 plausibel zu machen versucht. In dieser Welt der Theorien, Hypothesen, kreativen Entwürfe von Kunst und Kultur ist das Individuum der Berechenbarkeit, Planbarkeit und Vorausbestimmbarkeit prinzipiell entzogen. Das Indeterminismus-Problem wurde für ihn aus diesem Zusammenhang später besonders bedenkenswert.

„Kübel" oder „Scheinwerfer" – wie funktioniert das Gedächtnis und wie lernen wir?

Was ist nun Poppers Auffassung vom Denken und Lernen? Für ihn sind in der psychophysischen Struktur des Menschen angeborene, instinktive Antriebe und aktive Vorerwartungen vorhanden, die im Verlaufe der Evolution verinnerlicht wurden. Deshalb ist das Erkenntnis- und Merkvermögen mit einem aktiven Lernverhalten zur Orientierung in der Umwelt ausgestattet.

Aktives Lernverhalten gegen passiven Wissenserwerb

Das aktive Lernverhalten zur Umwelt charakterisiert den Menschen als ein Lebewesen, das in jeder Situation bemüht ist, die Probleme zu lösen, mit denen es konfrontiert ist. Dies gilt schon für jedes Neugeborene. Kaum geboren, sucht es bereits aktiv nach der Nahrungsquelle an der Mutterbrust und nach Wärme am Körper der Mutter.

> „... jeder Organismus besitzt angeborene *Verhaltensweisen* und Aktionsprogramme, und darunter sind auch solche, die zukünftigen Ereignissen angepaßt sind. Man kann solche angeborenen Verhaltensweisen als „Erwartungen" kennzeichnen, ohne damit zu implizieren, daß diese Erwartungen bewußt sind. In diesem Sinne „erwartet" ein neugeborener Säugling genährt (und man könnte sogar behaupten, beschützt und geliebt) zu werden. Angesichts der engen Beziehung zwischen Erwartung und Wissen können wir durchaus vernünftig von „angeborenem

> Wissen" sprechen ... So werden wir alle mit Erwartungen geboren; also mit „Wissen", das, wenn auch nicht *a priori gültig*, doch *psychologisch* oder *genetisch a priori* ist, das heißt, aller auf Beobachtung beruhenden Erfahrung vorausgeht. **(Popper 1994, S. 68)**

Die aktive Grundstruktur des menschlichen Geistes hat Popper schon betont, als er Anfang der Dreißigerjahre des 20. Jahrhunderts als Hauptschullehrer für die pädagogische Reformzeitschrift *Die Quelle* einen Artikel mit dem Titel *Die Gedächtnispflege unter dem Gesichtspunkt der Selbsttätigkeit* (1931) verfasste. Dort wirft er dem pädagogischen Konzept der „Lernschule" vor, sie sei bloß auf das Einüben und Merken von Stoffmengen fixiert. Diese Fixierung sei die Folge der falschen psychologischen Annahme von einem „assoziationsmechanischen Gedächtnis". Dabei werde das Merken und Lernen in erster Linie als Prozess des Sammelns und Wiederholens von Stoffgebieten angesehen.

> Die Schwäche der Position der Lernschule liegt nämlich darin, daß ihre *psychologischen Voraussetzungen* falsch sind. Für die Lernschule ist das Gedächtnis nichts anderes als ein Stoffbehälter, eine Art Zuber für den Wissensstoff. Dieser Zuber hat *an sich* eigentlich fast gar keine Eigenschaften. Ihn sich leer vorzustellen, hat keinen Sinn. Sein Wesen erschöpft sich eben darin, Stoff aufzunehmen und aufzubewahren. So kommt es, daß man auch heute Didaktiker treffen kann, die, wenn man vom *Gedächtnis* spricht, immer nur an den *Stoff* denken können, der in Bereitschaft gehalten wird. **(Popper 2006, S. 32)**

Demgegenüber hebt Popper unter Berufung auf lern- und denkpsychologische Erkenntnisse von Karl Bühler und dessen Kollegen Otto Selz aus der Würzburger Schule der Denkpsychologie die entscheidende Rolle des Aktivitätsmoments beim Lernen hervor. Dieses müsse auch für das reformpädagogische Konzept einer „Arbeitsschule" zentral sein.

> „Die intellektuellen Operationen beim Einprägen bestehen darin, daß wir mannigfache Beziehungen, Gegenüberstellungen, Gleichsetzungen aufsuchen und konstruieren, kurz, daß wir Ordnungen in den Stoff hineintragen, ihn „organisieren". (...) Von entscheidender Wichtigkeit ist die *Aktivität* beim Einprägen. **(Popper 2006, S. 43)**

Gegen die assoziationspsychologische Lerntheorie

Die aktive Grundstruktur des Erkenntnisvermögens hat Popper in allen späteren Werken immer wieder gegen Ansichten aus der Assoziationspsychologie verteidigt, dass das Lernen und das Gedächtnis zunächst auf dem passiven Sammeln von Sinneseindrücken beruhe. Später ergänzte er seine lerntheoretische Grundhypothese durch folgende Differenzierung:

> „Es gibt zwei absolut verschiedene Stadien des Lernens: Das erste ist das abenteuerliche Lernen, das Lernen des Forschers, des Entdeckers, das andere ist das Auswendig-Lernen: weg damit: ins Unterbewußtsein! Die Lernpsychologie betrachtet leider diese zweite und unwichtige Art des Lernens als die einzige: das Lernen durch Wiederholung ... Die Wiederholung spielt keine Rolle beim Entdecken, sie spielt nur eine Rolle beim „Vergessen". Die Wiederholung ist dazu da, dass wir etwas automatisieren, damit es uns nicht mehr belastet, daß wir keine Aufmerksamkeit mehr aufwenden müssen. Es ist ein ungeheurer Unterschied zwischen Lernen durch Versuch und Irrtum, das immer Abenteuer ist, und Lernen durch Wiederholung, das nie zu etwas Neuem führt, sondern nur das Erlernte „vergessen" macht, das heißt, ins Unterbewußte verdrängt. **(Popper/Lorenz 1985, S. 23 f.)**

In dem Anfang der Dreißigerjahre des vorigen Jahrhunderts entstandenen Buch *Die beiden Grundprobleme der Erkenntnistheorie,* das damals aus Kostengründen nicht veröffentlicht werden konnte, betont Popper das aktivistische Element des Erkenntnis- und Merkvermögens, indem er von „subjektiv präformierten Reaktionen“ und „Antizipationen“ oder einem „probierenden Verhalten“ spricht, das durch die Rezeption von Reizen in unserer Wahrnehmungsapparatur ausgelöst wird. (Popper 1979, S. 25)

In dem erkenntnis- und evolutionstheoretischen Werk *Objektive Erkenntnis. Ein evolutionärer Entwurf* (1973) argumentiert Popper gegen die falsche Erkenntnistheorie des Alltagsverstandes. Er bezeichnet diese in Analogie zur früher gebrauchten „Zuber“-Metapher als die *„Kübeltheorie“* des Bewusstseins oder des Geistes. Der menschliche Geist funktioniert nicht wie ein „Kübel“, in dem man zunächst möglichst viele Sinneseindrücke und Erfahrungen sammelt, um dann durch Assoziationen zwischen diesen Eindrücken allgemeine Gedanken und Theorien zu entwickeln. Vielmehr sind theoretische Vorannahmen, Vermutungen und Vorerwartungen schon von vornherein im Erkenntnisvermögen vorhanden, sodass es wie ein „Scheinwerfer“ funktioniert. Durch die angeborenen Vorannahmen wird immer schon eine Auswahl für die Wahrnehmung getroffen und es werden nur bestimmte Aspekte der unübersehbaren Wirklichkeit für die Erkenntnis gefiltert.

Von diesem Gesichtspunkt aus kritisiert Popper nicht nur die sogenannte „Tabula rasa-Theorie“ des Geistes, wie er sie im Klassischen Empirismus in der Tradition eines Francis Bacon, John Locke und David Hume gegeben sieht. Die Kritik richtet sich auch gegen das wissenschaftstheoretische Verifikationsmodell der Denkschule des Logischen Empirismus, mit der er während der Studienzeit an der Universität Wien konfrontiert war.

> Die klassische Erkenntnistheorie, die unsere Sinneswahrnehmung als „gegeben“ nimmt, als „Daten“, aus denen unsere Theorien durch einen Induktionsvorgang abzuleiten sind, kann nur als vordarwinistisch gekennzeichnet werden. Sie übersieht, daß die angeblichen Daten in Wirklichkeit Anpassungsreaktionen und daher Deutungen sind, die Theorien und Vorurteile einschließen und, wie Theorien, mit vermuteten Erwartungen durchsetzt sind; sie übersieht, daß es keine reine Wahrnehmung, kein reines Datum geben kann,

> ebenso wenig wie es eine reine Beobachtungssprache geben kann, weil alle Sprachen von Theorien und Mythen durchsetzt sind. **(Popper 1973, S. 165)**

Das Gehirn als evolutionäres Organ zum Problemlösen

Später rechtfertigte Popper seine erkenntnispsychologische Theorie von theoretischen Vorerwartungen und antizipierenden Vermutungen im menschlichen Bewusstsein mit Hilfe von evolutionsbiologischen Argumenten. Die angeborenen instinktiven Antriebe und Vorerwartungen sind im Verlaufe der Evolution im menschlichen Gedächtnis eingeprägt worden. Diese Antriebe machen den Erkenntnisapparat zu einem aktiven Orientierungsorgan, das auf die Lösung von Problemen ausgerichtet ist. Dabei wird davon ausgegangen, dass „alles Leben Problemlösen" bedeutet. So sind alle Organismen stets mit der Lösung des Problems beschäftigt, wie sie ihr Überleben sichern können. Eines der wichtigsten Probleme für den Menschen ist laut Popper „die Suche nach besseren Lebensbedingungen: nach größerer Freiheit, nach einer besseren Welt". (Popper 1987, S. 23) Ein bekanntes Beispiel aus seiner evolutionsbiologischen Argumentation ist das Verhalten der Amöbe. Er argumentiert, dass bereits die niedrigsten Organismen, wie die Amöbe, in einer Nährlösung nicht passiv sind. Die Amöbe bewegt sich aktiv auf jenen Ort zu, wo die Lösung an Nährstoffen am reichsten und damit die Chance für das Überleben am größten ist.

Im gemeinsam mit John C. Eccles herausgegebenen Buch *Das Ich und sein Gehirn* (1989) heißt es zur These von angeborenen Komponenten in unserem Erkenntnisvermögen:

> „Wir haben eine genetisch verankerte, angeborene Neugier und einen Erkundungsinstinkt, die uns aktiv zur Erforschung unserer psychischen und sozialen Umgebung anregen. In beiden Bereichen sind wir aktive Problemlöser. **(Popper 1989, S. 72)**

> Das Ich ist fast immer aktiv … Das aktive, psychophysische Ich ist der aktive Programmierer des Gehirns (das der Computer ist), es ist der Ausführende, dessen Instrument das Gehirn ist. **(Popper 1989, S. 156)**

Popper spricht hier u. a. von einem durch die biologische Evolution „vererbten Wissen", das die Aktivierungsfunktion für das Gehirn ausübt. Er selber hat für einen Sammelband, der in seinem Todesjahr 1994 erschienen ist, als Haupttitel *Alles Leben ist Problemlösen* gewählt.

Das Aufklärungsethos und das Ideal der Selbstbefreiung durch Wissen

Philosophieren in der Tradition der Aufklärung

Bei Popper ist Philosophieren notwendig an ein Aufklärungsethos gebunden. Diesem Ethos fühlte er sich schon in frühen Jahren verpflichtet, als er noch als junger engagierter Lehrer an verschiedenen Schulen und Erwachsenenbildungsinstitutionen die damalige Schulreformbewegung unterstützte. Mit denkpsychologischen Erkenntnissen von Otto Selz und Karl Bühler bemühte er sich, auf falsche Methoden des Lehrens und Lernens aufmerksam zu machen. Durch Artikel in pädagogischen Zeitschriften wollte er Lehrerkollegen(Innen) über falsche Lehrmethoden aufklären, die auf der weit verbreiteten Assoziationspsychologie beruhten.

In späteren Denkperioden hat Popper seine Philosophie mehrfach explizit der Tradition der Aufklärung zugeordnet. In dem Vortrag *Zum Thema Freiheit*, den er im August 1958 bei den Alpbacher Hochschulwochen (heute Europäisches Forum Alpbach) in Tirol hielt, gab er einleitend folgendes Selbstbekenntnis ab:

> „Ich bin kein Verkünder einer neuen Richtung in der Philosophie. Sondern ich bin ein ganz und gar altmodischer Philosoph, der an eine völlig veraltete Philosophie glaubt. Es ist die Philosophie eines längst vergangenen Zeitalters, des Zeitalters des Rationalismus und der Aufklärung. Als einer der letzten Nachzügler des Rationalismus und der Aufklärung glaube ich an die Selbstbefreiung des Menschen durch das Wissen – ebenso wie einst Kant, der letzte große Philo-

> soph der Aufklärung, oder wie einst Pestalozzi, der die Armut durch das Wissen bekämpfte. **(Popper 1994, S. 158)**

Wie sehr sich Popper mit seinem Aufklärungsverständnis Kant verpflichtet fühlte, zeigt die Widmung der deutschen Ausgabe des sozialphilosophischen Hauptwerks *Die offene Gesellschaft und ihre Feinde:*

> „Dem Andenken des Philosophen der Freiheit und Menschlichkeit *Immanuel Kant* sei die deutsche Ausgabe gewidmet.
> **(Popper 1992, S. IV)**

Popper stellte dem Text seines Buches den Inhalt einer Rundfunkrede voran, die er aus Anlass des 150. Todestages von Kant in der BBC unter dem Titel *Immanuel Kant: Der Philosoph der Aufklärung* gehalten hatte. Dort würdigt er Kant als einen „Giganten des Geistes" und streicht den scharfen Gegensatz zwischen dem „Aufklärungsphilosophen Kant" und jener Denkströmung hervor, die er die „romantische Schule des ‚Deutschen Idealismus'" nennt, nämlich die Schule von Fichte, Schelling und Hegel. (Popper 1992, I, S. XXI). Diese Schule habe Kant fälschlich für ihr spekulatives, idealistisch-romantisierendes Philosophieren in Anspruch genommen und ihn zu Unrecht als Begründer ihrer Denkschule ausgegeben.

Eine Parallele zu Sokrates ziehend, meint Popper, Kant habe der Sokratischen Idee des freien Menschen, die ein Erbgut des Abendlandes ist, auf den Gebieten des Wissens und der Ethik eine neue Bedeutung gegeben.

Die Selbstbefreiung durch das Wissen und der Appell zur Aufklärung über die Aufklärung

Charakteristisch für das Ethos der Aufklärung war seit je das Anliegen, Autonomie und Selbstbestimmung des Menschen durch Vernunft zu fördern. Dabei sollte die Reflexion der Vernunft vor keiner bisher unbefragt akzeptierten Autorität und keiner bisher nicht durchschauten Abhängigkeit Halt machen. Autonomie und Selbstbestimmung sind für

Popper stets auch ein Akt der Selbstbefreiung durch Wissen. Er referiert dazu Kants programmatische Schrift *Beantwortung der Frage: Was ist Aufklärung?*:

> Aufklärung ist der Ausgang des Menschen aus seiner selbstverschuldeten Unmündigkeit. Unmündigkeit ist das Unvermögen, sich seines Verstandes ohne Leitung eines anderen zu bedienen. Selbstverschuldet ist diese Unmündigkeit, wenn die Ursache derselben nicht am Mangel des Verstandes, sondern der Entschließung und des Mutes liegt, sich seiner ohne Leitung eines anderen zu bedienen. *Sapere aude!* Habe den Mut, dich deines eigenen Verstandes zu bedienen!, ist also der Wahlspruch der Aufklärung. **(Popper 1992, I, S. XXII)**

Die Selbstbefreiung durch Wissen bestimmte bereits das Bemühen des englischen Philosophen und Politikers Francis Bacon. Er wollte durch den Gewinn von Erkenntnissen über Irrtumsquellen (sogenannte *idola* oder Idole) im menschlichen Geist den Menschen aus der Befangenheit in Vorurteile befreien, die einer richtigen Naturerkenntnis im Wege stehen.

Auch die französischen Enzyklopädisten Diderot und D'Alembert, die in der zweiten Hälfte des 18. Jahrhunderts die berühmte vielbändige *Encyclopédie ou dictionnaire raisonné des sciences, des artes et des métiers* geplant und herausgegeben haben, wurden von dieser Idee geleitet. Ihr gigantisches Werk, das zwischen 1751 und 1784 in 35 Bänden erschienen ist, war von vornherein nicht als ein Spezialhandbuch für eine kleine Elite von Fachexperten und Intellektuellen im damaligen Frankreich angelegt. Die Enzyklopädisten wollten vielmehr eine Art von Volkslexikon in Form einer Sachbuchreihe ins Leben rufen. Darin sollten kompetente Beiträger – unter ihnen befand sich auch *Voltaire* – den damals aktuellen Erkenntnisstand in den Wissenschaften mit klar und verständlich geschriebenen Essays an breite Bevölkerungskreise weitergeben. Möglichst viele Menschen sollten in die Lage versetzt werden, sich durch Aneignung von Sachwissen von vielfältigen Abhängigkeiten frei zu machen, seien es eingebildete Naturnotwendigkeiten oder unnötige politisch-soziale Zwänge.

Abhängigkeiten haben aus der Sicht der Enzyklopädisten oft in falschen Autoritätsvorstellungen ihre Wurzeln, wie sie Diderot gleich im ersten Band der Enzyklopädie in dem Artikel über „Autorität" ins Bewusstsein hob. Eine stets wiederholte Maxime der Enzyklopädisten war, die kritische Reflexion der Vernunft dürfe vor keiner bisher unhinterfragt akzeptierten Autorität Halt machen.

Diese Maxime und die Idee der Selbstbefreiung durch Wissen hat auch Popper mit seinem kritischen Vernunftverständnis besonders akzentuiert:

Er fordert nämlich, dass kein Lebensbereich, keine gesellschaftlich-politische Instanz, keine traditionelle Autorität der kritischen Prüfung durch Erfahrung und Vernunft entzogen werden darf. Er lehnt jede Zwei-Firmen-Theorie der Wahrheit ab, bei der eine wissenschaftliche Wahrheit von einer nicht-wissenschaftlichen, „höheren" Wahrheit unterschieden wird, die von selbst ernannten philosophischen Autoritäten unter Berufung auf intersubjektiv nicht nachprüfbare Wertevidenzen und Glaubensintuitionen propagiert wird.

Zum aufklärerischen Programm gehört für Popper notwendig die Aufforderung zur kritischen Meta-Reflexion, d. h. zur Aufklärung über Einseitigkeiten, Auswüchse, Schwächen und unerwünschte Nebenwirkungen der Aufklärung selber. Ein gravierender Auswuchs aufklärerischen Denkens, vor dem Popper immer wieder eindringlich warnt, ist die Überschätzung des Erkenntnis- und Vernunftvermögens oder die Anmaßung der Rationalität. Mit der Überschätzung des Vernunftvermögens in der Aufklärungstradition ging oft eine extreme Geringschätzung der positiven emotionalen Triebkräfte im Menschen einher, wie von erhebenden Gefühlen und von positiven emotionalen Grundstimmungen (Freude, Glück, Zufriedenheit usw.).

Eine Überschätzung der Vernunft liegt auch dann vor, wenn die technisch-planerische Vernunft verabsolutiert und zu einem universalen Problemlöser erklärt wird. Auch die Verabsolutierung der praktischen Vernunft, die alle Wertekonflikte lösen und bestimmte Werte (Normen) als absolut wahr begründen könne, ist ein aufklärerischer Irrglaube, der dem Ideal der Selbstbefreiung durch das Wissen widerspricht. Popper umschreibt die programmatische Leitidee von der Selbstbefreiung durch das Wissen folgendermaßen:

> Die Idee der Selbstbefreiung durch das Wissen ist also nicht etwa dasselbe wie die Idee der Naturbeherrschung. Es ist vielmehr die Idee einer **geistigen** Selbstbefreiung vom Irrtum, vom Irrglauben. Es ist die Idee einer geistigen Selbstbefreiung durch die Kritik an den eigenen Ideen. **(Popper 1987, S. 162)**

Die Leitideen der Aufklärungstradition manifestieren sich für Popper in der Forderung, den Prozess der kritischen Reflexion und Selbstreflexion niemals als abschließbare Aufgabe zu betrachten. Denn mit jedem Lösungsversuch eines wissenschaftlichen oder sozialen Problems sind neben den voraussehbaren Folgen stets auch unvorhergesehene Konsequenzen und nicht eingeplante Nebenfolgen verbunden. Mit jeder Handlung bzw. jedem Problemlösungsversuch entstehen neue Probleme. Dazu gehören auch neue Abhängigkeiten und Zwänge, die wiederum durch das kreative Erfinden und kritische Erproben neuer Problemlösungen gemildert oder beseitigt werden müssen. Die kreativen Suche nach neuen Problemlösungen, deren kritische Überprüfung und das Lernen aus Irrtümern und Fehlern (das *trial-and-error*-Verfahren) sind ein unabschließbarer Prozess. Er darf nicht um eines zum unbezweifelbaren Dogma stilisierten Wissens willen abgebrochen werden, das eine scheinbar absolut gesicherte Wahrheit und endgültige Gewissheit garantiert. Dass ein absolutes Wissen für das menschliche Vernunftvermögen letztlich unzugänglich bleiben muss, wird von Popper in seiner Erkenntnislehre mit einsichtigen Argumenten deutlich gemacht. Er hat die aufklärerische Intention der Selbstbefreiung durch das Wissen konsequent weitergedacht. Es geht im Besonderen darum, dass sich der Mensch in kritischer Selbstreflexion von überholten, allzu optimistischen Vorstellungen über das menschliche Wissen befreien soll.

Aufklärung in Bezug auf Überschätzungen der Vernunft in der Sprachphilosophie und in der Geschichtstheorie

Eine folgenreiche Überschätzung der Vernunft sieht Popper im Denken über die Sprache gegeben, er hat diese Überschätzung als „Essentialismus“

bezeichnet. Gemeint ist damit, dass sprachliche Begriffe eine wahre, wesentliche oder eigentliche Bedeutung besitzen müssten. Wenn man diese Bedeutung durch wissenschaftliche Forschung oder durch eine geniale Vernunfteinsicht herausfinden könne, wäre man im Besitz der Erkenntnis darüber, was die „wahre Idee des Staates", das „wahre Wesen der Gerechtigkeit", die „eigentlichen Bedeutung der Freiheit" oder das „wahre Wesen der Demokratie" ausmache. Aus Poppers Sicht ist dies unmöglich und falsch, weil es keine ein für alle Mal gültige, wahre Bedeutungen von sprachlichen Ausdrücken gibt. (Popper 1979, S. 20–37). Wörter wie „Gerechtigkeit", „Freiheit" usw. werden wie andere theoretische Begriffe in unsere Überlegungen und Argumentationen eingeführt, um uns bei der Erklärung von moralischen und politischen Sachverhalten in der Gesellschaft behilflich zu sein oder um normative Ziele vor Augen zu stellen, an denen es das praktische Handeln zu orientieren gilt. Begriffe sind Instrumente, die zur Analyse und Erklärung von Sachverhalten in der Natur und der Gesellschaft gebraucht werden. Ihre Bedeutung wird durch den Sprachgebrauch und durch Definitionen festgelegt und kann sich immer wieder ändern. Die Bedeutung von sprachlichen Ausdrücken wird nicht von ewigen und unveränderlichen Normgestalten oder Wesenheiten bestimmt, die „hinter" den Wörtern stehen, wie dies platonistische Begriffsspekulationen nahelegen.

Für Popper ist die Diskussion um die wahre Bedeutung von Begriffen fruchtlos, deshalb lautet seine Empfehlung:

> Laß dich nie dazu verleiten, Probleme ernst zu nehmen, bei denen es um Worte und ihre Bedeutung geht. Was man ernst nehmen muß, sind Fragen und Behauptungen über Tatsachen: Theorien und Hypothesen; die Probleme, die sie lösen; und die Probleme, die sie aufwerfen. **(Popper 1979, S. 20)**

Mit dieser Empfehlung distanziert sich Popper auch von den Zielen der sprachanalytischen Philosophie, wie er sie in der Denkschule des Logischen Empirismus oder Neopositivismus des *Wiener Kreises* während seines Studiums kennengelernt hatte. In dieser Denkschule hatten

Begriffsanalysen und „Begriffs-Explikationen" einen zentralen Stellenwert. Man führte die Entstehung von fortschrittshemmenden „Scheinproblemen" in der Philosophie und den Einzelwissenschaften auf begriffliche Unklarheiten und sprachliche Missverständnisse zurück. Deshalb sah man die zentrale Aufgabe der Philosophie in der bestmöglichen Klärung von wissenschaftlichen Begriffen mit dem Ziel ihrer „Schärfung" zu größtmöglicher Exaktheit und Präzision. Diesem Programm hielt Popper entgegen, dass übertriebene terminologische Vorstudien und ein allzu skrupulöses Streben nach größtmöglicher begrifflicher Exaktheit in wissenschaftlichen Forschungsprozessen eine Verschwendung von Zeit und Kraft seien. Man könne damit nichts zur Klarheit einer realen Problemsituation beitragen, die es zu lösen gilt.

> „Man soll nie versuchen, exakter zu sein, als es die Problemsituation erfordert. **(Popper 1979, S. 28)**

Was die Überschätzung der Vernunft in der Geschichtstheorie betrifft, kritisiert Popper die Anmaßung von Geschichts- und Sozialphilosophen, auf rationale Weise den künftigen Verlauf der Geschichtsentwicklung erforschen und voraussagen zu können. Diese Anmaßung tritt in teleologischen Fortschrittsideologien (*telos* = Ziel) zutage, in denen man die Geschichte unaufhaltsam auf ein positives Endziel zutreiben sieht, oder in Zyklen- und Niedergangstheorien, in denen mit Bezug auf die Geschichte vorgegeben wird, ein bestimmtes Prinzip als letzte Ursache für die ewige Wiederkehr des Gleichen oder für die unausweichliche Entwicklung einer Gesellschaft in die Katastrophe erkannt zu haben. Als Beispiel dafür zitiert Popper öfters die These vom „Untergang des Abendlandes", die Oswald Spengler mit seiner Kulturzyklen-Theorie vertreten hat.

Aus der Sicht von Popper liegt derartigen Ideologien – seien sie nun gegen die Naturwissenschaften eingestellt oder an diesen orientiert – der überhebliche Anspruch der Vernunft zugrunde, in gewissen Entwicklungstendenzen und umkehrbaren sozialen Trends, die im gesellschaftlich-historischen Geschehen beobachtbar sind, gleich allgemeine und nicht umkehrbare Gesetzmäßigkeiten erkannt zu haben.

Das Begründungsmodell der Erkenntnis und die Konzeption der kritischen Rationalität

Das Begründungsmodell als „Münchhausen-Trilemma"

In vielen Wissenschafts- und Erkenntnisauffassungen herrschen längst überholte Modelle von Rationalität vor. Nach Popper gilt dies sowohl für Auffassungen, die in der Tradition des klassischen Empirismus stehen, der auf den englischen Philosophen Bacon, Locke und Hume beruht, als auch für Auffassungen in der Tradition des klassischen Rationalismus (= Intellektualismus) des französischen Philosophen René Descartes. Beiden Denkströmungen gemeinsam ist ein Rechtfertigungs- bzw. Begründungsmodell der Erkenntnis, das auf folgender Überzeugung beruht: Es gibt ein absolut sicheres Fundament, eine letzte Instanz oder einen archimedischen Punkt, von dem aus man Erkenntnisse zureichend begründen kann, sodass sie als absolut gerechtfertigt und absolut wahr akzeptiert werden können. In der Tradition des Empirismus ist die „letzte" Begründungsinstanz die Sinnesbeobachtung, in der Tradition des Rationalismus die reine Vernunfteinsicht, die von der Erfahrung unabhängig ist. Die Suche nach einer letzten Begründungsinstanz für unser Wissens kommt zwar manchen in der Psychostruktur verankerten emotionalen Bedürfnissen entgegen, wie dem Bedürfnis nach Gewissheit und dem emotionalen Streben nach Sicherheit in Erkenntnisbelangen. Andererseits führt sie in eine Situation, die in der deutschsprachigen Diskussion über Poppers Erkenntnislehre mit dem treffenden Terminus „Münchhausen-Trilemma" bezeichnet worden ist. (Albert 1991, S. 11–15). Der Terminus ist eine Anspielung auf das Märchen vom Baron Münchhausen, der bei einem seiner Abenteuer sich selber am eigenen Schopf aus einem Sumpf herauszieht.

Will man nämlich eine Erkenntnis sicher und zureichend begründen, hat man letzten Endes nur folgende drei Möglichkeiten zur Verfügung, die sich gleichermaßen als unannehmbar erweisen:

Man gerät mit der Begründung entweder in einen unendlichen Regress, weil man jedes begründende Argument ebenfalls wiederum begründen müsste, oder in einen logischen Zirkel *(circulus vitiosus)*, weil man im Begründungsverfahren auf ein bereits vorgebrachtes Argument zurückkommt, oder man muss das Begründungsverfahren bei einem bestimmten Argument willkürlich abbrechen. Warum gerade bei diesem Argument und nicht bei einem vorhergehenden oder weiteren Argument dieser Abbruch erfolgt, ist nicht einsichtig. Das bedeutet stets den Rekurs auf ein Dogma, denn es wird dabei eine bestimmte Instanz, sei es eine Sinneserfahrung, ein Evidenzerlebnis oder eine Vernunfteinsicht, als letzte nicht mehr hinterfragbare Wahrheitsgarantie hingestellt.

Popper lehnt das Begründungsmodell der Erkenntnis aus mehreren Gründen ab:

Diesem Modell liege eine Offenbarungstheorie der Wahrheit zugrunde, die aus mythischen und archaischen Vorstellungsbereichen der Menschheitsentwicklung stammt. Wissen war damals mit der Idee der Gewissheit verknüpft. Es wurde noch nicht zwischen der theoretischen Geltung einer Wahrheitsbehauptung und ihrer Entstehung unterschieden. Popper meint dazu, dass in solchen archaischen Denkformen stets „die Frage nach der *Wahrheit* einer Tatsachenfeststellung auf die Frage nach ihrem *Ursprung* zurückgeführt“ wurde, sodass dann der Anschein entstand, „dass es tatsächlich autoritative Quellen unserer Erkenntnis gibt“. (Popper 1994, S. 29)

Ein weiterer Grund, warum Popper das Begründungsmodell der Erkenntnis ablehnt, ergibt sich aus der Dogmatisierung von Erkenntnissen, die zur Beeinträchtigung des Erkenntnisfortschritts führt. Wenn einmal gewonnene Erkenntnisse aufgrund ihrer gesicherten Wahrheitsgarantie nicht mehr in Frage gestellt und nicht mehr der Konkurrenz mit anderen Hypothesen und Problemlösungsvorschlägen ausgesetzt werden, können sie nicht mehr verbessert und an geänderte Problemlagen angepasst werden. Popper schreibt dazu in der *Logik der Forschung:*

> Das alte Wissensideal, das absolut gesicherte Wissen (episteme), hat sich als ein Idol erwiesen ... Mit dem Idol der Sicherheit, auch der graduellen, fällt eines der schwersten Hemmnisse auf dem Weg der Forschung; hemmend nicht nur für die Kühnheit der Fragestellung, hemmend oft auch für die Strenge und Ehrlichkeit der Nachprüfung. Der Ehrgeiz, recht zu behalten, verrät ein Mißverständnis: nicht der *Besitz* von Wissen, von unumstößlicher Wahrheit macht den Wissenschaftler, sondern das rücksichtslose kritische, das unablässige *Suchen* nach Wahrheit. **(Popper 2005, S. 225)**

Die Ablehnung des Begründungsmodells der Erkenntnis hängt auch mit der politischen Aufklärungsintention und mit liberal-demokratischen Wertvorstellungen von Popper zusammen. Er geht davon aus, dass politische Weltanschauungen und Ideologien, die ihre Motivations- und Überzeugungskraft auf dem Anspruch eines absolut gesicherten Erkenntnis- und Wahrheitsbesitzes aufbauen, häufig mit elitären Erkenntnisansprüchen verbunden sind. Diese werden nur zu oft mit autoritären Mitteln und gewaltsamen Methoden gegen jede Kritik verteidigt.

Die Fallibilitätsthese und die Konzeption der kritischen Rationalität

Dem klassischen Begründungsmodell der Erkenntnis wird von Popper die Konzeption einer kritischen und selbstkritischen Vernunft entgegengestellt. Dabei beruft er sich wiederholt auf Sokrates, nennt aber auch Xenophanes, Thales von Milet, Nicolaus Cusanus, Erasmus von Rotterdam und Kant als Vorläufer.

Von dem Vorsokratiker Xenophanes zitiert er wiederholt folgende Textpassage:

> Sichere Wahrheit erkannte kein Mensch und wird keiner erkennen
> Über die Götter und alle die Dinge, von denen ich spreche.

> Selbst wenn es einem auch glückt, die vollkommenste Wahrheit zu künden,
> Wissen kann er sie nie: Es ist alles durchwebt von Vermutung. **(Popper 2001, S. 95)**

In dieser Passage sieht Popper bereits eines der Hauptcharakteristika seiner eigenen Vernunftauffassung vorweggenommen: die Fallibilitätsthese, d. h. die prinzipielle Fehlbarkeit und Irrtumsanfälligkeit des menschlichen Erkenntnis- und Vernunftvermögens. Für Popper ist jede Art von Erkenntnis immer nur hypothetisch wahr, d. h. verbesser- und überholbar. Man sollte eine Erkenntnis nie als in einem absoluten Sinne gerechtfertigt und damit als endgültig gesichert und ein für alle Mal wahr ausgeben. (Popper 1979, S. XIX, XXV; 2005, S. 221–225; 1973, S. 34–38; 1994, 38–40)

Damit ist nicht gemeint, dass es prinzipiell keine absolut wahren Erkenntnisse geben könne. Popper bezweifelt damit bloß die Fähigkeit der Vernunft, ein absolut gesichertes Wissen darüber erlangen zu können, ob eine bisher noch so gut bewährte, wissenschaftliche Erkenntnis auch in der Zukunft niemals revidiert wird. Wir können aufgrund der Irrtumsanfälligkeit unseres Erkenntnisvermögens nie wissen, ob wir im Besitz einer ein für alle Mal gültigen Erkenntnis sind und deshalb ist es zwecklos und irreführend, eine solche Behauptung aufzustellen.

Neben der prinzipiellen Irrtumsanfälligkeit unseres Erkenntnisvermögens ist für Poppers Vernunftverständnis die Notwendigkeit der rationalen Kritik und des konsequenten Kritizismus zentral. Nur durch kritische Prüfung und Diskussion können wir Fehler und Irrtümer in unseren Erkenntnissen und Überzeugungen frühzeitig erkennen, sie ausschalten und damit unsere Erkenntnisse und Überzeugungen kontinuierlich verbessern.

Hans Albert interpretiert Poppers Auffassung sehr treffend, wenn er in seinem Popper gewidmeten Buch *Traktat über kritische Vernunft* schreibt:

> „ Setzt man an … die Stelle der Begründungsidee die **Idee der kritischen Prüfung**, der kritischen Diskussion aller in Frage kommenden Aussagen mit Hilfe rationaler Argumente,

> dann verzichtet man zwar auf selbst produzierte Gewissheiten, hat aber die Aussicht, durch Versuch und Irrtum – durch versuchsweise Konstruktion prüfbarer Theorien und ihre kritische Diskussion anhand relevanter Gesichtspunkte – der Wahrheit näher zu kommen, ohne allerdings jemals Gewissheit zu erreichen. **(Albert 1968, S. 42)**

Für Popper muss ein in einer Erkenntnisaussage behauptetes Wissen nicht durch Rückführung auf letzte Begründungsinstanzen gerechtfertigt werden, um als echtes und wahres Wissen akzeptiert zu werden. Es genügt, wenn es als hypothetisches Vermutungswissen aller bisherigen Kritik standgehalten hat. Hat es sich bei ernsthaften, logischen und empirisch-rationalen Widerlegungsversuchen als widerspruchsfrei und zuverlässig erwiesen, kann man es als vorläufig wahr akzeptieren. Hat es sich in verschiedenen Problemsituationen bei Problemlösungen bewährt, ist mit Recht anzunehmen, dass es sich dabei im Sinne der Korrespondenztheorie der Wahrheit (eine Aussage ist wahr, wenn sie mit der Wirklichkeit übereinstimmt) um ein zumindest vorläufig zutreffendes und wahres Wissen handelt.

Das Falsifikationsprinzip als Gegensatz zum Verifikationsprinzip in der Wissenschaft

In Poppers Wissenschaftstheorie haben die Ideen der Irrtumsanfälligkeit der Vernunft und des konsequenten Kritizismus ihren Niederschlag in zwei methodischen Prinzipien für die wissenschaftliche Forschung gefunden: dem Falsifikationsprinzip sowie der Ablehnung des logischen Induktionsmodells (Schlussverfahren vom Besonderen zum Allgemeinen) bei der Begründung des Wahrheitsanspruchs von wissenschaftlichen Erkenntnissen.

Das Falsifikationsprinzip bedeutet: Die Wissenschaftler(Innen) haben bei der Überprüfung von Theorien an der Erfahrung nicht zu fragen, welche positiven Instanzen eine Theorie bestätigen, sondern müssen sich die Frage stellen, welche möglichen Tatsachen man als Widerlegungen (Falsifikationen) der betreffenden Theorie betrachten würde. Die positive Bewährung einer Theorie liegt darin, dass sie allen bisherigen Falsifikationsversuchen standgehalten hat. In der *Logik der Forschung* hat Popper das Falsifizierbarkeitskriterium im ausdrücklichen Gegensatz zum neopositivistischen Sinnkriterium oder Verifikationsprinzip der Denkschule des *Wiener Kreises* entwickelt. Mit dem Sinnkriterium war die Absicht verbunden, metaphysische Aussagen aus der Wissenschaft auszuschließen und nur solche Hypothesen und Theorien als wissenschaftlich gelten zu lassen, bei denen man zumindest logisch den Weg angeben kann, wie sie durch Erfahrung verifizierbar und damit als wahr oder falsch zu erweisen sind.

Poppers Haupteinwände dagegen sind:

(a) Metaphysik kann in der Wissenschaft durchaus fruchtbar sein, deshalb sollte man metaphysische Aussagen nicht prinzipiell als sinnlos abstempeln. Wenn solche Aussagen zunächst noch höchst spekulativ sein mögen, dann aber mit der Zeit in prüfbare Hypothesen umgewandelt werden, wie dies in der Wissenschaftsgeschichte bei vielen kosmologischen Theorien (z. B. bei Kepler und Kopernikus) der Fall war, dann können auch metaphysische Aussagen eine positive Rolle für die Wissenschaft haben. Bereits in der *Logik der Forschung* finden sich nachdrückliche Hinweise auf die Fruchtbarkeit metaphysischer Gedanken für die Wissenschaft. Popper schreibt dort:

> Man kann nicht leugnen, dass es neben metaphysischen Gedankengängen, die die Entwicklung der Wissenschaft hemmten, auch solche gibt (wir erwähnen nur den spekulativen Atomismus), die sie förderten. Und wir vermuten, dass wissenschaftliche Forschung, psychologisch gesehen, ohne einen wissenschaftlich indiskutablen, also wenn man will, „metaphysischen" Glauben an (rein spekulative und) manchmal höchst unklare theoretische Ideen wohl gar nicht möglich ist. **(Popper 2005, S. 14 f.)**

(b) Mit dem neopositivistischen Sinnkriterium würden neben den metaphysischen Aussagen auch alle naturwissenschaftlichen Gesetzesaussagen, die die logische Form von Allsätzen („Alle x sind y") haben, aus dem Bereich der sinnvollen Aussagen und damit aus der Wissenschaft eliminiert sein.

(c) Das Bemühen um induktive Bestätigungen von Hypothesen hemmt den Erkenntnisfortschritt. Man schließt dabei immer nur von einzelnen Sinneserfahrungen (dem Besonderen) auf die allgemeine Geltung von Hypothesen (das Allgemeine) und bestätigt dabei immer nur das, was man ohnedies schon weiß.

Deshalb will Popper das Falsifizierbarkeitskriterium nicht als Sinnkriterium verstanden wissen, sondern bloß als Abgrenzungskriterium, das die empirische Wissenschaft gegenüber der Mathematik und Logik, aber auch gegenüber jeder Art von Pseudowissenschaft abgrenzen soll. Für ihn können auch metaphysische Aussagen sinnvoll sein, ohne dass sie wissenschaftlichen Charakter haben.

Wie kommt der wissenschaftliche Erkenntnisfortschritt zustande?

Der Erkenntnisfortschritt in der Wissenschaft entwickelt sich durch die Methode von Versuch und Irrtum *(trial and error)* bzw. durch Vermutungen und Widerlegungen oder Konstruktion und Kritik. Das Voranschreiten der Erkenntnis durch diese Methode gilt natürlich nicht nur für die wissenschaftliche Erkenntnis, sondern auch für alltägliche Versuche rationaler Problemlösung. Mit der evolutionären bzw. graduellen Auffassung vom Erkenntnisfortschritt steht Popper in Gegensatz zu Ansichten, wonach sich die Wissenschaft nur in revolutionären Phasen bzw. radikalen Umbrüchen weiterentwickle. Popper interpretiert hingegen den wissenschaftlichen Erkenntnisgewinn als Prozess, bei dem sich der (die) Wissenschaftler(In) zunächst einem Problem gegenübersieht. Man entwirft Vorschläge zur Lösung des Problems in Form von spekulativen Hypothesen, die im Rahmen der *scientific community* scharfer Kritik unterworfen werden. Durch Kritik und Konfrontation mit alternativen Hypothesen und Lösungsvorschlägen werden Irrtümer und Fehler einer Theorie erkannt, so dass die Theorie entweder umgebaut oder durch eine neue, bessere Theorie ersetzt werden kann.

Eine Bedingung für das Funktionieren dieser Forschungsmethode ist ein Theorienpluralismus. Nur der Wettstreit von mehreren Theorien zur Problemlösung garantiert die strengste und effektivste Kritik an den einzelnen Problemlösungsvorschlägen, so dass sich letztlich der beste Vorschlag durchsetzen und bewähren kann.

> „Jene Theorie ist bevorzugt, die sich im Wettbewerb, in der Auslese der Theorien am besten behauptet, die am strengsten überprüft werden kann und den bisher strengen Prüfungen auch standgehalten hat. Die Theorie ist ein Werkzeug, das wir durch Anwendung erproben und über dessen Zweckmäßigkeit wir in Zusammenhang mit seiner Anwendung entscheiden. **(Popper 2005, S. 73)**

Eine Voraussetzung dieser Theorie des Erkenntnisfortschritts ist eine regulative Idee der Wahrheit. Damit ist gemeint, dass es bei der Suche nach Wahrheit in der Wissenschaft immer nur eine mehr oder weniger gute Annäherung an die Wahrheit geben könne. Eine wissenschaftliche Theorie kann nur wahrheitsähnlicher sein als eine andere, weil sie strengeren Widerlegungsversuchen standgehalten hat. Wir können sie deshalb als vorläufig wahr akzeptieren. Aufgrund der prinzipiellen Fehlbarkeit unseres Erkenntnisvermögens sollten wir sie nicht als absolut wahr hinstellen. Die absolute Wahrheit als regulative Idee ist im Sinne Kants bloß ein Antrieb, im Erkenntnisprozess niemals mit der Wahrheitssuche aufzuhören.

Kritische Rationalität, das apriorische Hintergrundwissen und der „Mythos des Rahmens“

Poppers Skepsis gegen eine Letztbegründung von Erkenntnissen bedeutet nicht, dass es überhaupt keine objektive, wahre Erkenntnis geben könne. Dies auch dann nicht, wenn man eine weitere erkenntnistheoretische Grundannahme von Popper in Betracht zieht. Das ist die Annahme, dass es keine theorieunabhängigen Erfahrungen in Form von „reinen Sinneseindrücken" geben könne, weil wir in unserem Erkenntnisapparat die angeborenen, theoretischen Vorerwartungen haben. Evolutionsbiologisch argumentierend, stellt Popper in dem späteren Buch *Objektive Erkenntnis* fest:

> „Da alle unsere Dispositionen in gewissem Sinne Anpassungen an konstante oder langsam veränderliche Umweltbedingungen sind, kann man sie als *theoriegetränkt* bezeichnen, wobei der Ausdruck „Theorie" in einem genügend weiten Sinne zu nehmen ist ... Ich glaube, wir können sogar noch mehr behaupten: *es gibt kein Sinnesorgan, in das nicht antizipierende Theorien genetisch eingebaut wären.* **(Popper 1973, S. 86)**

Wenn man Poppers Auffassung so interpretiert, dass jeder Mensch sein Leben lang in angeborenen Vorerwartungen befangen bleibt und damit jede Erkenntnis bloß relativen Charakter hat, könnte man bezweifeln, ob es überhaupt eine objektive und wahre Erkenntnis gibt.

Popper wendet sich entschieden gegen diese Konsequenz. Er hat sie unter der Bezeichnung „Mythos des Bezugsrahmens" in einem gleichnamigen Büchlein einer ausführlichen Kritik unterzogen. (Popper 1996, S. 33–64)

Dieser Mythos tritt in kultur- und sprachrelativistischen Auffassungen zutage, dass jeder Mensch in dem durch seine sozio-kulturelle Lebensform verinnerlichten „Sprachspiel" befangen bleiben muss und die Grenzen dieses Sprachspiels die Grenzen seiner Welt bedeuten. Wittgenstein hat dies in seiner späteren Sprachphilosophie vertreten.

Eine andere Variante dieses Mythos betrifft das lebensweltliche Vorverständnis, das die Weltsicht jedes Menschen angeblich so nachdrücklich bestimmt, dass die verschiedenen Weltsichten unvergleichbar *(inkommensurabel)* miteinander werden.

Popper begegnet solchen relativistischen Standpunkten mit folgenden Argumenten:

Wir sind mit unserem Erkenntnis- und Vernunftvermögen durchaus in der Lage, noch so tief verankerte Erwartungshaltungen und Vorurteile, auch wenn sie über Sprache und Kultur verinnerlicht wurden, immer wieder zu korrigieren. Wir können sogar jene tief in unserer Psychostruktur vorhandene Erwartung korrigieren, die eines der gravierendsten „Vorurteile des menschlichen Alltagsverstandes" darstellt: Es ist die Erwartung, überall in der Welt Regelmäßigkeiten oder Gesetzmäßigkeiten vorfinden zu können. Auch diese Vorerwartung erweist sich oft als falsch und kann korrigiert werden. Wir lernen aus der Erfahrung falscher Wirklichkeitseinschätzungen und kommen durch ständige Korrektur unserer Vorerwartungen zu einem wirklichkeitsgerechteren, objektiven Wissen. Für dieses Wissen nehmen wir Wahrheit in Anspruch, solange es nicht widerlegt wird und solange es uns durch Problemlösungskapazität eine halbwegs zuverlässige Weltorientierung und Problembewältigung in der Lebenswirklichkeit ermöglicht.

Die nachdrückliche Betonung dieser Tatsache ist gerade in der *Gegenwart* wichtig, weil damit kulturrelativistischen und radikal konstruktivistischen Positionen begegnet werden kann. Solche Positionen erfreuen sich großer Popularität, weil sie mit einem Zweifel an der Wissenschaft und einer Feindlichkeit gegen die Rationalität leicht vereinbar sind.

In der philosophischen Diskussion sind gegen Poppers Kritischen Rationalismus und die damit verbundene Vernunftauffassung verschiedene Einwände erhoben worden, von denen ich drei in Form von Fragen erwähnen möchte.

Ist die kritisch-rationale Vernunftauffassung selber irrational?

Popper wurde bezichtigt, seine kritisch-rationalistische Vernunftauffassung sei ihrerseits eine Variante des Irrationalismus, weil sie auf der irrationalen Entscheidung beruhe, die kritisch-rationale Vernunftauffassung allen anderen Vernunftauffassungen vorzuziehen. Tatsächlich hat Popper selber dazu in *Die offene Gesellschaft und ihre Feinde* eine missverständliche Stellungnahme abgegeben. Er meint dort, „dass die rationalistische

Einstellung keinesfalls auf Argumente oder auf Erfahrungen gegründet werden“ könne und

> „dass ein Mensch, der die rationalistische Einstellung annimmt, so handelt, weil er, ohne rationale Überlegung, einen Vorschlag, einen Entschluss, einen Glauben oder ein Verhalten akzeptiert hat, das daher seinerseits irrational genannt werden muss. Was immer es auch sein mag – wir können es einen irrationalen *Glauben an die Vernunft* nennen. **(Popper 1992, S. 270)**

In Reaktion auf den Irrationalismus-Vorwurf hat ein Schüler von Popper den Versuch unternommen, Poppers Vernunftkonzeption zu einem sogenannten „pankritischen Rationalismus“ weiterzuentwickeln. Die Pointe liegt dabei in dem Argument, dass man einen Rationalismus, der selber stets offen gegenüber Kritik sei, nicht als irrational bezeichnen könne. (Bartley 1987, S. 91–104)

Dieses Problem wirft eine interessante philosophische Frage auf: Gibt es überhaupt eine Voraussetzungslosigkeit im philosophischen Denken? Ist eine Entscheidung für eine bestimmte philosophische Position oder Vernunftauffassung nicht immer schon eine subjektive Glaubens- und Wertentscheidung?

Dazu kann man sagen, dass es keine voraussetzungslose Konzeption der Rationalität und rationalen Argumentation geben kann. Da jede Entscheidung oder Wahl eine subjektive Wertungskomponente enthält, gilt dies auch bei der Entscheidung für ein bestimmtes Verständnis von Rationalität. Dies bedeutet aber nicht, dass die Entscheidung gänzlich irrational sein muss und mit empirischer Erfahrung und rationaler Argumentation überhaupt nichts zu tun hat. Wollte man dies behaupten, würde man Wertentscheidungen zur Gänze in einem irrationalen Bereich ansiedeln. Dies ist aber in Poppers Kritischem Rationalismus nicht der Fall. Auch die Entscheidung zur kritisch-rationalen Vernunft kann rational diskutiert werden, wenn man z. B. Überlegungen über Implikationen und Folgewirkungen dieser Entscheidung anstellt. Die Ergebnisse dieser Überlegungen können Gründe sein, ob man diese Konzeption akzeptieren oder ablehnen möchte. Der Akt des Akzeptierens oder Ablehnens weist wiederum jene subjektive Entscheidungs- oder Bewertungskomponente auf, die nicht logisch notwendig auf rationale Beweggründe zurückführbar ist. Allerdings kann der Entscheidungsakt nachträglich wieder rational diskutiert werden, indem man etwa psychologische Theorien heranzieht und damit mögliche Erklärungen liefert, warum sich die Person X so und nicht anders entschieden hat. Aus dem Gesagten wird deutlich, dass der Vorzug der kritischen-rationalistischen Vernunftauffassung keineswegs gänzlich irrational und daher nicht der kritisch-rationalen Diskussion entzogen ist.

Ist der Kritische Rationalismus positivistisch?

Popper wurde vorgeworfen, er vertrete einen „positivistisch-halbierten Rationalismus". Damit ist gemeint, er habe seine Philosophie einseitig am Erkenntnis- und Methodenideal der Naturwissenschaften orientiert. Vor allem Vertreter der *Kritischen Theorie der Frankfurter Schule* argumentierten, Popper bevorzuge eine eindimensionale, bloß technische Rationalität. Diese habe einen inhumanen Instrumentalismus zur Folge, der alles, auch die Menschen, zu benutzbaren „Dingen" herabwürdige. (Horkheimer 1985, S. 31–34) Die bloß technische Rationalität sei ein gefährlicher Bestandteil der Ideologie in der fortgeschrittenen Industriegesellschaft, die das Bewusstsein so vieler Menschen bestimme. (Marcuse 1970, S. 159–174) Eine einseitig positivistische Rationalität habe folgende negativen Kennzeichen: ein technisch-instrumentelles Erkenntnisinteresse, das blind gegenüber Wertfragen ist; die Unfähigkeit, gesellschaftliche Prozesse in ihrer Totalität und ihrem geschichtlichen Zusammenhang erfassen zu können; die Unterdrückung der schöpferischen Spontaneität der Vernunft. Statt sich in spekulativ-kühnen Gedankenentwürfen zu manifestieren, bewege sich die technische Rationalität immer nur in eingefahrenen Denkbahnen. (Marcuse 1970, S. 32–34, 153–158)

Solche gegen Popper erhobenen Vorwürfe lassen sich bei detaillierter Analyse seiner Philosophie unschwer entkräften. Dem Vorwurf des bloß technischen, inhumanen Instrumentalismus und der Ignoranz gegenüber Wertfragen kann man entgegenhalten, dass Popper mit seinem Vernunftverständnis bestimmte humane Wertideen und moralische Werthaltungen eng verknüpft sieht.

Ist der Kritische Rationalismus nur destruktiv?

Zuletzt möchte ich noch den Einwand erwähnen, dass die von Popper propagierte kritische Einstellung, die permanente Kritikbereitschaft fordert, sehr oft destruktive Folgen haben könne. Wird der Kritische Rationalist durch Überbetonung der Idee der Kritik blind für destruktive Folgen von Kritik? Dem kann man entgegenhalten, dass das kritische Problemlösungsverhalten, das Popper für die kritische Vernunft fordert, jegliche Dogmatisierung verbietet, somit auch die Dogmatisierung der Idee der Kritik. Wenn Popper für die offene, demokratische Gesellschaft vielfache institutionelle Möglichkeiten der öffentlichen Kritik verlangt, bedeutet dies nicht, dass diese Möglichkeiten in allen Situationen bis zur letzten Konsequenz ausgeschöpft werden müssen, etwa bis zur Selbstvernichtung oder bis zur totalen Desavouierung eines Kontrahenten oder politischen Gegners. Der Glaube an das Kritisieren muss vom kritischen Rationalisten „hin und wieder kritisch überprüft werden“ (Bartley 1987, S. 132), weil er sonst selber ins Fahrwasser jenes willkürlichen und vorbehaltlosen Engagements geraten würde, das er als fundamentalistisch-autoritär bekämpft.

Die verantwortungsethische Grundhaltung ist ein zentrales Moment in der Wertbasis des Kritischen Rationalismus. Sie verlangt, in allen Situationen auch die Konsequenzen und Nebenfolgen von Kritik verantwortungsbewusst zu überdenken. Die Konsequenzen-Überlegungen können dazu führen, dass kritische Argumente in bestimmten Situationen maßvoller formuliert oder kurzfristig überhaupt hintangestellt werden, wenn sie gegen die ethische Maxime der Verkleinerung von Leid *(negativer Utilitarismus)* verstoßen. Beide, das verantwortungsethische moralische Prinzip und das Prinzip der Leidminimierung, sind wesentliche Wertprinzipien von Poppers Idee der kritischen Vernunft.

Moralische Wertprinzipien der kritischen Vernunft

Das Ideal der Offenheit für Kritik und die Pflicht zur Selbstkritik

Mit dem „Ethos der Aufklärung“ und der kritischen Rationalität hängen bei Popper eine Reihe von Wertideen zusammen, die man als die Wertbasis seiner Philosophie bezeichnen kann. Dazu gehören die Bereitschaft und Offenheit für Kritik und die moralische Pflicht zur Selbstkritik und zum dauernden Lernen aus eigenen Fehlern. Dies hat Popper programmatisch im Vorwort zu *Das Elend des Historizismus* ausgesprochen:

> Die Methode der rechtzeitigen Fehlerkorrektur zu verfolgen, ist nicht nur eine Weisheitsregel, sondern geradezu eine moralische Pflicht; es ist die Pflicht zur dauernden Selbstkritik, zum dauernden Lernen, zu dauernden kleinen Verbesserungen unserer Einstellung, unserer Urteile, unserer Theorien. Hier wird das Können zum Sollen: wir *können* aus unseren Fehlern lernen; darum *ist es unsere Pflicht*, aus unseren Fehlern zu lernen. Bewußtes Lernen aus unseren Fehlern, bewußtes Lernen durch dauernde Korrektur ist das Prinzip der Einstellung, die ich den „kritischen Rationalismus“ nenne. **(Popper 1965, S. IX)**

Das Ideal der individuellen Freiheit

Die zentrale Wertidee in Poppers Philosophie ist wohl das Ideal der individuellen Freiheit. Im Vortrag über Kant als Aufklärer in der deutschen

Ausgabe von *Die offene Gesellschaft und ihre Feinde* bezieht er sich auf Sokrates und bezeichnet die „Sokratische Idee des freien Menschen" als „ein Erbgut unseres Abendlandes". Diese abendländische Tradition habe Kant weitergeführt.

> Denn Kant hat gezeigt, dass jeder Mensch frei ist: *nicht* weil er frei geboren, sondern weil er mit einer Last geboren ist – mit der Last der Verantwortung für die Freiheit seiner Entscheidung. **(Popper 1992, I, S. XXIX)**

Popper fordert ein permanentes Bemühen um Bewahrung oder Herstellung der größtmöglichen individuellen Freiheit, allerdings mit der Einschränkung, dass dadurch die Freiheit anderer Menschen nicht beschnitten wird. Unvermeidliche Einschränkungen der individuellen Freiheit aufgrund des sozialen Zusammenlebens sollen nach Möglichkeit gleichmäßig verteilt werden. Popper zitiert dazu folgende triviale Alltagsgeschichte:

> Der ganze Einwand, daß es schwer sei, zu wissen, wo die Freiheit ende und das Verbrechen beginne, wird im Prinzip in der berühmten Geschichte vom Radaubruder erledigt, der behauptete, er könne als freier Bürger seine Faust in jede beliebige Richtung bewegen; worauf der Richter weise zur Antwort gab: „Die Freiheit der Bewegung deiner Fäuste ist durch die Lage der Nase deines Nachbarn begrenzt." **(Popper 1992, I, S. 133)**

In seinem Plädoyer für Gedankenfreiheit schließt Popper den freien Gedankenaustausch mit anderen Menschen als unbedingt notwendig ein. Man braucht die anderen, um herauszufinden, ob die eigenen Gedanken stichhaltig sind oder nicht.

> Die kritische Diskussion ist die Grundlage des freien Denkens des Einzelnen. Das bedeutet aber, dass die volle Gedankenfreiheit ohne politische Freiheit unmöglich ist. Und die politische

> Freiheit wird somit zur Vorbedingung des vollen freien Vernunftgebrauchs jedes Einzelmenschen. **(Popper 1987, S. 235 f.)**

In neueren Gemeinschaftsideologien und Partizipationsutopien wird der Individualismus bzw. das liberale Ideal des freien und verantwortlichen Individuums gerne abgewertet, indem man Individualismus mit Egoismus gleichsetzt. Diese Diffamierung des Individualismus sieht Popper bereits bei Plato gegeben. (Popper 1992, I, S. 120–123, 337)

Man könnte viele weitere Denkmotive bei Popper hervorheben, in denen die individualistische Grundüberzeugung und das Freiheitsideal zum Ausdruck kommen. Popper ist äußerst skeptisch gegen holistische Denkweisen, die den Wert der individuellen Freiheit ganzheitlichen Entitäten wie Volk, Staat, Nation, kollektive Gesinnungsgemeinschaft unterordnen, weil diese der Sehnsucht nach Geborgenheit in einem „großen Ganzen" entgegenkommen.

Auch das Freiheitsprinzip darf nicht verabsolutiert werden. Dass es Grenzen dafür geben muss, erörtert Popper im Zusammenhang mit dem Paradoxon der Freiheit. Eine unbegrenzte, absolute Freiheit würde individueller Willkür Tür und Tor öffnen. Dies hätte zur Folge, dass machtbesessene Individuen die institutionellen Bedingungen der Möglichkeit des freien Denkens und Handelns aller anderen Individuen in einer Gesellschaft durch Errichtung von diktatorischen Gesellschaftssystemen beseitigen könnten. (Popper 1992, I, S. 147 f., 332–335)

Das Toleranzprinzip

Das Toleranzprinzip ist für Popper eines der wichtigsten Prinzipien einer humanitären Ethik. Es manifestiert sich in der Einstellung, „daß der andere das Recht hat, gehört zu werden und seine Argumente zu verteidigen". Es gilt der

> „Wahlspruch: ich kann mich irren, du magst recht haben, aber gemeinsam werden wir vielleicht der Wahrheit auf die Spur kommen". **(Popper 1992, II, S. 278 f.)**

In den Reflexionen über das Toleranzprinzip im gesellschaftlichen und politischen Bereich warnt Popper vor dem Paradoxon der Toleranz, das sich aus der Verabsolutierung dieses Prinzips ergibt. Er macht darauf aufmerksam, dass uneingeschränkte Toleranz notwendig zum Verschwinden der Toleranz führen muss, wenn die Toleranz auch auf die Intoleranten ausgeweitet wird, die in einer Gesellschaft die Bedingungen der Möglichkeit der Toleranz, also freie Meinungsbildung, Pressefreiheit, Rechtsstaatlichkeit usw., abschaffen möchten.

> Denn wenn wir die unbeschränkte Toleranz sogar auf die Intoleranten ausdehnen, wenn wir nicht bereit sind, eine tolerante Gesellschaftsordnung gegen die Angriffe der Intoleranten zu verteidigen, dann werden die Toleranten vernichtet werden und die Toleranz mit ihnen. **(Popper 1992, I, S. 333)**

Das Prinzip der intellektuellen Redlichkeit

Intellektuelle Redlichkeit und intellektuelle Bescheidenheit sind zwei weitere Grundpfeiler in Poppers moralischem Wertesystem. Dazu gehören die Bereitschaft und Offenheit für Kritik und zum dauernden Lernen durch Fehlerkorrektur, die moralische Pflicht zur Selbstkritik sowie die Bereitschaft, anderen Menschen nicht die eigene Meinung aufzwingen zu wollen, sondern sie zur eigenen Meinungsbildung zu ermutigen. Damit verbunden ist eine „sittliche Verpflichtung“ gegenüber der Sprache:

> Das Bekenntnis zum Rationalismus bedeutet für uns ... dass es ein gemeinsames Medium der Verständigung gibt, eine gemeinsame Sprache der Vernunft. Es begründet eine sittliche Verpflichtung der Sprache gegenüber, ihre Klarheit und Eindeutigkeit zu bewahren und sie so zu verwenden, daß sie ihre Funktion als das Instrument des Argumentierens beibehalten kann (...). **(Popper 1992, II, S. 279)**

Daraus leitet Popper die Forderung ab, Sätze in einer möglichst klaren und verständlichen Sprache zu formulieren und die Sprache nicht als „Mittel zum Selbstausdruck" und zur gefühlsbeladenen individuellen Selbststilisierung zu missbrauchen. Als ein „unübertroffener Meister" eines einfachen, klaren und direkten Sprachgebrauchs in der Philosophie wird von Popper Bertrand Russell gewürdigt. (Popper 1987, S. 234)

Wie eng Popper das Prinzip der intellektuellen Redlichkeit mit einem unmissverständlichen, klaren Sprachgebrauch und dem Programm der Aufklärung verbunden sieht, formuliert er in einer an die Dialogstrategie des Sokrates erinnernden Feststellung:

> Warum liegt uns Aufklärern so viel an der Einfachheit der Sprache? Weil der rechte Aufklärer, der rechte Rationalist, niemals überreden will. Ja, er will eigentlich nicht einmal überzeugen: Er bleibt sich stets dessen bewußt, daß er sich irren kann. Vor allem aber achtet er die Selbstständigkeit, die geistige Unabhängigkeit des anderen zu hoch, um ihn in wichtigen Dingen überzeugen zu wollen. Viel eher will er Widerspruch herausfordern und am besten vernünftige und disziplinierte Kritik. Nicht überzeugen will er, sondern aufrütteln, zur freien Meinungsbildung herausfordern. **(Popper 1994, S. 162)**

Die moralische Forderung nach intellektueller Bescheidenheit setzt Popper in Gegensatz zur Anmaßung der Vernunft bzw. Rationalität. Eine solche sieht er in der „romantischen" Denkschule des Deutschen Idealismus, besonders bei Hegel. Dieser habe durch seine pathetisch-orakelhafte und unverständliche philosophische Sprache das klare Denken vieler Intellektueller in Deutschland verdorben. Popper geht so weit, diese Philosophie für das Aufkommen der nationalsozialistischen Ideologie verantwortlich zu machen:

> Die Ideologie des Nazismus wäre unmöglich gewesen, wenn die deutschen Philosophen Verantwortlichkeit gekannt hät-

> ten. Aber intellektuelle Verantwortlichkeit war etwas für sie vollkommen Unbekanntes. Ihre Aufgabe war, eindrucksvoll und unverständlich zu sprechen. Dies wurde ihnen gelehrt: Dieser Aufgabe sind sie nachgegangen, diese Aufgabe haben sie erfüllt. **(Popper/Lorenz 1985, S. 103 f.)**

Popper hat in seinem eigenen Leben das von ihm so oft eingeforderte moralische Prinzip der intellektuellen Bescheidenheit in verschiedenen Situationen nicht befolgt. Wenn er z. B. zornig ehemaligen Schülern vorwarf, Prioritätsansprüche in Bezug auf Gedanken zu erheben, die er selber schon vor ihnen vertreten habe, mag dies aus seiner Disposition zum Jähzorn erklärbar sein. Im Schlusskapitel in der Persönlichkeitsskizze kommen dazu Zeitgenossen und Freunde von Popper zu Wort.

Der negative Utilitarismus

In Poppers Werthierarchie ganz oben steht der sogenannte „negative Utilitarismus". Oberflächlich formuliert, versteht man unter „Utilitarismus" einen moralphilosophischen Standpunkt, dem es um die Vermittlung des größtmöglichen Glücks oder Nutzens für die größtmögliche Anzahl von Individuen in einer Gesellschaft geht. Dem negativen Utilitarismus geht es nicht um die Maximierung (Vergrößerung) von Glück in einer Gesellschaft, sondern um die Minimierung (Verkleinerung) von Leid.

> ” Statt der größten Glückseligkeit für die größte Zahl sollte man – etwas bescheidener – das kleinste Maß an vermeidbarem Leid für alle fordern; und man sollte weiterhin verlangen, daß unvermeidbares Leid – wie Hunger in Zeiten eines unvermeidlichen Mangels an Nahrungsmitteln – möglichst gleichmäßig verteilt werde. **(Popper 1992, I, S. 362)**

Von der Tatsache ausgehend, dass Glücksvorstellungen individuell sehr verschieden sein können, kommt Popper zum Ergebnis, dass das Festhalten am Maximierungsideal von Glück katastrophale Folgen haben kann, wenn es in einer Gesellschaft aufgrund einer politischen Machtkonzentration einzelnen Führertypen möglich wird, ihre subjektiven Glücksideen der Bevölkerung aufzuzwingen. Das Ergebnis ist dann eine Erziehungsdiktatur. Deshalb muss das primäre Ziel einer humanitären Politik immer das Bemühen sein, weit verbreitete und nicht notwendige Leiderfahrungen zu reduzieren, wie sie durch Krankheit, Arbeitslosigkeit, soziale Unterdrückung, gesellschaftliche Ausgrenzung usw. verursacht werden.

Im Vorwort zu *Das Elend des Historizismus* warnt Popper eindringlich und pathetisch vor politisch-utopischen Weltbeglückungsfantasien:

> „Wenn wir die Welt nicht wieder ins Unglück stürzen wollen, müssen wir unsere Träume der Weltbeglückung aufgeben. Dennoch können und sollen wir Weltverbesserer bleiben – aber bescheidene Weltverbesserer. Wir müssen uns mit der nie endenden Aufgabe begnügen, Leiden zu lindern, vermeidbare Übel zu bekämpfen, Mißstände abzustellen; immer eingedenk der unvermeidbaren ungewollten Folgen unseres Eingreifens, die wir nie ganz voraussehen können und die nur allzu oft die Bilanz unserer Verbesserungen zu einer Passivbilanz machen. **(Popper 1965, S. VIII)**

Das Verantwortungsprinzip und die Würde jeder Person

Individuelle Freiheit, Toleranz und Redlichkeit beinhalten ein hohes Maß an Verantwortung, ein weiterer zentraler moralischer Wert in Poppers Philosophie. Dabei geht es stets um die individuell zurechenbare Verantwortung im Unterschied zu einer anonymisierten Verantwortlichkeit, bei der man Verantwortung für getroffene Entscheidungen und vollbrachte Handlungen pauschal auf Kollektivsubjekte abschiebt, seien dies ganze Berufsgruppen, Gesinnungsgemeinschaften oder gar nebulose Schicksalsmächte.

Diese Verantwortlichkeit gilt besonders für die Bildungsschicht in Bezug auf den Sprachgebrauch:

> Jeder Intellektuelle hat eine ganz spezifische Verantwortung. Er hat das Privileg und die Gelegenheit, zu studieren. Dafür schuldet er es seinen Mitmenschen (oder „der Gesellschaft"), die Ergebnisse seines Studiums in der einfachsten und klarsten und bescheidensten Form darzustellen. Das Schlimmste ist, ... wenn die Intellektuellen es versuchen, sich ihren Mitmenschen gegenüber als große Propheten aufzuspielen und sie mit orakelnden Philosophien zu beeindrucken. Wer's nicht einfach und klar sagen kann, der soll schweigen und weiterarbeiten, bis er's klar sagen kann. **(Popper 1987, S. 100)**

Bei der Anerkennung der Würde der menschlichen Person steht Popper in der Tradition von Kant. Dieser habe darunter das moralische Gebot verstanden, jeden Menschen und seine Überzeugungen zu respektieren.

> Kant verband diese Regel aufs engste mit dem Prinzip ..., das die Engländer mit Recht die goldene Regel nennen und das im Deutschen etwas banal klingt: „Was Du nicht willst, das man Dir tu, das füg auch keinem andern zu!" **(Popper 1987, S. 235)**

Auch in Kants kategorischem Imperativ: „Handle so, dass du die Menschheit sowohl in deiner Person als auch in der Person jedes anderen jederzeit zugleich als Zweck, nie bloß als Mittel gebrauchst", sieht Popper den zentralen Gedanken der Würde der Person ausgesprochen. In diesem Gedanken sind Altruismus und Individualismus miteinander vereinigt. Entscheidend verantwortlich für die Verbreitung dieses Gedanken, der zur Grundlage der abendländischen Zivilisation geworden ist, ist das Christentum.

Er ist die zentrale Lehre des Christentums. („Liebe deinen Nächsten", sagt die Heilige Schrift, und nicht „Liebe deinen Stamm".). (Popper 1992, I, S. 123)

Das Prinzip des kritischen Dualismus

Allgemein Wertfragen betreffend, schließt Popper jede Art von fundamentalistischer Wertebegründung aus, unabhängig davon, ob ein Gott und seine Offenbarung, die Natur, wie dies in Naturrechtstheorien der Fall ist, oder die Vernunft selber zu einem wertesetzenden Absolutum stilisiert werden. Popper möchte weder einen naturalistischen Wertkognitivismus (= Werte ergeben sich aus Tatsachenerkenntnissen) noch einen Wertrelativismus (= alle Werte und Wertungen sind gleich subjektiv und gänzlich unabhängig von Tatsachenerkenntnissen) nahelegen. Er übernimmt Humes Einsicht über die logische Unableitbarkeit von Soll-Sätzen aus Seinsaussagen. So lässt sich aus der Seinsaussage „Hans ist 2 m groß, hat braune Haare, blaue Augen“ logisch keine wertende Soll-Aussage „Hans soll gerecht sein“ ableiten.

Mit dem Prinzip des „kritischen Dualismus“ (Popper 1992, I, S. 73 f.; II, S.326–328, 477 f., 487) vertritt Popper den Standpunkt, dass Wertungen immer eine subjektive Komponente enthalten und nicht auf Tatsachenerkenntnisse reduziert werden können. Er nimmt in der Wertediskussion einen Standpunkt ein, bei dem die Sein-Sollen-Dichotomie unverwischt akzeptiert wird, ohne deswegen Werte, Wertentscheidungen oder letzte Wertstandpunkte in eine irrationale Dimension abzuschieben. Ändert sich die Situation für eine Wertentscheidung durch die Falsifizierung von Sachwissen, auf dem sie beruht, können sich auch Wertstandpunkte, Werturteile oder Imperative (Appelle, Befehle usw.) ändern, obgleich dies aus rein logischen Gründen nicht zwingend der Fall sein muss. Man kann Wertstandpunkte oder ethische Systeme als Vorschläge zur Regulierung des praktischen Verhaltens auffassen und ihre Verwirklichbarkeit und ihre Konsequenzen rational diskutieren.

In Wertfragen ist Popper ein Verfechter des Wertepluralismus. Die Entscheidung für einen von mehreren Wertstandpunkten erfolgt nicht willkürlich, sondern auf der Basis von Sachwissen und rationalen Überlegungen, wobei das subjektive, nicht-kognitive Element jeder Wertentscheidung im Blickfeld bleiben muss. Dieses Element ist für Poppers Aufklärungskonzeption die Voraussetzung dafür, dass die Freiheits- und die Verantwortungsidee jenen zentralen Stellenwert einnehmen können, den er ihnen zuspricht.

Warum war Karl Marx mit seiner Geschichts- und Gesellschaftstheorie ein „falscher Prophet“?

Poppers Sozialphilosophie ist zu einem beträchtlichen Teil das Ergebnis der kritischen Auseinandersetzung mit Karl Marx. Diese spiegelt sich auch in folgendem Urteil über Marx wider:

> Ich glaube, daß Marx trotz seiner Verdienste ein falscher Prophet gewesen ist. Er war ein Prophet des Ablaufs der Geschichte, und seine Prophezeiungen haben sich nicht bewahrheitet; aber das ist nicht mein Hauptvorwurf. Viel wichtiger ist, daß er zahllose intelligente Menschen dazu verführte, zu glauben, daß die wissenschaftliche Behandlung sozialer Probleme in der Aufstellung historischer Prophezeiungen besteht. Marx ist verantwortlich für den verheerenden Einfluß der historizistischen Denkmethode in den Reihen derer, die die Sache der offenen Gesellschaft zu fördern wünschen. **(Popper 1992, II, S. 97)**

Die kritische Einstellung zur marxistischen Geschichts- und Gesellschaftstheorie findet sich schon in frühen Jahren in Poppers Denkentwicklung, nämlich

> im Winter 1919/20 unter dem Eindruck des Ersten Weltkrieges und der kommunistischen Mythologie von der bevorstehenden Weltrevolution. **(Popper 1965, S. VII)**

Als seine differenzierte Marxismus-Kritik in *Die offene Gesellschaft und ihre Feinde* und in *Das Elend des Historizismus* publiziert war, würdigte der bedeutende englische liberale Denker Isaiah Berlin in seiner eigenen Marx-Biografie Poppers Marx-Kritik mit den Worten, diese Kritik sei

> „… die gewissenhafteste und schwerwiegendste Kritik der philosophischen und historischen Lehren des Marxismus aus der Feder eines lebenden Autors **(Magee 1986, S. 1)**

Gibt es Gesetzmäßigkeiten in der Geschichte?

Die beiden Klassiker des Marxismus, Karl Marx und Friedrich Engels, waren der Überzeugung, dass sie in den Beziehungen zwischen den materiellen Produktivkräften (Produktionsmitteln wie Werkzeuge, Maschinen, die produzierenden Menschen) und den sozialen Produktionsverhältnissen (Eigentumsverhältnissen) in einer Gesellschaft das historische Entwicklungsgesetz entdeckt hätten, das den Übergang von einer geschichtlichen Epoche zur anderen bewirke. Im Wissen um diese ökonomische Gesetzmäßigkeit gaben die beiden Klassiker des Marxismus vor, dass sie im Besitz der einzig wahren, wissenschaftlichen Erkenntnis darüber wären, wie die Geschichtsentwicklungen bisher verlaufen sei: von einer Urgesellschaft über die antike Sklavenhaltergesellschaft, die mittelalterliche Feudalgesellschaft bis zur bürgerlichen Gesellschaft. In der bürgerlichen Gesellschaft werde es zu einer immer stärkeren Akkumulation, d. h. Anhäufung, und Konzentration des Kapitals und des Privateigentums an Produktionsmitteln – dies sind z. B. Fabriken – in den Händen von immer weniger Mitgliedern der sozialen Klasse des Bürgertums kommen. Hand in Hand damit werde eine fortschreitende „Verelendung des Proletariats" eintreten, es werde zu einer Verarmung der sozialen Klasse der lohnabhängigen Arbeiterschaft kommen.

An einem bestimmten Punkt der Geschichtsentwicklung würden die Angehörigen dieser Klasse die überwiegende Mehrzahl der Bevölkerung bilden. Sie würden ihre lebensnotwendigen Grundbedürfnisse, wie Nahrung, Kleidung, Wohnen, nicht mehr befriedigen können, weil durch das Überangebot an Arbeitskräften auf dem freien Arbeitsmarkt die Löhne immer stärker sinken. Damit würde der Klassenkampf zwischen der bürgerlichen Klasse und der Klasse des Proletariats auf die Spitze getrieben. Im berühmten *Manifest der Kommunistischen Partei*", das Marx und Engels im europäischen Revolutionsjahr 1848 veröffentlichten, heißt es dazu:

> Unsere Epoche, die Epoche der Bourgeoisie, zeichnet sich jedoch dadurch aus, daß sie die Klassengegensätze vereinfacht hat. Die ganze Gesellschaft spaltet sich mehr und mehr in zwei große feindliche Lager, in zwei große, einander direkt gegenüberstehende Klassen: Bourgeoisie und Proletariat. **(Marx und Engels 1974, S. 463)**

Um überleben zu können, werde die Klasse des Proletariats eine Revolution beginnen, die es in der bisherigen Menschheitsgeschichte noch nie gegeben habe. Bei dieser Revolution würde das Privateigentum an den Produktionsmitteln abgeschafft, d. h. die Privateigentümer würden enteignet werden. Damit würden auch die Klassenkämpfe zwischen den verschiedenen sozialen Klassen in der Gesellschaft ein Ende haben. Die neue Gesellschaft, die eine klassenlose (kommunistische) Gesellschaft sein werde, stellt für Marx und Engels das Endziel der Gesellschafts- und Geschichtsentwicklung dar.

Für Popper ist die marxistische Geschichtstheorie ein Musterbeispiel für eine Methode in der Geschichts- und Sozialphilosophie, die er mit dem Terminus „Historizismus" bezeichnet hat. Dieser Begriff darf nicht mit dem in der Geschichtswissenschaft verwendeten Begriff des „Historismus" verwechselt werden. Unter Historismus versteht man sowohl eine bestimmte Epoche in der Architekturgeschichte als auch einen bestimmten methodischen Standpunkt in der Geschichtstheorie (Leopold von Ranke). Dieser Standpunkt geht davon aus, dass es für eine objektive Geschichtsforschung unerlässlich sei, bei historischen Geschichtshypothesen auch die historische Standortgebundenheit des jeweiligen Interpreten mit zu reflektieren.

Eine historizistische Methode, von der Popper spricht, basiert auf der Überzeugung, dass man Gesetzmäßigkeiten entdecken könne, die den Verlauf der Geschichte und die künftige Gesellschaftsentwicklung bestimmen. Man sei in Kenntnis dieser Gesetzmäßigkeiten auch dazu in der Lage, langfristige und sichere Voraussagen über die künftige Gesellschaftsentwicklung und den weiteren Verlauf der Geschichte abzugeben. Popper definiert „Historizismus“ auch einmal als

> jene Einstellung zu den Sozialwissenschaften, die annimmt, daß *historische Voraussage* deren Hauptziel bildet und daß sich dieses Ziel dadurch erreichen läßt, daß man die ‚Rhythmen‘ oder ‚Patterns‘, die ‚Gesetze‘ oder ‚Trends‘ entdeckt, die der geschichtlichen Entwicklung zugrunde liegen. **(Popper, 1965, S. 2)**

Die Überzeugung, dass die Gesellschafts- und Geschichtsentwicklung von einer nicht umkehrbaren Gesetzmäßigkeit bestimmt ist – dies hat man als den deterministischen Grundzug im marxistischen Geschichtsdenken bezeichnet –, ist in den Werken der marxistischen Klassiker offensichtlich. Marx schreibt, dass die „kapitalistische Produktion … mit der Notwendigkeit eines Naturprozesses ihre eigene Negation“ (Marx 1972, S. 791) erzeuge, dass eine Gesellschaft „dem Naturgesetz ihrer Bewegung auf die Spur“ kommen könne (Marx 1972, S. 16) und dass es ihm selber, Karl Marx, darum gehe, mit seinem Hauptwerk *Das Kapital* (1867), das ökonomische Bewegungsgesetz der modernen Gesellschaft zu enthüllen.

> Auch wenn eine Gesellschaft dem Naturgesetz ihrer Bewegung auf die Spur gekommen ist – und es ist der letzte Endzweck dieses Werks, das ökonomische Bewegungsgesetz der modernen Gesellschaft zu enthüllen –, kann sie naturgemäße Entwicklungsphasen weder überspringen noch wegdekretieren. Aber sie kann die Geburtswehen abkürzen und mildern. **(Marx 1972, S. 15 f.)**

Marx und Engels waren auch der Meinung, dass das Ziel und die geschichtliche Aktion des Proletariats in der Organisation der bürgerlichen Gesellschaft „unwiderruflich vorgezeichnet“ seien. In einer frühen, polemischen Schrift der beiden aus dem Jahr 1845 gegen deutsche Philosophen und Theologen – der Titel der Streitschrift ist *Die heilige Familie oder Kritik der kritischen Kritik. Gegen Bruno Bauer und Konsorten* – heißt es schon:

> „Weil die Abstraktion von aller Menschlichkeit, selbst von dem Schein der Menschlichkeit, im ausgebildeten Proletariat praktisch vollendet ist, ... darum kann und muß das Proletariat sich selbst befreien ... Es handelt sich nicht darum, was dieser oder jener Proletarier oder selbst das ganze Proletariat als Ziel sich einstweilen *vorstellt*. Es handelt sich darum, *was* es *ist* und was es diesem *Sein* gemäß geschichtlich zu tun gezwungen sein wird. Sein Ziel und seine geschichtliche Aktion ist in seiner eignen Lebenssituation wie in der ganzen Organisation der heutigen bürgerlichen Gesellschaft sinnfällig, unwiderruflich vorgezeichnet. **(Engels und Marx 1974, S. 38)**

Neben der marxistischen Geschichtsdeutung, die auf einem ökonomischen Historizismus beruht, lassen sich, je nach Art des behaupteten geschichtsbestimmenden Prinzips, noch andere Varianten historizistischen Denkens unterscheiden: Wird behauptet, die letztlich bestimmende Macht in der Geschichte sei der Wille Gottes, den man aufgrund eines unerschütterlichen Glaubens und durch göttliche Gnade ergründen könne, um die Zukunft vorauszusehen, liegt eine theistische Variante des Historizismus vor. Glaubt man als letztes Prinzip der Geschichte, wie in Friedrich Hegels Geschichtsmetaphysik, einen objektiven Weltgeist entdeckt zu haben, der im Verlauf der Geschichte zu seinem Selbstverständnis gelangt, liegt eine spiritualistische Variante vor. (Popper 1992, I, S. 13). Glaubt man gar in Rassenkämpfen die dominierenden Gesetze in der Geschichte endgültig erkannt zu haben, wie dies in der Ideologie des Nationalsozialismus der Fall war, hat man es mit einer biologistischen Variante des Historizismus zu tun. Varianten historizistischen Denkens können in teleologischen (= auf ein Endziel ausgerichteten) Fortschrittsideologien zutage treten, in denen man die Geschichte unaufhaltsam auf ein positives Endziel zutreiben sieht, wie dies im Marxismus der Fall ist. Sie können aber auch in Form von geschichtlichen Zyklen- und Niedergangstheorien auftauchen. Dann wird ein bestimmtes Prinzip als letzte Ursache für die ewige Wiederkehr des Gleichen oder für die unausweichliche Entwicklung einer Gesellschaft in die Katastrophe angesehen, wie dies bei Oswald Spengler in seinem Buch *Der Untergang des Abendlandes* der Fall ist. (Popper 1987, S.153–155)

Popper kritisiert alle Formen einer solchen Geschichtsdeutung. Sein zentrales Argument ist folgendes:

Der künftige Verlauf der Menschheitsgeschichte lässt sich schon deshalb nicht voraussagen, weil die Entwicklung entscheidend vom künftigen Zuwachs des menschlichen Wissens, wie neuen wissenschaftlichen Theorien, Erfindungen usw., abhängig ist. Da dieser entscheidende Faktor nicht mit wissenschaftlichen Methoden voraussagbar ist, kann man auch in Bezug auf die künftige Geschichts- und Gesellschaftsentwicklung keine wissenschaftlich gestützten, langfristigen Voraussagen machen. (Popper 1965, S. IX).

Ist es Aufgabe der Sozialwissenschaft, die Zukunft vorauszusagen?

Popper unterstellt den beiden Klassikern des Marxismus auch unkritische Wissenschaftsgläubigkeit: Sie hätten gewisse zu ihrer Zeit verbreitete mechanistische, naturwissenschaftliche Denkmodelle vorschnell und unkritisch auf Bereiche übertragen, für die diese Modelle nicht geeignet sind. (Popper 1965, S. 29–44) Die Geschichte wird von ihnen als eine Art von Prozess aufgefasst, in dem sich die Gesellschaft gleichsam „als Ganzes“ wie ein physikalischer Körper auf einer bestimmten Bahn und in eine bestimmte Richtung bewegt. Dieses mechanistische Vorstellungsmodell, das in den Naturwissenschaften einmal wertvolle Dienste bei der Welterklärung geleistet hat, sei in den Gesellschaftswissenschaften für die Erklärung von sozialen Phänomenen nicht geeignet. Im gesellschaftlichen Bereich haben wir es mit einer komplexen Mannigfaltigkeit von sozialen Beziehungen und Bestimmungsfaktoren zu tun, aber keineswegs mit einem Phänomen wie einer „Gesellschaft als Totalität", die sich in einer vorbestimmten Richtung auf ein voraussagbares Endziel hinbewegt. In den Gesellschaftswissenschaften feststellbare Regelmäßigkeiten haben nicht jene Konstanz wie Gesetzmäßigkeiten in den Naturwissenschaften.

Popper wirft Marx und Engels eine grundlegend falsche Ansicht über die Hauptaufgabe der Sozialwissenschaft vor. Unter dem Einfluss von Hegels teleologischer Geschichtsmetaphysik waren sie der Auffassung, dass die wissenschaftliche Behandlung von sozialen Problemen darin bestehen müsse, Voraussagen über die künftige Entwicklung einer Gesellschaft zu machen.

> „Es gibt wirklich keinen Grund zu der Annahme, dass die Sozialwissenschaft als einzige unter den Wissenschaften fähig sein sollte, den uralten Traum zu verwirklichen: uns zu enthüllen, was für uns in der Zukunft verborgen liegt.
> **(Popper, 1992, II, S. 101)**

Für Popper liegt die Hauptaufgabe der Sozialwissenschaft nicht darin, den künftigen Verlauf der Geschichte zu prophezeien.

> „Sie besteht vielmehr darin, die weniger offenkundigen Zusammenhänge im sozialen Geschehen zu erklären und die Schwierigkeiten, die dem sozialen Handeln entgegenstehen, aufzudecken. **(Popper 1992, II, S. 111)**

Er sieht ihre primäre Aufgabe darin, die unbeabsichtigten sozialen Rückwirkungen beabsichtigter menschlicher Handlungen zu untersuchen und zu erklären. Dies ist deshalb notwendig, weil jede soziale Handlung neben den geplanten und voraussehbaren Folgen stets auch ungeplante und nicht voraussehbare Konsequenzen hat. (Popper 1992, II, S. 111–113, 1994, S. 180–182). Durch Untersuchung solcher Konsequenzen können negative Auswirkungen im Sozialbereich verringert und sozialtechnische, institutionelle Maßnahmen zur Vorbeugung von unerwünschten Folgen aufgebaut werden.

Man kann damit auch primitiven Verschwörungstheorien begegnen, die negative Auswirkungen sozialer Handlungen von vornherein auf böse Absichten von gewissen Personen oder Personengruppen zurückführen. Eine solche primitive Verschwörungstheorie sieht Popper zwar nicht bei Marx, aber in vielen Erscheinungsformen des „Vulgärmarxismus" gegeben, wenn die triste soziale Lage der lohnabhängigen Arbeiterschaft in der bürgerlichen Gesellschaft auf subjektive Faktoren (Gewinnsucht, Besitzstreben, Machtstreben, Renommiersucht usw.) von böswilligen Kapitalisten zurückgeführt wird.

Können Prophezeiungen wissenschaftliche Prognosen sein?

Popper wirft Marx und Engels vor, in gewissen Entwicklungstendenzen und umkehrbaren sozialen Trends, die im gesellschaftlich-historischen Geschehen beobachtbar sind, gleich allgemeine, nicht umkehrbare Gesetzmäßigkeiten gesehen zu haben. (Popper 1992, II, S. 101; Popper 1965, S. 91, 101 f.) Dieser Irrtum habe sie dazu verführt, ihre subjektiven Prophezeiungen über den zukünftigen Geschichtsverlauf als unbedingte Voraussagen und exakte wissenschaftliche Prognosen auszugeben. Ihre Voraussagen über die revolutionäre Abschaffung der kapitalistischen Gesellschaftsordnung sind bloß subjektive Prophezeiungen, aber keine streng wissenschaftliche Prognosen. Bei den zu ihrer Zeit beobachtbaren Geburtswehen der industriellen Revolution, wie steigende Arbeitslosigkeit und wachsende Verelendung der gerade erst neu entstandenen sozialen Klasse der Industriearbeiter, handelte es sich nicht um „eherne Gesetze" der kapitalistischen Gesellschaftsentwicklung. Dass es sich bloß um soziale Trends im kapitalistischen System handeln könnte, die früher oder später wieder gestoppt und rückgängig gemacht werden könnten, kam Marx und Engels nicht in den Sinn. Sie hielten dogmatisch an bloß *einer* Möglichkeit der Weiterentwicklung der kapitalistischen Gesellschaft fest, ohne mögliche andere Alternativen der Entwicklung in Betracht zu ziehen. So bemängelt Popper auch die fixe Idee von Marx, die durch den schrankenlosen Kapitalismus und die gänzlich freie Marktwirtschaft verursachten gesellschaftlichen Übel wären nur durch eine gewaltsame Revolution zu beseitigen. Aus dem Anwachsen des Reichtums auf der einen Seite und dem Anwachsen des sozialen Elends auf der anderen Seite könne nicht zwingend die Unvermeidbarkeit der Revolution des Proletariats hergeleitet werden. (Popper 1992, S. 181)

Eine andere mögliche Entwicklung, die Marx nicht in Betracht zog, waren Eingriffe des Staates zur Einschränkung des schrankenlosen Kapitalismus und zur schrittweisen Behebung des Elends der lohnabhängigen Arbeiterschaft. Dass sowohl staatliche Maßnahmen zur Beschränkung der Kapitalakkumulation durch gesetzliche Regelungen, wie Erbschaftssteuern, Vermögenssteuern usw., als auch der Erlass von Sozialgesetzen im Rahmen eines kapitalistischen Staates möglich wären, hatte Marx nie im Blickfeld.

> „Marx lebte lang genug, um zu sehen, daß Reformen durchgeführt wurden, die nach seiner Theorie unmöglich waren. Es kam ihm aber nie ins Bewußtsein, dass diese Verbesserungen des Loses der Arbeiter zur gleichen Zeit seine Theorie widerlegten. **(Popper 1992, II, S. 181 f.)**

Der „Ödipus-Effekt“ und die menschliche Kreativität

Ein weiterer Kritikpunkt am Historizismus von Marx und Engels ist die Nicht-Berücksichtigung jener zwei Phänomene, die in der Methodendiskussion der Sozialwissenschaften als das Phänomen der *self-destroying prophecy* und der *self-fulfilling prophecy* bekannt sind, der „sich selbst zerstörenden Prophezeiung“ und der „sich selbst erfüllenden Prophezeiung“. Popper hat diese Phänomene metaphorisch als „Ödipus-Effekt“ bezeichnet. (Popper 1965, S. 11, 128; 1992, II, S. 228; 1994, S. 53). Er bezog sich damit auf jene tragische Figur des Ödipus, der in der antiken Mythologie als Folge eines Orakelspruchs unwissend erst jene Taten begeht, die das Orakel von Delphi seinem Vater vorausgesagt hatte: nämlich den Vater zu ermorden und die eigene Mutter zu heiraten. Damit ist gemeint, dass Voraussagen im gesellschaftlichen Bereich, wie auch bei Wahlprognosen oft deutlich wird, ein vorhergesagtes Ereignis entscheidend beeinflussen können. Die Voraussage kann das Ereignis einerseits herbeiführen oder andererseits sein Eintreffen verhindern.

Die marxistischen Klassiker sahen nicht voraus, dass ihre eigene historische Prophezeiung zu einer *self-destroying prophecy* werden und die vorausgesagte Gesellschaftsentwicklung verhindern könnte; z. B. wenn aufgrund der Voraussage die Kapitaleigner in der kapitalistischen Gesellschaft zu Kompromissen gegenüber den Forderungen der gewerkschaftlichen Vertreter der Arbeiterschaft bereit sein sollten.

Auch Poppers liberales Menschenbild verbietet historizistische Gesellschaftsprognosen. Er sieht im Menschen ein Lebewesen, das über das determinierte physische und psychische Sein hinaus noch eine geistige Verwirklichungsdimension besitzt, in der er nie gänzlich einschätzbar und berechenbar ist. Was der Mensch als „Geistwesen" an kreativen Einfällen und schöpferisch-künstlerischen Intuitionen (Popper 1994, S. 280) hervorbringt, dazu zählen auch alternative Gesellschafts- und Lebenskonzepte, ist mit wissenschaftlichen Methoden nicht exakt voraussagbar. Der künftige Zuwachs von Erfindungen und kreativen Ideen ist nicht vorhersehbar. Wäre dies der Fall, müsste man heute schon wissen, was kreative Köpfe auf verschiedenen Gebieten der Wissenschaft und des praktischen Lebens in der Zukunft erfinden werden. Da dies nicht der Fall ist, ist die Zukunft für Popper „offen". Der Mensch ist im Prinzip frei, sie nach seinen Vorstellungen und Ideen durch verantwortungsbewusstes Handeln mitzugestalten.

Ist die Dialektik eine „höhere" Denkform?

Poppers ausführlichste Stellungnahme zur Dialektik geht auf jenen Seminarvortrag zurück, den er auf Englisch am Beginn der Emigrationszeit an der Universität in Canterbury in Neuseeland unter dem Titel *What is Dialectic?* gehalten hat. Eine deutsche Fassung erschien im 2. Band des Buches *Vermutungen und Widerlegungen*. (Popper 1997, S. 415–486)

Für besonders problematisch am dialektischen Denken hält Popper Hegels sogenannte „Identitätsphilosophie", d. h. die Identität von Geist und Wirklichkeit bzw. Vernunft und Wirklichkeit. Hegel zufolge entwickelt sich nicht nur das (philosophische) Denken dialektisch im Dreischrittschema von These – Antithese – Synthese, sondern auch die Wirklichkeit. Popper polemisiert dagegen:

> Ich bin der Ansicht, daß sie die übelste all jener absurden und unglaublichen philosophischen Theorien darstellt ... Nicht nur, daß die Identitätsphilosophie ohne jede ernsthafte Rechtfertigung dargeboten wird; auch das Problem, zu dessen Beantwortung sie erfunden wurde – die Frage „Wie kann unser Intellekt die Welt erfassen?“ – scheint mir keineswegs klar formuliert zu sein. **(Popper 1997, S. 477)**

Marx und Engels übernahmen von Hegel diesen abstrusen Gedanken ebenso wie den Gedanken vom zielorientierten Verlauf der Geschichte und der dialektischen gesellschaftlichen Weiterentwicklung. In Anlehnung an das Dialektik-Schema von These, Antithese und Synthese kamen sie zu folgender pseudowissenschaftlichen Erkenntnis: Die Gesellschafts- und Geschichtsentwicklung gehe von einer These, der Urgesellschaft, aus. Dann folge die Antithese, das seien jene Gesellschaftsformationen, in denen Ausbeutung von unterdrückten Klassen durch eine herrschende Klasse von Privateigentümern an Produktionsmitteln erfolge, sowie Klassenkämpfe und die Entfremdung des Menschen von seinem „wahren Wesen“ stattfänden. Daraus entwickle sich die Synthese als Endpunkt. Diese sei die klassenlose, kommunistische Gesellschaft, in der die Menschen von allen Übeln befreit sein werden, wie der Entfremdung von ihrem wahren Wesen, der Ausbeutung durch Besitzer von Produktionsmitteln und der Verblendung durch religiöse Ideen. Die repressive Arbeitsteilung und die Klassenkämpfe werden endgültig beseitigt sein.

Vertreter der Dialektik behaupten, dass die dialektische Denkweise eine „höhere Denkform“ sei, in der Widersprüche eine fruchtbare, dynamisierende Rolle spielen. Dieser Aspekt beweise die Überlegenheit der Dialektik gegenüber der traditionellen Logik, in der es stets nur darum gehe, Widersprüche aus dem Denken und aus Aussagenzusammenhängen möglichst auszuschließen. Popper sieht darin jedoch die Aufgabe des

Satzes vom Widerspruch bzw. des „Gesetzes vom ausgeschlossenen Widerspruch". Gerade dieser Satz bzw. diese logische Regel verhindert, dass für zwei kontradiktorische Aussagen der gleiche Wahrheitsanspruch behauptet werden kann.

> „Wenn wir bereit sind, Widersprüche zu dulden, so kann die Entdeckung von Widersprüchen in unseren Theorien uns nicht länger veranlassen, diese abzuändern. (...) Alle Kritik (die immer im Aufzeigen von Widersprüchen besteht) würde ihre Kraft verlieren. **(Popper 1997, S. 458)**

Die manipulative Funktion des Dialektik-Schemas resultiert im Marxismus vor allem aus der vieldeutigen Verwendung des Wortes „Widerspruch". Ist die Antithese stets ein Widerspruch zur These, bevor es zur Synthese kommt, müsste genauer bestimmt werden, was unter einem Widerspruch zu verstehen sei. Im Marxismus bleibt dies unklar, weil das Wort „Widerspruch" sowohl zur Bezeichnung von logischen Widersprüchen als auch bloßen Unterschieden zwischen Sachverhalten und auch von sozialen Gegensätzen (Klassengegensätzen) verwendet wird. Diese Unklarheit macht es leicht, im Denken und in der Wirklichkeit überall eine dialektische Gesetzmäßigkeit zu „entdecken" bzw. eine solche überall hineinzuinterpretieren.

Die Unklarheit der Begriffe der Dialektik und des Widerspruchs macht es Vertretern eines orthodoxen Marxismus möglich, „das Marxsche System gegen jede Kritik zu verteidigen". Die Dialektik wird nicht zu kritischen Zwecken, sondern als Manipulationsmittel „in erster Linie zu apologetischen Zwecken verwendet". (Popper 1997, S. 484)

Sind Gedanken und Ideen nur ein Ausfluss der wirtschaftlichen Basis einer Gesellschaft?

Ein wesentlicher Bestandteil der marxistischen Weltanschauung ist die These von der sozial-ökonomischen Basis in einer Gesellschaft und deren ideologischem Überbau. Sie besagt, dass die Gedanken, Vorstellungen und Ideen in einer Gesellschaft entscheidend von den wirtschaftlichen und sozialen Verhältnissen in der jeweiligen Gesellschaft beeinflusst werden. Marx und Engels haben schon in der frühen Schrift *Deutsche Ideologie* (1845/46) festgestellt, dass zwar „die Menschen die Produzenten ihrer Vorstellungen, Ideen etc." wären, „aber die wirklich wirkenden Menschen, wie sie bedingt sind durch eine bestimmte Entwicklung ihrer Produktivkräfte ..." (Marx, Engels 1969, S. 26). In einer vielfach zitierten Stelle aus einem späteren Werk argumentiert Marx, dass die Menschen in ihrem Leben notwendige Produktionsverhältnisse eingehen. Die Gesamtheit dieser Produktionsverhältnisse sei die ökonomische Struktur einer Gesellschaft,

> die reale Basis, worauf sich ein juristischer und politischer Überbau erhebt und welcher bestimmte gesellschaftliche Bewußtseinsformen entsprechen. Die Produktionsweise des materiellen Lebens bedingt den sozialen, politischen und geistigen Lebensprozess überhaupt. Es ist nicht das Bewußtsein der Menschen, das ihr Sein, sondern umgekehrt ihr gesellschaftliches Sein, das ihr Bewußtsein bestimmt.
> **(Marx 1974, S. 8 f.)**

Für Marx folgt daraus, dass bei Umwälzungen der wirtschaftlichen Struktur und revolutionären Änderungen der Eigentumsverhältnisse in einer Gesellschaft sich auch die

> juristischen, politischen, religiösen, künstlerischen oder philosophischen, kurz ideologischen Formen" verändern, „worin sich die Menschen dieses Konflikts bewußt werden und ihn ausfechten". **(Marx 1974, S. 9)**

Marx hat die These von der sozial-ökonomischen Basis und dem von ihr bedingten ideologischen Überbau einer Gesellschaft auch mit der Lehre von den sozialen Klassen verbunden und zieht daraus den Schluss, dass die Gedanken der herrschenden Klasse in jeder Epoche die herrschenden Gedanken seien, „d. h. die Klasse, welche die herrschende *materielle* Macht ist, ist zugleich ihre herrschende *geistige* Macht". (Marx 1969, S. 46)

Doch wie strikt und umfassend ist die Determination (Bestimmung) der geistigen bzw. ideologischen Produktionen des Menschen durch die sozial-ökonomische Basis tatsächlich? Dass diese Determination von den beiden marxistischen Klassikern in einem sehr strengen Sinne verstanden wurde, beweist eine Feststellung von Engels in seiner Schrift *Die Entwicklung des Sozialismus von der Utopie zur Wissenschaft* (1880). Dort betont er, dass die ökonomische Struktur der Gesellschaft die reale Grundlage bilde,

> aus der der gesamte Überbau der rechtlichen und politischen Einrichtungen sowie der religiösen, philosophischen und sonstigen Vorstellungsweise in letzter Instanz zu erklären sind. **(Engels 1973, S. 208)**

Aus der Sicht von Popper ist die Determiniertheit des ideologischen Überbaus durch die sozial-ökonomische Basis ein Ausdruck des einseitigen und übertriebenen Ökonomismus im Denken von Marx und Engels. (Popper 1992, II, S. 127)

In der Weiterentwicklung des Marxismus durch Lenin zur späteren Staatsideologie der Sowjetunion sieht Popper eine klare Widerlegung der marxistischen Basis-Überbau-Lehre. Lenin habe durch neue Ideen – die Interpretation des Sozialismus als Diktatur des Proletariats, eine im Vergleich zu Marx und Engels neue Staatstheorie – Motivationen und Antriebskräfte für die Veränderung der ökonomischen Bedingungen und den wirtschaftlichen Aufbau im sozialistischen System der Sowjetunion freigesetzt. Daraus werde deutlich,

> dass Ideen unter gewissen Umständen die ökonomischen Bedingungen eines Landes revolutionieren können, statt von diesen Bedingungen geformt zu werden. **(Popper 1992, II, S. 128)**

Sollen Gesellschaften durch radikale Revolutionen oder durch schrittweise Reformen verändert werden?

Poppers Philosophie ist aufs engste mit bestimmten gesellschaftspolitischen Vorstellungen verbunden und hat deshalb auch eine große gesellschaftliche und politische Bedeutung. Er übt Kritik an Rechtfertigungsstrategien von autoritären und politischen Systemen und verteidigt vehement das politische System der pluralistischen, parlamentarischen Demokratie westlichen Typs.

Kritik an Ganzheits- und Totalitätsideen (Holismus) in der Gesellschaftstheorie und im politischen Denken

Popper prangert Überschätzungen der Vernunft im gesellschaftstheoretischen und politischen Denken an. Er sieht solche Überschätzungen in der Gesellschaftstheorie und Politik in „holistischen" Denkformen, die aus einer vagen Ganzheits- und Totalitätsidee heraus den Anspruch erheben, eine „Gesellschaft als Ganzes" erfassen zu können. Vielfach ist mit diesem Anspruch auch die Idee verbunden, eine gesellschaftliche Veränderung sei nur dann sinnvoll, wenn sie möglichst radikal ist und die bestehende Gesellschaft als Ganzes (in ihrer „Totalität") verändere. Solche holistische Vorstellungen in der Gesellschaftstheorie legen optimistische Erwartungen nahe, die nicht nur unrealistisch sind, sondern häufig auch inhumane, totalitäre Folgen haben: So wird z. B. die Erwartung geweckt, man brauche die bestehenden Institutionen einer Gesellschaft nur durch eine radikale, gewaltsame Revolution niederzureißen, um dann eine neue, humane Zukunftsgesellschaft errichten zu können.

In der Gesellschaftstheorie und politischen Philosophie hat ein Zeitgenosse von Popper, der deutsche Sozialphilosoph Herbert Marcuse (1898–

1979), ein derartiges Konzept der Gesellschaftsveränderung vertreten. In der zweiten Hälfte des 20. Jahrhunderts gab es keinen anderen Philosophen, der mit seinen gesellschaftskritischen Ideen in einer breiteren Öffentlichkeit so bekannt wurde wie Marcuse. Als Exponent der sogenannten *Kritischen Theorie der Frankfurter Schule* erzielte er mit einer radikalen Gesellschaftskritik bei der anti-autoritären Studierendenbewegung der 1960er- und 1970er-Jahre und bei der damaligen sogenannten „Neuen Linken" eine Resonanz, die weit über den akademischen Bereich hinausreichte. In seinem sozialphilosophischen Hauptwerk *Der eindimensionale Mensch. Studien zur Ideologie der fortgeschrittenen Industriegesellschaft* zeichnete Marcuse ein höchst negatives Bild der modernen Industriegesellschaft. Aus seiner Sicht ist diese Gesellschaft in ihrer Gesamtheit ein zutiefst inhumanes Sozialgebilde. Er spricht in einem holistischen Jargon von einem „repressiven technologischen" und „politischen Universum", von einer „Krankheit des Ganzen", einer „totalen Manipulation", von einer „repressiven Macht des Ganzen" oder von einer „Herrschaft", die „das Ganze der Gesellschaft" durchdringt. (Marcuse 1967, S. 18, 25, 27, 31). Die Menschen seien in dieser Gesellschaft einem unnötigen Maß an Leistungsdruck, harter Arbeit, Ungerechtigkeit und Unfreiheit unterworfen. Sie wären sich dieser Tatsache aber wegen des materiellen Lebensstandards und der Teilhabe am steigenden Konsum nicht bewusst. Die „Entfremdung" oder „Verdinglichung" aber werde in vielen Lebensbereichen offensichtlich.

In der Arbeitswelt sei der Mensch immer mehr zu einem „funktionierenden" Bestandteil eines durch Mechanisierung und Automation bestimmten „technischen Produktionsapparats" geworden. In diesem Apparat sei er bloß ein austauschbares, anonymes Rädchen in einem gigantischen und unüberblickbaren „technologischen Universum". Den Zwängen von Maschinen und technisch-rationellen Kalkülen zur Produktionssteigerung ausgeliefert, würden ihm in den Arbeitsgängen eintönig-stereotype Verhaltensweisen aufgezwungen. Die Aktivitäten im Arbeitsprozess reduzierten sich auf streng normierte und standardisierte Bewegungsabläufe. Es blieben keinerlei Spielräume für Eigeninitiativen, freie Selbstbestimmung und schöpferische Aktivitäten offen.

> Innerhalb des technologischen Ganzen bleibt die mechanisierte Arbeit, bei der automatische und halbautomatische Reaktionen den größten Teil der Arbeitszeit (wenn nicht die ganze) erfüllen, als lebenslängliche Tätigkeit eine anstrengende, abstumpfende, unmenschliche Sklaverei – die sogar anstrengender ist wegen der erhöhten Beschleunigung und Kontrolle der mehr an der Maschine (als am Produkt) Tätigen und der Isolierung der Arbeiter voneinander.
> **(Marcuse 1967, S. 45)**

Den Prototyp für derartige mechanisierte Arbeitsgänge bilde die Fließbandarbeit.

Die Entfremdung und Verdinglichung des Menschen zeigt sich nach Marcuse nicht nur in der Arbeitswelt, sondern in der gesamten Gesellschaftsorganisation. Diese werde zunehmend von einem gigantischen und undurchschaubaren Verwaltungsapparat beherrscht. Dies führe zum Ausgeliefertsein des modernen Menschen an bürokratische Institutionen und zur Unterwerfung unter immer mehr administrative Zwänge. Die Lebenswelt sei in der Moderne zu einer „verwalteten Welt" geworden. Hatte der deutsche Soziologe Max Weber zu Beginn des 20. Jahrhunderts in seinen Rationalismus- und Bürokratismus-Analysen noch davor gewarnt, dass die bürokratische Organisation für den Menschen der Zukunft zu einem „Gehäuse der Hörigkeit" werden könnte, wenn ihm die „rein technisch gute *Beamtenverwaltung*" der letzte Wert sei, „der über die Art der Leitung ihrer Angelegenheiten entscheiden soll" (Weber 1972, S. 835), so sieht Marcuse das Gehäuse der Hörigkeit im „technologischen Universum" der modernen Industriegesellschaft bereits verwirklicht. Dem Menschen würden in dieser Gesellschaft die Individualität und die Möglichkeit zur Selbstbestimmung genommen. Seine Identität bestehe nur mehr in Kennzahlen, Registrierziffern und Aktennummern.

Als Alternative zum extrem negativ gezeichneten Bild der modernen Industriegesellschaft verwies Marcuse auf ein höchst vages, utopisches Kontrastbild von einer neuen Gesellschaft, die er „befriedetes Dasein" nannte. Dort würden alle aufgezeigten Übel der bestehenden Gesellschaft abgeschafft sein und der Mensch würde ein Leben führen können, das seinem „wahren Wesen“ entspricht. Um dorthin zu gelangen, bedürfe es einer radikalen „Umkehr“ oder eines „radikalen Bruchs“ mit dem „Kontinuum der Repression, Unterdrückung und Manipulation des Menschen“. Marcuse plädierte für eine möglichst radikale Revolution, bei der auch Gewaltmaßnahmen nicht ausgeschlossen sein dürfen. Nur auf diese Weise sei jene gänzlich neue, humane und solidarische Gesellschaft des „befriedeten Daseins“ zu verwirklichen, die ihm als utopische Vision vor Augen schwebte. (Marcuse 1967, S. 239, 242)

Wie radikal die Revolution aus dem gesellschaftlichen Status quo in das erwünschte befriedete Dasein sein müsse, hat Marcuse in einem Artikel folgenderweise formuliert:

> Die Dialektik der Befreiung als Umschlag von Quantität in Qualität impliziert also einen Bruch im Kontinuum der Repression, der bis in die Tiefe des Organismus hineinreicht. Wir könnten auch sagen, qualitative Veränderung, Befreiung impliziert heute organische, triebstrukturelle, biologische Veränderung *gleichzeitig* [kursiv vom Verfasser dieses Buches] mit den politischen und gesellschaftlichen Veränderungen. **(Marcuse 1969, S. 193)**

Dies bedeutet nichts anderes, als dass mit der neuen Gesellschaft ein neuer Mensch mit einer anderen biologischen Trieb- und Bedürfnisstruktur entstehen müsste.

Konsequente Reformpolitik statt utopisch-holistischer Sozialplanung

Gegen ein holistisches Sozialexperiment erhebt Popper vor allem zwei Einwände: Er stellt kritisch fest, dass eine noch so radikale Revolution kein „soziales Vakuum“ schaffen kann, in das hinein man nach Plan eine ganz neue, ganz andere Gesellschaft errichten könnte.

Weiters gibt er zu bedenken, dass mit jedem politischen Eingriff in eine Gesellschaft neben den geplanten und voraussehbaren Veränderungen stets nicht geplante und nicht voraussehbare Konsequenzen und Nebenfolgen auftreten. Je radikaler das Sozialexperiment, desto größer die Gefahr, dass damit schwerwiegende nicht eingeplante und nicht gewollte Folgen verbunden sind. Die Selbstüberschätzung der Vernunft in holistischen gesellschaftstheoretischen Konzeptionen liegt laut Popper in dem übertriebenen, optimistischen Anspruch, man könne ohnedies alle Konsequenzen, die mit dem Eingriff in ein politisches System verbunden sind, voraussehen, und deshalb solle der Eingriff auch möglichst radikal und total sein.

Popper hält holistischen Ideen von der totalen Planung einer Gesellschaft und von einem radikalen Sozialexperiment, wie es Marcuse propagiert hat, das Konzept einer graduellen, schrittweisen Gesellschaftsveränderung entgegen. Er hat es *piecemeal social engineering* genannt. Man könnte diesen englischen Terminus auf Deutsch als „schrittweises sozialtechnisches Reformieren" übersetzen und nicht als „Stückwerk-Technik", weil „Stückwerk" im Deutschen oft eine negative Bedeutung hat. Damit plädiert Popper für eine vorsichtige, konsequente und schrittweise Veränderung von gesellschaftlichen Strukturen. Dabei gilt es stets verantwortungsbewusst die möglichen Konsequenzen der geplanten Veränderungen in Rechnung zu stellen. Was den Stellenwert von Ganzheitsideen im Rahmen dieses Konzepts betrifft, meint Popper:

> „Der Stückwerk-Ingenieur … mag zwar seine Vorstellungen von der idealen Gesellschaft „als Ganzem" haben, … aber er ist nicht dafür, dass die Gesellschaft als Ganzes neu geplant wird. Was immer seine Ziele sein mögen, er sucht sie schrittweise durch kleine Eingriffe zu erreichen, die sich dauernd verbessern lassen … Daher wird er nur Schritt für Schritt vorgehen und die erwarteten Resultate stets sorgfältig mit den tatsächlich erreichten vergleichen, immer auf der Hut vor den bei jeder Reform unweigerlich auftretenden unerwünschten Nebenwirkungen. Er wird sich

> auch davor hüten, Reformen von solcher Komplexität und Tragweite zu unternehmen, dass es ihm unmöglich wird, Ursachen und Wirkungen zu entwirren und zu wissen, was er eigentlich tut. **(Popper 1965, S. 53 f.)**

Popper ist kein grundsätzlicher Gegner umfassender Gesellschaftsveränderungen. Er lehnt mit dem Holismus-Vorwurf vor allem dogmatisierte und wesensphilosophisch fundierte Ideen von Ganzheit, Totalität und Einheit ab, wie sie in der Philosophie des Deutschen Idealismus (Fichte, Hegel, Schelling) anzutreffen sind. Stellt man den starken Einfluss in Rechnung, den Kant auf Popper ausgeübt hat, könnte man Folgendes sagen: Von Popper werden Ideen von „Ganzheit", „Totalität" und „Einheit" (analog zur Idee der Wahrheit) dann akzeptiert, wenn sie im Sinne von regulativen Ideen verstanden werden, wie dies in der Kantischen Erkenntnislehre der Fall ist. Dort wird den Ideen der reinen Vernunft die Aufgabe zugesprochen, dem Verstand den Begriff des Ganzen, der Einheit und der Totalität der Bestimmungen eines Gegenstandes zu vermitteln. Dabei steht jedoch von vornherein fest, dass eine solche Ganzheit oder Totalität im faktischen Erkenntnisprozess nie erreichbar ist. Die reinen Ideen der Vernunft haben kein Korrelat in der Erfahrung, ihnen entspricht kein Gegenstand in der Anschauung. Man könnte die Funktion der Idee des Ganzen oder der Totalität dort als aktivierendes und dynamisierendes Moment im Erkenntnisprozess auffassen.

War Popper ein konservativer Sozialphilosoph?

Gegen das Konzept des *piecemeal social engineering* ist oft der Vorwurf erhoben worden, es sei extrem konservativ. Es sei letzten Endes eine Stütze für alle bestehenden inhumanen Herrschaftssysteme und verhindere größere und weitergehende gesellschaftliche Veränderungen. Es sei nur zur Korrektur von Symptomen sozialer Missstände geeignet, nicht aber zur Änderung der strukturellen Voraussetzungen von Missständen.

Diese Vorwürfe gehen ins Leere, weil Popper eine gewaltlose, graduelle Reformpolitik nicht prinzipiell in allen politischen Situationen für geeignet gehalten hat. In Ausnahmefällen schließt er die Notwendigkeit von radikalen revolutionären Veränderungen und *von politischer Gewaltanwendung* nicht aus.

Der gewaltsame Kampf gegen eine diktatorische Willkürherrschaft zum Zweck der Errichtung eines demokratischen politischen Systems, in dem gewaltlose Reformen wieder möglich werden, ist eine solche Ausnahme. Ebenso der gewaltsame Widerstand gegen revolutionäre Umsturzversuche, die zur Beseitigung eines pluralistischen, demokratischen Rechtsstaates führen würden, unabhängig davon, ob diese Versuche von außen oder von innen kommen. (Popper 1992, II, S. 177 f.)

Man kann Poppers Grundgedanken als verantwortungsethisch motiviertes, politisches Konsequenzendenken bzw. soziales Kosten-Nutzen-Denken bezeichnen, ohne es als konservativ abzuqualifizieren. Die Forderung, radikale Sozialexperimente in demokratischen Gesellschaftssystemen abzulehnen, impliziert zugleich den Schutz dieser Systeme. In demokratischen Gesellschaften sind aufgrund des hohen Maßes an Rechtsstaatlichkeit, persönlichen Freiheitsspielräumen, sozialen Sicherheiten usw. die humanen Errungenschaften, wie die Verminderung von Armut, Not, willkürlicher Unterdrückung, Ausbeutung und vermeidbarem Leid, für die überwiegende Mehrheit der Bevölkerung bereits sehr groß. Ein radikaler politischer Umsturz könnte nur allzu leicht eine Passivbilanz mit sich bringen. Diese mögliche Folge werde von revolutionären „Totaldenkern" oft übersehen.

In Gesellschaften, wo die überwiegende Mehrheit der Bevölkerung ohnedies keine humanen Errungenschaften zu verlieren hat und soziale Reformen durch eine politische Machtelite massiv und langfristig unterdrückt werden, kann eine gewaltsame Revolution mit ihren Risiken und Kosten in Kauf genommen werden. Denn daraus würde sich aller Voraussicht nach ohnedies nur eine positive Bilanz für die überwiegende Mehrheit der Bevölkerung eines Staates ergeben. Wo z. B. eine autoritäre militärische Clique, die durch Verwandtschaftsbeziehungen mit den einheimischen Großgrundbesitzern und Kapitaleignern und durch

Profitinteressen mit ausländischen Investoren liiert ist, die Staatsmacht innehat und die Masse der Bevölkerung in Armut, Unwissenheit und Ausbeutung dahinvegetieren lässt, erscheint auch aus der Sicht von Poppers politischer Philosophie jedes revolutionäre Mittel erlaubt, um diesen Zustand zu verändern.

Die geschlossene Stammesgesellschaft und der Totalitarismus

Popper geht davon aus, dass die geschlossene Gesellschaft als eine primitive Stammesgesellschaft in einer früheren Periode der Menschheitsgeschichte tatsächlich existiert hat. Dann habe es in der Kulturgeschichte einen Einschnitt gegeben, bei dem die Menschheit durch eine kulturelle Revolution aus dieser Periode herausgetreten sei. Er nimmt weiter an, dass es zwischen einer geschlossenen Stammesgesellschaft und den totalitären Gesellschaften der Neuzeit strukturelle Ähnlichkeiten gibt und dass in der menschlichen Psychostruktur gewisse tief verwurzelte Bedürfnisse vorhanden sind, die totalitäre Denkweisen und geschlossene Gesellschaftsformen begünstigen.

Der Glaube an magische Tabus in der geschlossenen Gesellschaft

Eines der wichtigsten Merkmale von geschlossenen Gesellschaften in der Menschheitsgeschichte ist der „Glaube an magische Tabus".

> Ein charakteristischer Zug der magischen Einstellung einer primitiven „geschlossenen" oder Stammesgesellschaft ist dieser: sie lebt in einem Zauberkreis unveränderlicher Tabus, Gesetze und Sitten, die als ebenso unvermeidlich empfunden werden wie der Aufgang der Sonne, der Kreislauf der Jahreszeiten oder ähnliche klare Regelmäßigkeiten des Naturverlaufs. Und erst nach dem Zusammenbruch dieser magischen „geschlossenen Gesellschaft" kann sich ein theoretisches Verständnis für den Unterschied zwischen „Natur" und „Gesellschaft" entwickeln. **(Popper 1992, I, S. 69)**

Damit will Popper auf den statischen Charakter einer solchen Gesellschaft aufmerksam machen. In ihr gelten die bestehenden Sitten, Gebräuche, Institutionen und Herrschaftsstrukturen als von Natur aus gegeben. Sie werden niemals in Frage gestellt, sondern genauso wie die Vorgänge in der Natur, wie Sonnenauf- und -untergang, Ebbe und Flut, als unabänderlich hingenommen. Es gibt keine rationalen Entscheidungen, ob man die Gebräuche, wie etwa Initiationsrituale, und die gesellschaftliche Hierarchie zu akzeptieren bereit ist oder nicht. Die einzelnen Mitglieder dieser Gesellschaft haben ihren natürlichen Platz, sie leiten ihren Status aus der „natürlichen" Ordnung des Ganzen ab. Die Projektionsvorgänge, durch welche die gegebene gesellschaftliche Ordnung als „natürlich" gerechtfertigt erscheint, sind nicht durchschaut.

> Die magische Einstellung zu den sozialen Gebräuchen ... besteht darin, daß zwischen den gewöhnlichen oder konventionellen Regelmäßigkeiten des sozialen Lebens und den Regelmäßigkeiten, die wir in der „Natur" finden, nicht unterschieden wird; damit ist oft der Glaube verbunden, daß uns beide von einem übernatürlichen Willen aufgezwungen sind. **(Popper 1992, I, S. 205)**

Veränderungen in der geschlossenen Gesellschaft erfolgen gewöhnlich durch religiöse Bekehrungen und Umwälzungen und durch die Einführung neuer magischer Tabus. Der Lebensweg der Stammesangehörigen ist durch Tabus und magische Stammesinstitutionen bestimmt, die nie zum Gegenstand kritischer Überlegungen werden können.

> Auf kollektive Stammestraditionen gegründet, lassen die Institutionen keinen Raum für persönliche Verantwortlichkeit. Die Tabus, die eine Art von Gruppenverantwortlichkeit herstellen, sind vielleicht die Vorläufer dessen, was wir persönliche Verantwortlichkeit nennen, sie sind aber von ihr grundsätzlich verschieden. Sie beruhen nicht auf dem Prinzip vernünftiger Verantwortlichkeit, sondern vielmehr auf magi-

> schen Ideen, wie etwa der Idee, daß die Schicksalsmächte besänftigt werden müssen. **(Popper 1992, I, S. 206)**

Der hohe Stellenwert des Kollektivs im Gegensatz zum Individualismus

Die geschlossene Gesellschaft ist, getragen vom „Kollektivgeist des Stammes", eine kollektivistische Gesellschaft, in der die Gemeinschaft des Stammes, der Horde usw. alles gilt, der Einzelne hingegen nichts. Es gibt keine individuelle Freiheit, weil die Interessen der Einzelnen nur aus der Sicht des Kollektivinteresses des gesellschaftlichen Ganzen definiert werden.

Die Dominanz des gesellschaftlichen Ganzen über das Besondere und Individuelle führt dazu, dass es für die in dieser Gesellschaft lebenden Menschen keine alternativen Denk- und Lebensformen gibt. Die geschlossene Gesellschaft ist deshalb eine alternativlose Gesellschaft. Aufgrund des „naiven Monismus" ist die Trennung zwischen natürlichen und normativen Gesetzen noch nicht vollzogen. Die Menschen sind nicht dazu in der Lage, zwischen Sanktionen zu unterscheiden, die ihnen von anderen Menschen beim Übertreten eines normativen Tabus auferlegt werden, und den Unannehmlichkeiten, die sie als Folgen von Naturvorgängen erleiden. Man könnte auch sagen, dass in der geschlossenen Gesellschaft bei der Weltorientierung das Weltbild und das Wertebild nicht voneinander getrennt, sondern unterschiedslos ineinander verwoben sind.

Als weiteres Kennzeichen der geschlossenen Gesellschaft nennt Popper den Antiuniversalismus. Vielleicht könnte man dieses Phänomen besser als Ethnozentrismus bezeichnen. Dabei handelt es sich um die Grundeinstellung, aus der heraus die Mitglieder einer Gesellschaft oder Gruppe auf die vertraute, eigene *in-group* und die darin vorhandenen, konkreten Sozialbeziehungen fixiert sind. Die internen Rituale, Statuszuweisungen und sozialen Praktiken werden unreflektiert hingenommen. Die dogmatische Fixierung auf die *in-group* hat die Ablehnung einer differenzierenden Außensicht und die Abkapselung gegenüber allem Fremden zur Folge.

> Eine geschlossene Gesellschaft ... ist eine halborganisierte Einheit, deren Mitglieder durch halbbiologische Bande, durch Verwandtschaft, Zusammenleben, durch die Teilnahme an gemeinsamen Anstrengungen, gemeinsamen Gefahren, gemeinsamen Freuden und gemeinsamem Unglück zusammengehalten werden. Sie ist noch immer eine konkrete Gruppe konkreter Individuen, die nicht bloß durch abstrakte soziale Beziehungen, wie Arbeitsteilung, Güteraustausch, sondern durch konkrete physische Beziehungen, wie Berührung, Geruch, Sicht, miteinander verbunden sind. **(Popper 1992, I, S. 207)**

Was das Ende der geschlossenen Gesellschaft betrifft, führt Popper aus:

> Der Zusammenbruch der magischen Stammesgesellschaft ist eng mit der Erkenntnis verbunden, daß die Tabus von Stamm zu Stamm wechseln, daß sie vom Menschen gesetzt und durchgesetzt werden und daß man sie ohne unerfreuliche Nachwirkungen übertreten kann, sobald es nur gelingt, den Sanktionen der Mitmenschen zu entkommen. Beschleunigt wird diese Erkenntnis durch die Beobachtung, daß Gesetze von menschlichen Gesetzgebern geschaffen und verändert werden. **(Popper 1992, I, S. 73)**

Der revolutionäre Übertritt von der geschlossenen Gesellschaft zur offenen Gesellschaftsentwicklung

Für Popper erfolgte die kulturelle Revolution, mit der die Menschheit ein für alle Mal aus dem primitiven Kulturstadium herausgetreten ist, im antiken Griechenland. In idealtypischer Gegenüberstellung für eine geschlossene Gesellschaft nennt er das militaristische Sparta, als Kontrast dazu für eine offene Gesellschaft das demokratische Athen in der Regierungszeit von Perikles. Unmittelbar vor und während der beiden Peloponnesischen Kriege (431–421 und 419–404 v. Chr.) lebte in Griechenland eine Generation, die Popper die „Große Generation“ nennt. Diese habe „einen Wendepunkt in der Geschichte der Menschheit“ bewirkt, indem sie die Menschheit aus den geschlossenen Lebensformen in der primitiven Stammesgesellschaft herausgeführt hat. Die Angehörigen dieser Generation haben „einzigartige kulturelle Leistungen“ vollbracht, „die schließlich zu unserer westlichen Zivilisation geführt haben“. (Popper 2001, S. 110)

Als Repräsentanten nennt Popper: Perikles, der für die Gleichheit aller Menschen vor dem Gesetz eintrat und die athenischen Bürger zur Mitarbeit bei den öffentlichen Angelegenheiten des Staates einlud; Sokrates, der unbeirrbar für individualistische, demokratische Ideen warb und dafür sogar starb; Thukydides, den großen, unbestechlichen Historiker; Demokrit, der als wichtige Tugend den Respekt vor anderen Menschen einforderte; Xenophanes, der für Popper der vielfach unterschätzte Begründer der griechischen Aufklärung, der Erkenntnistheorie und der Geschichtsschreibung ist. (Popper 2001, S. 73–106) Auch Sophokles, Herodot und Protagoras werden als Angehörige dieser Generation genannt. Diese Generation vollbrachte die „Geburt der Zivilisation“, indem sie die Tradition jener kritisch-rationalen Denkweise erfand, die Popper für die weitere Menschheitsentwicklung für zentral ansieht. Trotz aller Rückfälle in holistische und monistische Denkformen und diktatorische Staatsgebilde war es diese Tradition, von der aus die kulturelle Entwicklung zum Erkenntnisstand der modernen Wissenschaft und in der Gesellschaftsentwicklung zur pluralistisch-liberalen Demokratie geführt hat.

Bedeutsame sozialökonomische Ursachen für den damaligen revolutionären Schritt waren das Aufkommen der Seefahrt und von Handelsbeziehungen zu anderen Stämmen im Mittelmeerraum. Damit entstanden Möglichkeiten des Vergleichs von unterschiedlichen Denk- und Lebensformen und des Ausbrechens aus Zwängen, die den Individuen in ethnischen und religiösen Großgruppen und Kollektiven auferlegt waren. Es eröffneten sich Freiheitsspielräume für individuelle Initiativen und Aktivitäten und für die Verfolgung von unterschiedlichen Interessen von Kleingruppen. Popper führt als Kriterium für den Übergang von der geschlossenen Gesellschaft zur Entwicklung der offenen Gesellschaft Folgendes an:

> Der Übergang findet statt, sobald soziale Institutionen bewußt als Menschenwerk erkannt werden und sobald man ihre bewußte Änderung diskutiert, indem man ihre Eignung für die Erreichung menschlicher Zwecke oder Ziele untersucht ... die geschlossene Gesellschaft bricht zusammen, sobald die übernatürliche Ehrfurcht, mit der die soziale Ordnung betrachtet wird, einer aktiven Einwirkung und dem bewußten Verfolgen von persönlichen Interessen und Gruppeninteressen weicht. Es ist klar, daß der kulturelle Kontakt zwischen Zivilisationen zu einem solchen Zusammenbruch führen kann; und ähnliche Wirkungen können durch die Entwicklung eines verarmten, d. h. landlosen Teils der Herrschaftsklasse herbeigeführt werden. **(Popper 1992, I, S. 376)**

Plato als „Feind" der offenen Gesellschaft und Verfechter einer elitär-autoritären Staatsordnung

Als großen Gegner des Aufbruchs in die offene Gesellschaftsentwicklung und subtilen Verteidiger von geschlossenen Gesellschaftsformen nennt Popper einen der bekanntesten griechischen Philosophen, nämlich Plato. Ihn würdigt er zwar einerseits als „großen Soziologen" und Humanisten, dem das Eintreten für die Idee der Gerechtigkeit ein großes Anliegen war. Andererseits habe er aber zum Unterschied von Aristoteles die individualistischen, humanitären und demokratischen Ideen der Großen Generation in seinen bedeutendsten Werken, der *Politeia* (*Der Staat)* und den *Nomoi (Die Gesetze),* entschieden bekämpft. Er habe sogar Vorstellungen seines Lehrers Sokrates um eigener Interessen willen missbraucht und uminterpretiert. Sein Hauptinteresse sei durch ein aristokratisches Erkenntnisideal und ein elitär-autokratisches Gesellschaftsideal bestimmt gewesen. Deshalb habe er die Interessen der Vertreter der Oligarchie im damaligen Athen verteidigt und geistige und politische Tendenzen, die auf die Staatsform der Demokratie hinausliefen, als Degenerationserscheinungen diffamiert. Entgegen humanitären, demokratischen Tendenzen, wie sie von genialen Vorsokratikern und Sokrates befürwortet wurden, propagierte Plato das anti-individualistische Ideal einer kollektiven, totalen Gemeinschaft und eine anti-demokratische, autoritäre Führerideologie.

Popper begründet die negative Einschätzung Platos durch folgende Denkmotive in dessen Werken: das Erziehungsideal, das für jedes Mitglied des idealen Staates eine strenge militärische Disziplin und Autoritätshörigkeit vorschreibt; die kollektivistische Vorstellung von einem Gemeineigentum in Form einer „Weiber-, Kinder- und Gütergemeinschaft", die mit Platos idealem „Urbild" des „höchsten Staates" verbunden ist (Popper 1992, I, S. 123); das Wissens- und Herrschaftsmonopol, das den „königlichen Philosophen" unbeschränkte Macht einräumt. Mit dem Prinzip der Weisen, d. h. der Philosophen als staatlicher Führer, werde einem „kompromißlosen Autoritätsglauben" das Wort geredet. (Popper 1992, I, S. 157) Gerechtfertigt wird der elitäre, autoritäre Anspruch mit dem Argument, die Philosophen seien deswegen die am besten geeigneten Könige im Staat, weil sie von vornherein ein Privileg gegenüber allen anderen Angehörigen des Staates, wie Soldaten, Bauern und Händlern, hätten. Es ist die Fähigkeit, durch eine intuitive „Ideenschau" zur Einsicht in die einzig wahren Ideen der Gerechtigkeit, des Guten und des Schönen zu gelangen.

Dass Poppers negative Deutung von Plato umstritten ist, liegt nahe, wenn man Plato zusammen mit Aristoteles nicht nur als bedeutendsten Philosophen der Antike ansieht, sondern als einen der größten Philosophen in der Geistesgeschichte überhaupt.

Es ist nicht uninteressant, dass den autoritären, anti-demokratischen Grundzug von Platos politischer Philosophie, ähnlich wie Popper, noch ein anderer sehr bedeutender österreichischer Gelehrter klar ausgesprochen hat. Es war dies der Rechtsphilosoph und Verfassungsrechtler Hans Kelsen, der in den Zwanzigerjahren des vorigen Jahrhunderts an der Universität Wien gewirkt hat und bei dem der Student Karl Popper möglicherweise Vorlesungen besucht hat. Kelsen hat nicht nur ein Standardwerk des Rechtspositivismus, *Reine Rechtslehre* (1934), verfasst, sondern auch auf den Gebieten des Verfassungs- und Völkerrechts, der Demokratietheorie und der Ideologiekritik wichtige Schriften publiziert. Auf ihn geht auch der Entwurf der Verfassung für die Erste Republik Österreich zurück, die heute noch weitgehend in Kraft ist. Kelsen schrieb in einem Artikel über Platos Staatslehre einmal Folgendes:

> Das Heil des Auserwählten, Begnadeten, die Schau des Guten wird dadurch, dass sie zum Geheimnis des Führers wird, zum Heil auch für alle anderen, für die Geführten. Diese können dem Führer auf seinem Heilsweg zur Schau des Guten nicht folgen und sind darum von der Regierung gänzlich ausgeschlossen. Sie können ihr Heil nur in der vollkommenen Unterwerfung unter die Autorität des Führers finden, der allein das Gute weiß und darum auch will. Da nur der regierende Philosoph um das Gott-Gute weiß und in diesem seinem Wissen durch den Besitz des Geheimnisses durchaus einzigartig, von dem Volk ganz und gar verschieden ist, bleibt für dieses, als eine Masse politisch Rechtloser, nur der Glaube ... an das Wissen des Regenten, an sein Charisma. Dieser Glaube ist die Grundlage des unbedingten Gehorsams der Untertanen, auf dem die Autorität des platonischen Staates aufgebaut ist. Die Mystik Platons ist eine Rechtfertigung seiner antidemokratischen Politik, ist die Ideologie der Autokratie. **(Kelsen 1964, S. 229 f.)**

Eine raffinierte Diffamierungsstrategie, mit der Plato kollektivistische Ideen gegen den Individualismus verteidigt hat, sieht Popper in Argumentationen, bei denen Plato den Individualismus mit dem Egoismus gleichsetzt:

> Plato identifiziert den Individualismus mit dem Egoismus; das verschafft ihm eine mächtige Waffe zur Verteidigung des Kollektivismus wie auch zum Angriff auf den Individualismus; im ersten Fall kann er sich an unsere humanitären Gefühle der Selbstlosigkeit wenden; im zweiten Fall wird es ihm möglich, alle Individualisten als selbstsüchtige Menschen zu brandmarken, die unfähig sind, sich einer anderen Sache zu widmen als ihrer eigenen Person. **(Popper 1992, I, S. 122)**

Dieser Diffamierungsstrategie hält Popper entgegen, dass Plato darüber hinwegtäusche, dass der Individualismus mit dem Altruismus vereinbar ist und dass man als Individualist auch ein Altruist sein könne. Der Altruismus ist eine Haltung, aus der heraus man sich selbstlos um die Belange und Sorgen anderer Menschen kümmert.

Die „Last der Zivilisation“: emotionale Defizite als Preis für den Übertritt in die offene Gesellschaft

Mit der historischen Annahme über einen weltgeschichtlichen Einschnitt in der Gesellschaftsentwicklung hat Popper eine psychologische These verbunden. Er meint, dass mit dem Verlassen der geschlossenen Gesellschaft in der menschlichen Psychostruktur ein Defizit bei der Befriedigung grundlegender emotionaler Bedürfnisse entstanden ist. Bei diesen Bedürfnissen, die in der menschlichen Psyche tief verankert sind, handelt es sich um das Bedürfnis nach Geborgenheit in einem Ganzen, das Bedürfnis nach Einfachheit und Unkompliziertheit der Weltorientierung, das Bedürfnis nach Gewissheit in Erkenntnisbelangen und nach Verhaltenssicherheit bei Handlungserfordernissen. Auch Klarheit, Überschaubarkeit und Konstanz von Sozialbeziehungen und die Sehnsucht nach Freisein von Entscheidungsdruck und Entscheidungsängsten spielen im komplizierten Bedürfnis- und Gefühlshaushalt von Individuen eine wesentliche Rolle.

Mit dem Verlassen der geschlossenen Stammesgesellschaft und dem Eintritt in die offene Gesellschaftsentwicklung verliert der Mensch das Gefühl der Geborgenheit in einem kollektiven Ganzen, wo der eigene Status von vornherein feststeht und keine weitreichenden persönlichen Entscheidungen erforderlich sind. Das Gefühl der Sicherheit und das unbedingte Vertrauen in nicht hinterfragte Autoritäten und in „natürliche“ Gesetzmäßigkeiten im Sozialbereich gehen verloren. Die Gewissheit in Bezug auf die Gültigkeit von traditionellen Sitten, Gebräuchen und Gesetzen wird erschüttert. Diese emotionale Verunsicherung bedeutet für Popper den notwendigen Preis für den Eintritt der Menschheit in die offene Gesellschaftsentwicklung. Dieser Eintritt bedeutet aber zugleich den

Beginn einer höchst bedeutsamen Periode in der kulturellen Entwicklung der Menschheit, es ist dies die Periode des kritisch-rationalen Denkens und der Wertschätzung von individuellen Lebensentwürfen. Die humanitär orientierte, offene Gesellschaft anerkennt den Wert des Individuellen, den Anspruch auf Freiheit und Gleichheit aller Individuen. Sie ist nicht wie die geschlossene Gesellschaft mit einer Sklavenhalterordnung vereinbar. Der emotionale Preis für das Verlassen der geschlossenen Gesellschaft wird von Popper als „Last der Zivilisation“ bezeichnet. (Popper 1992, I, S. 210, 237) Er vergleicht diese psychische Last mit psychischen Phänomenen, die Sigmund Freud in seiner Schrift *Das Unbehagen in der Kultur* beschrieben hat.

Nicht nur der Übertritt in die offene Gesellschaftsentwicklung ist mit dieser psychischen Last verbunden, sondern diese Last bleibt mit dem Leben in einer offenen Gesellschaft immer bestehen. In dieser Gesellschaft ist zwar die individuelle Freiheit trotz aller notwendigen Grenzen im optimalen Sinne verwirklichbar, aber jede halbwegs freie Entscheidung ist auch mit der Spannung und Unsicherheit der individuellen Verantwortlichkeit verbunden. Die Verantwortlichkeit verursacht oft Entscheidungsängste und nicht selten auch bedrückende Schuldgefühle, wenn gut gemeinte Entscheidungen ungeplante und nicht vorausgesehene negative Folgen haben. Popper stellt dazu fest:

> Es ist eine Last, die von allen getragen werden muß, die in einer offenen und teilweise abstrakten Gesellschaft leben und die sich bemühen müssen, vernünftig zu handeln, zumindest einige ihrer emotionalen und natürlich sozialen Bedürfnisse unbefriedigt zu lassen und für sich und für andere verantwortlich zu sein. Wir müssen … diese inneren Spannungen, diese Last auf uns nehmen, als einen Preis, den wir zahlen müssen für jede neue Erkenntnis, für jeden weiteren Schritt zur Vernunft, zur Zusammenarbeit, zur gegenseitigen Hilfe; für die Verlängerung des durchschnittlichen Lebensalters; und für den Bevölkerungszuwachs. Es ist der Preis für die Humanität. **(Popper 1992, I, S. 211)**

Eine offene Gesellschaft kann für viele Menschen zu einer „abstrakten Gesellschaft“ werden, wenn in einer übertechnisierten und überbürokratisierten Lebenswelt soziale Beziehungen anonymisiert werden und sich Individuen nicht mehr in ihrer Eigenpersönlichkeit akzeptiert fühlen, weil sie z. B. nur noch quantitativ als Nummern registriert werden, als Versicherungsnummer, Kontonummer usw. Wenn auch noch die Zugehörigkeit zu persönlichkeitsbezogenen, intimeren Gruppen verloren geht und das Leben als spannungslos und eintönig empfunden wird, können sich Gefühle der Vereinsamung, Isolation und Monotonie einstellen. Auch dies gehört zur Last der Zivilisation des Lebens in einer offenen, demokratischen Gesellschaft. Allerdings steht es im Vergleich zur geschlossenen Stammesgesellschaft jedem Individuum frei, seine sozialen und persönlichen Beziehungen selber zu wählen und aus Gruppen zwanglos wieder auszuscheiden. (Popper 1992, I, S. 209)

Totalitäre Gesellschaften und totalitäre Ideologien

Poppers psychologische Defizithypothese erklärt zum Teil die Möglichkeit, warum es wieder einen Rückfall in eine geschlossene Gesellschaftsform geben könne. Zwar ist die Rückkehr in die ursprüngliche Stammesgesellschaft nicht möglich, weil der Übertritt in die Zivilisation nicht mehr rückgängig zu machen ist. Aber es besteht jederzeit die Gefahr, dass ein neuer Typus der geschlossenen Gesellschaft entsteht, nämlich eine totalitäre Gesellschaft. Totalitäre Gesellschafts-und Herrschaftssysteme hatte Popper während seiner Lebenszeit in Form des nationalsozialistischen und des stalinistischen Herrschaftssystems direkt vor Augen. Diese Systeme konnten mit ihren diktatorischen Organisationsformen und totalitären Ideologien ähnliche elementare Bedürfnisse befriedigen wie die vorzivilisatorischen, geschlossenen Stammesgesellschaften: Sehnsüchte nach Geborgenheit und Sicherheit in einem klar strukturierten Gemeinschaftsgefüge, Statusgewissheit in der eindeutigen Zuordnung zu einem autoritär geführten Gruppenverband, das Bedürfnis nach Identifikation mit einer herausragenden Führerpersönlichkeit, das Bedürfnis nach Entlastung von Entscheidungsängsten unter persönlichem Verantwortungsdruck usw.

Die Erklärungen, warum diktatorische und totalitäre politische Bewegungen immer wieder Anhänger(Innen) und fanatische Verfechter(Innen) finden, sind vielfältig. Die Erklärungshypothesen reichen von der Ökonomie über die Psychiatrie, Persönlichkeits- und Sozialpsychologie, Soziologie, Politikwissenschaft, Erziehungs- und Sprachwissenschaft bis zu philosophischen Deutungsversuchen. Aus der Sicht von Popper konnten die elementaren Bedürfnisse in der geschlossenen Stammesgesellschaft entweder spontan befriedigt werden oder sie waren nur so schwach ausgeprägt, dass sie für das psychische Gleichgewicht der damals lebenden Menschen kein Problem darstellten. Gerade darin aber liegt der Grund, warum sich Menschen, die in der Moderne unter der Last der Zivilisation leiden, nach dieser Gesellschaft zurücksehnen. Als Ersatzobjekte für die verlorene geschlossene Gesellschaft dienen nun totalitäre Gesellschaftssysteme.

Popper hat keine detaillierten Analysen von institutionellen Aspekten totalitärer Herrschaftssysteme geliefert. Solche Analysen haben historische und politikwissenschaftliche Untersuchungen von Vertreter(Innen) der sogenannten Totalitarismus-Theorie geboten. Klassische Vertreter dieser Theorie sind: Hannah Arendt, Leonard Shapiro, Carl Joachim Friedrich, Zbigniew Brzezinski, Karl Dietrich Bracher. In deren Forschungen wird der Begriff des Totalitarismus als Typenbegriff zur vergleichenden Strukturanalyse von spezifischen Herrschaftssystemen verwendet. An den totalitären Herrschaftssystemen im 20. Jahrhundert, dem stalinistischen, dem italienisch-faschistischen und dem nationalsozialistischen Regime, wurden strukturell ähnliche Institutionen und Strategien der Herrschaftsausübung und der Herrschaftssicherung festgestellt. So wurde etwa die Rolle der Geheimpolizei in diesen Systemen näher untersucht sowie das Machtgefüge zwischen Institutionen des Staates, einer Einheitspartei und der diktatorischen Führerpersönlichkeit (Stalin, Mussolini, Hitler).

Hauptcharakteristika totalitärer Herrschaftssysteme sind: ein Führer, ein Terrorsystem, ein technologisch ermöglichtes Monopol in der Massenkommunikation, die zentrale Überwachung und Lenkung der gesamten Wirtschaft, die Unterwerfung des Rechts unter die Willkür des Führers, die Geltendmachung der Herrschaftsgewalt bis in den Privatbereich, ein Aktivitätssyndrom, ein spezifischer Herrschaftsapparat neben dem Staat sowie eine dieses Herrschaftssystem rechtfertigende Ideologie.

Popper gebraucht das Wort „Totalitarismus“ bzw. „totalitär“ in einem weiteren Sinne als die genannten Totalitarismus-Theoretiker. Für ihn sind nicht nur Herrschaftssysteme totalitär, sondern auch Gedankensysteme, Denkmotive und Rechtfertigungsstrategien, die zur Entstehung und Rechtfertigung einer geschlossenen Gesellschaft beitragen. In diesem Sinne hat Popper schon Plato bezichtigt, eine „totalitäre Gesinnung“ und „totalitäre Ethik“ zu verbreiten (Popper 1992, I, S. 129), und ihm vorgeworfen, dass seine Staatstheorie „totalitären Charakter“ habe. (Popper 1992, I, S. 127) Dieses weite Verständnis von „totalitär“ hat zwar den Nachteil, dass bei Popper viele institutionelle Aspekte von totalitären Gesellschaftssystemen unterbelichtet bleiben oder überhaupt ausgeblendet sind. Andererseits hat aber sein weites Totalitarismusverständnis den Vorteil, dass es wertvolle Einsichten in Strukturen von politischen Denkweisen, Ideologien, politischen Philosophien und gefährlichen Sozialutopien bietet, mit denen autoritäre, diktatorische und totalitäre Gesellschaftssysteme immer wieder gerechtfertigt werden. Dass Popper dabei auch die psychologische Seite nicht außer Acht lässt, die den emotionalen Resonanzboden für die Übernahme von solchen Gedankensystemen bildet, ist ein weiteres Verdienst.

Das Ideal der offenen, demokratischen Gesellschaft

Die Unterscheidung zwischen einer „offenen" und einer „geschlossenen Gesellschaft" hat Popper von dem französischen Philosophen und Nobelpreisträger für Literatur (1927), Henri Bergson (1859–1941), übernommen.

> Die Ausdrücke „offene Gesellschaft" und „geschlossene Gesellschaft" wurden meines Wissens nach zuerst von H. BERGSON in *Les deux sources de la Morale et de la Religion* verwendet. Trotz der beträchtlichen Unterschiede zwischen der Verwendungsweise bei Bergson und bei mir (dieser Unterschied geht zurück auf eine verschiedene Einstellung zu fast jedem philosophischen Problem) besteht zweifellos auch eine gewisse Ähnlichkeit, die ich anerkennen möchte. **(Popper 1992, I, S. 241)**

„Offene Gesellschaft" hat bei Popper eine deskriptiv-normative Doppelbedeutung. Er möchte damit sowohl einen real existierenden Zustand beschreiben als auch ein Ideal vor Augen führen. In diesem Sinne hat Popper einmal gemeint, die offene Gesellschaft sei „sowohl Realität wie Ideal".

> Ich glaube, dass sie sowohl Realität wie Ideal ist. Es gibt nämlich … verschiedene Grade der Offenheit. In der einen Demokratie wird die Gesellschaft reifer sein, weiter entwickelt und offener als in der anderen Demokratie. Man lebt in einer Demokratie, wenn es Institutionen gibt, die ermöglichen, die Regierung ohne Gewaltanwendung los zu werden; also ohne

> daß man sie abschießt. Das ist die Charakteristik einer Demokratie. Aber wenn man eine Demokratie hat, dann ist es noch ein weiter Weg zu einer wirklich offenen Gesellschaft. Das ist eine graduelle Sache. **(Marcuse, Popper 1971, S. 28)**

Staatliche Institutionen als Garanten individueller Freiheit

Als das wichtigste Merkmal der offenen Gesellschaft erachtet Popper die institutionelle Absicherung größtmöglicher Freiheit für den Einzelnen, allerdings gilt es dabei das Paradoxon der Freiheit zu beachten.

> „Wir haben gesehen, daß sich die Freiheit selbst aufhebt, wenn sie völlig uneingeschränkt ist. Schrankenlose Freiheit bedeutet, daß es dem Starken freisteht, den Schwachen zu tyrannisieren und ihn seiner Freiheit zu berauben. Das ist der Grund, warum wir verlangen, daß der Staat die Freiheit in gewissem Ausmaß einschränke, so daß am Ende jedermanns Freiheit vom Gesetz geschützt wird. Niemand soll der Gnade eines anderen ausgeliefert sein, aber alle sollen das Recht haben, vom Staat geschützt zu werden. **(Popper 1992, II, S. 145)**

Der Staat wird von Popper als ein sozialtechnisches Instrument zur Schaffung von Gesetzen, Institutionen und Regeln aufgefasst. Seine Hauptaufgabe besteht darin, Macht- und Herrschaftsambitionen von Einzelpersonen und Gruppen zu kontrollieren und zu beschränken.

Nur auf diese Weise können größtmögliche Freiheitsspielräume für alle gewährleistet sein. Popper bestimmt Freiheit ähnlich wie Friedrich von Hayek im Wesentlichen negativ, und zwar als Freiheit von Unterdrückung und Zwang durch andere (vgl. Hayeks Buch: *Die Verfassung der Freiheit*). Die Freiheit kann nicht ein Souverän garantieren, sondern nur eine Pluralität von Institutionen, Konventionen, Gesetzen und Regeln. Deren Aufgabe ist die Sicherung der individuellen Freiheitsrechte, der Gedankenfreiheit, Meinungsfreiheit, Reisefreiheit, Publikationsfreiheit für alle Staatsbürger(Innen). Der Staat hat bei der Gesetzgebung die schwierige Aufgabe, „die Freiheit der Bürger auf möglichst gleiche Weise einzuschränken, aber nicht mehr als nötig, um eine gleiche Begrenzung der Freiheit zu erreichen". (Popper 1992, I, S. 132)

Wer soll im Staat regieren? In diesem Zusammenhang kritisiert Popper eine Vorstellung, die er schon in der Staatstheorie von Plato als einen gravierenden und folgenreichen Fehler diagnostiziert. Es ist die Vorstellung, dass es in der Politik primär darum gehe, den besten Staatslenker herauszufinden. Die Frage: „Wer soll herrschen oder den Staat regieren?" oder „Wessen Wille soll der höchste sein?" ist für Popper prinzipiell falsch gestellt. Abgesehen davon, dass diese Frage endlose Streitigkeiten nach sich ziehen kann, wer „der Beste", der „Weiseste", der „Gerechteste" oder die „Geeignetste" sei, führt diese Frage notwendig zum Problem der Souveränität. Wieviel an Souveränität und Macht soll „dem besten", dem „weisesten" politischen Führer eingeräumt werden? Entscheidet über diese Frage nicht letzten Endes wieder die jeweilige Führerpersönlichkeit selber?

Popper argumentiert, dass politische Führer oft nicht hinreichend gut, kompetent und weise sind und dass man sich auf die Weisheit und Kompetenz von Regierenden nie vorbehaltlos verlassen könne. Deshalb stelle sich die Frage,

> ob wir nicht gut daran täten, uns auf die schlechtesten Führer vorzubereiten und auf die besten zu hoffen. Das führt zu einer neuen Betrachtung des Grundproblems der Politik; denn es zwingt uns, die Frage *Wer soll regieren?* durch die neue Frage zu ersetzen: *Wie können wir politische Institutionen so organisieren, daß es schlechten oder inkompetenten Herrschern unmöglich ist, allzu großen Schaden anzurichten?* **(Popper 1992, I, S. 145)**

War Popper ein Verteidiger des Laissez-faire-Liberalismus? In der Auseinandersetzung mit seiner Gesellschaftsphilosophie haben vor allem neomarxistische Kritiker den Eindruck verbreitet, Poppers liberale Freiheitsidee sei notwendig mit einem wirtschaftlichen Laissez-faire-Liberalismus verbunden und propagiere letztlich einen schrankenlosen Kapitalismus. Diese Sichtweise trifft nicht zu, weil Popper in seinen Ausführungen über das Paradoxon der Freiheit neben der schrankenlosen physischen auch die unbeschränkte wirtschaftliche Freiheit als Bedrohung für die von ihm vertretene Freiheitsidee ansieht. Deswegen fordert er eine wirksame politische und staatliche Kontrolle wirtschaftlicher Macht.

> Wer einen Überschuß an Nahrungsmitteln besitzt, der kann die Hungrigen ohne Anwendung von Gewalt zwingen, sich „freiwillig" in die Knechtschaft zu begeben (…) Wenn wir die Freiheit sicherstellen wollen, dann müssen wir fordern, daß die Politik schrankenloser ökonomischer Freiheit durch die geplante ökonomische Intervention des Staates ersetzt werde. Wir müssen fordern, daß der schrankenlose Kapitalismus einem ökonomischen Interventionismus weiche. **(Popper 1992, II, S. 145 f.)**

Zur Frage der institutionellen Absicherung größtmöglicher individueller Freiheit zählt Popper nicht nur den Schutz des Einzelnen vor physischer Gewalt und wirtschaftlicher Unterdrückung durch andere. Das grundlegendste Problem aller Politik sei folgendes: die Kontrolle der politischen Macht und der staatlichen Kontrollgewalt, welche die individuelle physische Gewalt und die wirtschaftliche Macht in Grenzen halten sollen. Dazu gibt Popper keine konkreten Richtlinien, sondern verweist auf das Paradoxon des staatlichen Planens. Dieses besteht darin, dass jedes vernünftige staatliche Planen von freiheitssichernden Institutionen dann aufhört, wenn in einem zu großen Ausmaß geplant und dem Staat ein zu hohes Maß an Entscheidungs- und Planungskompetenzen übertragen wird.

Popper zufolge ist die pluralistische Demokratie die einzige Staatsform, die es möglich macht, eine zu große politische Machtkonzentration zu verhindern. Ohne die verschiedenen Demokratiemodelle wie repräsentative, plebiszitäre und präsidiale Demokratie genauer voneinander zu unterscheiden, sieht Popper in der pluralistischen Demokratie generell ein System von Institutionen, das es möglich macht, den Machtgebrauch von Politikern wirksam zu kontrollieren, Missbräuche hintanzuhalten und in jeder Legislaturperiode möglichst auszuschließen, dass „schlechte Politiker einen allzu großen Schaden anrichten". (Popper 1992, I, S. 145) Das in einer demokratischen Verfassung festgelegte Prinzip des allgemeinen, freien und geheimen Wahlrechts ist in einer demokratischen Gesellschaft ein Garant dafür, dass bei periodischen Wahlen missliebige, unfähige Politiker(Innen) und politische Parteien sowie deren Regierung von der Ausübung der Staatsmacht wieder vertrieben werden können.

In den Vorträgen *„Theorie der Demokratie"* und *Bemerkungen zur Theorie und Praxis des demokratischen Staates*, die Popper 1987/88 hielt (Popper 1994a, S. 207–214, S. 215–238), konkretisierte er das von ihm präferierte Regierungssystem in einer offenen Gesellschaft. Er weist zunächst auf den Irrtum hin, das Wort „Demokratie" im Sinne von „Herrschaft des Volkes" zu übersetzen. Es ist nie das Volk, das in einem demokratischen Staat die Regierungsmacht ausübt, sondern es sind immer nur die Parteien, die vom Volk durch das Ergebnis von allgemeinen Wahlen zur Ausübung der Macht legitimiert wurden.

> Alle unsere Demokratien sind keine Volksregierungen, sondern Parteienregierungen. Das heißt Regierungen der Parteiführer ... **(Popper 1994a, S. 210)**

Die falsche „Idee einer Herrschaft des Volkes" muss durch die „Idee einer Beurteilung" der Parteienherrschaft „durch das Volk" ersetzt werden. Aus der falschen Idee der Volksherrschaft sei letztlich das Proporz- (Proportional-) oder Verhältniswahlrecht abgeleitet worden, das oft zu nicht effektiven Koalitionen von mehreren Parteien führt und auch stimmenschwachen Parteien ein zu hohes Maß an Einfluss bei der Regierungsbildung einräumt. Auch das demokratieschädliche längere Festhalten an der Macht ist über mehrere Regierungsperioden möglich, wenn die stärkste Partei die absolute Mehrheit verliert und mit kleineren Parteien Koalitionen eingeht.

> Der Glaube, ein nach dem Proporz gewählter Bundestag oder ein Parlament sei ein besserer Spiegel des Volkes und seiner Wünsche, ist falsch. Er repräsentiert nicht das Volk und seine Meinungen, sondern lediglich den Einfluß der Parteien (und der Propaganda) auf die Bevölkerung am Wahltag. **(Popper 1994a, S. 210)**

Popper sieht letzten Endes ein Zweiparteiensystem, wie es in Großbritannien und den Vereinigten Staaten verwirklicht ist, wo eine starke Partei die Regierung bildet und eine starke Oppositionspartei die Kontrolle ausübt, als die demokratisch beste Lösung in Bezug auf eine effektive Machtkontrolle und die Rotation der Machtausübung an. Aus dieser Sicht lehnt Popper eine Regierung ab, die durch eine sogenannte Große Koalition gebildet ist.

> Mir scheint eine Form, die das Zweiparteiensystem möglich macht, die beste Form der Demokratie zu sein. Denn sie führt immer wieder zur Selbstkritik der Parteien. Wenn eine der beiden großen Parteien in einer Wahl eine richtige Schlappe erlitten hat, dann kommt es gewöhnlich zu einer radikalen Reform innerhalb der Partei. Das ist eine Folge der Konkurrenz und des eindeutigen Verdammungsurteils der Wähler, das nicht übersehen werden kann. So werden die Parteien durch dieses System von Zeit zu Zeit dazu gezwungen, aus ihren Fehlern zu lernen. **(Popper 1994a, S. 212 f.)**

Die zentrale Rolle der Rechtsstaatlichkeit

Zu den wichtigsten Garanten der individuellen Freiheit für alle Bürger(Innen) in der pluralistischen Demokratie zählt Popper die Rechtsstaatlichkeit. Im Vorwort zur 7. Neuauflage von *Die offene Gesellschaft und ihre Feinde,* die im Jahr 1992 erschien – dies war übrigens das 90. Lebensjahr von Popper –, hat er einen Brief an seine russischen Leser veröffentlicht. Dieser war der Einleitung zur ersten russischen Ausgabe dieses Buches vorangestellt. Dort schrieb er, dass seiner Ansicht nach die demokratische, „offene Gesellschaft des Westens“ die „beste, die freieste, die fairste und die gerechteste Gesellschaft“ sei, die es jemals in der Menschheitsgeschichte gegeben habe. Zur Annäherung an die Ideale dieser Gesellschaft, „dem Frieden, der Freiheit, der Gerechtigkeit und der Chancengleichheit“, muss im Westen immer hart gearbeitet werden. Diese Arbeit beinhaltet auch den Kampf gegen die Kriminalität in Form von „großen und kleinen betrügerischen Mißbräuchen der Freiheit des Marktes“.

> Ohne den Aufbau eines Rechtsstaates ist eine freie Marktwirtschaft und eine Annäherung an die wirtschaftlichen Errungenschaften des Westens undenkbar ... Die Arbeitsweise einer Marktwirtschaft in einem modernen Staat ist ein extrem kompliziertes System von Produktion und Verteilung, das eben nicht auf der Grundlage einer allseitigen Übereinkunft „geplant“ wird: jeder Produzent plant seine Produktion für sich, je nachdem wie er die Wünsche der Verbraucher einschätzt. Das bezieht Millionen friedlicher, hart arbeitender Bürger mit ein. Es kann sich aber nur gut entwickeln, solange sie einander vertrauen können ... es muß ein Mindestmaß an Vertrauen untereinander verwirklicht sein. Um das zu erreichen, gibt es nichts Besseres als Vertrauen in den Rechtsstaat, gegründet auf (gewöhnlich) gute Erfahrungen und deshalb wohlverdient: Vertrauen in die Institutionen des Rechts und in die Juristen, die für die Durchsetzung des Rechts verantwortlich sind. **(Popper 1992, S. XIII)**

Für den Rechtsstaat muss auf der Verfassungsebene das verwirklicht sein, was gewöhnlich mit einer Metapher als Drei-Säulen-Prinzip in der Verfassung bzw. im Grundgesetz genannt wird. Es ist die Trennung von Legislative (Gesetzgebung), Exekutive (Verwaltung) und Justiz (Gerichtsbarkeit).

Weltanschaulicher Pluralismus und friedliche politische Konkurrenz

Für Poppers Ideal der offenen Gesellschaft unerlässlich sind ein politisch-weltanschaulicher Pluralismus und die friedliche politische Konkurrenz. Ähnlich wie er es in der Wissenschaft für notwendig hält, dass ein Theorienpluralismus gegeben ist, damit alternative Theorien und Problemlösungsvorschläge offen miteinander in Wettstreit treten können, hält er es im gesellschaftlichen Bereich für notwendig, dass verschiedene weltanschauliche Standpunkte und mindestens zwei starke politische Parteien miteinander um die Regierungsmacht konkurrieren können. Nur auf diesem Weg sei ein kontinuierlicher Fortschritt bei der Reduzierung und Abschaffung der nicht notwendigen Übel in der Welt, wie Armut, Krankheit, Unterdrückung, Leid, zu erreichen.

Wie weit soll die Pluralität gehen? Die Pluralität in einer demokratischen Gesellschaft darf allerdings nicht so weit gehen, dass politische Gruppierungen und Personen einen Freibrief für gesellschaftsschädigende Aktionen erhalten, mit denen sie das System der pluralistischen Demokratie abschaffen wollen. Der für die Offenheit der Gesellschaft so bedeutsame Wert der Toleranz darf ebenso wenig verabsolutiert werden wie das Prinzip der Freiheit, das Prinzip der Kontrolle und das Prinzip des staatlichen Planens, weil es sonst zu einer Selbstabschaffung der Demokratie kommen würde. Dass die Einschätzung und Entscheidung, wann eine Person oder Gruppe als staatsgefährdend zu betrachten sind und man Sanktionen gegen sie erlassen muss, schwierig ist, war Popper durchaus bewusst. Als erstes Kriterium bei dieser Einschätzung würde er Gewaltbereitschaft und Diskussionsverweigerung nennen.

Institutionalisierte öffentliche Kritik und Konfliktregelung durch kritisch-rationale Diskussion

Eng verbunden mit dem politisch-weltanschaulichen Pluralismus und der friedlichen politischen Konkurrenz sind die institutionalisierte öffentliche Kritik und die politische Konfliktregelung durch kritisch-rationale Diskussion. (Popper 1997, S. 511–514) Kritisches Problemlösungsverhalten im Gegensatz zum dogmatischen Rechtfertigungsdenken stellt das entscheidende Fundament von Poppers Erkenntnis- und Wissenschaftslehre dar. Dieses Verhalten bildet sowohl die Grundlage für das Falsifikationsprinzip als auch für das Konzept vom Erkenntnisfortschritt durch Versuch und Irrtum. Dabei versteht Popper das kritische Problemlösungsverhalten stets in einem doppelten Sinn: als ehrliche Selbstkritik und als Bereitschaft zu öffentlicher Kritik.

Die zentrale Funktion der Öffentlichkeit: Popper räumt dem Faktor der Öffentlichkeit einen großen Stellenwert ein. Für ihn kann wissenschaftliche Objektivität nicht durch noch so bemühte Selbstkritik erreicht werden, sondern stets erst durch vielseitige öffentliche Kritik und Infragestellung von Erkenntnisaussagen und Hypothesen. Auch hinsichtlich des politischen Handelns erhebt Popper die Forderung, man solle gesellschaftliche Konflikte und Interessengegensätze möglichst auf dem Weg der öffentlichen, kritisch-rationalen Diskussionen austragen. Politische Entscheidungen dürfen keine Willkürakte und einsamen Beschlüsse von politischen Machtträgern(Innen) sein, sondern müssen in öffentlichen Diskussionen, in denen die verschiedenen Parteien Kompromisse über die divergierenden Interessenlagen anstreben, so weit wie möglich vorbereitet werden.

> ”… die traditionelle Achtung vor der vernünftigen Diskussion führt, im Gebiet der Politik, zur traditionellen Achtung vor der Methode der *Regierung durch Diskussion* (wie die parlamentarische Regierung in England genannt wird). Und damit entwickelt sie den Gerechtigkeitssinn; die Gewohnheit, andere Gesichtspunkte gelten zu lassen; und weiter, die Bereitwilligkeit zum Kompromiß. **(Popper 1987, S. 173)**

Die Möglichkeit zur vorhergehenden öffentlichen Diskussion und zur nachträglichen Kritik und Kontrolle von politischen Entscheidungen muss durch Einrichtungen garantiert werden, wie sie z. B. Presseorgane darstellen, die nicht an parteipolitische Weisungen gebunden sind, oder staatliche Kontrollorgane, die dem Einfluss von politischen Machtinhabern(Innen) entzogen sind. Auch die Institution eines parteiunabhängigen Rechnungshofes im Rahmen einer Bundes-, Landes- und Gemeindeverwaltung zählt zu solchen Kontrollinstanzen.

Der Vorwurf der Fehleinschätzung von Politik

Gegen Poppers Forderung nach politischer Konfliktregelung durch kritisch-rationale Diskussion wurde der Einwand erhoben, das liberale Konfliktlösungsmodell der kritisch-rationalen Diskussion könne dem tatsächlichen politischen Handeln nur in äußerst beschränktem Maße gerecht werden. Dieses Modell funktioniere nur dann, wenn es bloße Meinungskonflikte zu regeln gelte, nicht aber bei tiefer liegenden Überzeugungs- und Grundwertekonflikten. Die Bewältigung solcher Konflikte setze ein vielfältiges, abgestuftes Instrumentarium von Konfliktregelungsverfahren voraus, das von Popper zur Gänze ignoriert werde. Dazu gehöre der abgestufte und vernünftige Einsatz von Macht, den Popper auf Grund seines pauschalen Misstrauens gegen jede Form von Macht unberücksichtigt lasse. Er ignoriere auch den subtilen Einsatz von Mitteln materieller Gratifikation.

Der Vorwurf, er habe ein unrealistisches Verständnis von Politik, wurde noch durch das Argument verstärkt, er übertrage ein Konfliktregelungsmodell aus der *scientific community* unkritisch auf den politischen Bereich, wo dieses Modell ein höchst untaugliches Instrument zur Austragung von Konflikten darstelle. Kritisch-rationale Diskussion eigne sich zwar gut zur Austragung von theoretischen Meinungsverschiedenheiten im Elfenbeinturm der Wissenschaft, nicht aber zur Regelung von Konflikten im Bereich politischer Interessensgegensätze, gesellschaftlicher Machtkämpfe und Gruppenauseinandersetzungen.

Bei diesem Vorwurf bleibt unberücksichtigt, dass Popper mit seiner politischen Theorie keine exakte Darstellung und Beschreibung von faktisch ablaufenden politischen Prozessen angestrebt hat. Sein Ziel war es, normative Konzepte vor Augen zu stellen, wie man Politik in Zukunft betreiben könnte und sollte. Aus dieser Perspektive kann man im Konfliktregelungsmodell der kritisch-rationalen Diskussion ein normatives Orientierungskonzept sehen. Dieses Konzept stellt ein Annäherungsideal dar, das man in Zukunft graduell stärker berücksichtigen und auf das man konsequenter als bisher hinarbeiten sollte, auch wenn man im aktuellen politischen Geschehen noch weit davon entfernt ist. Wenn die gänzliche Verwirklichung dieses Konzepts als utopisch erscheint, kann man graduelle Verwirklichungsschritte dennoch als realistisch ansehen.

Das ideologiekritische Potential des Kritischen Rationalismus

Ein besonderes Verdienst Poppers liegt auf dem Gebiet der Weltanschauungsanalyse und Ideologiekritik. Wenn hier von „Ideologiekritik" und „Ideologie" die Rede ist, wird Ideologie nicht in einem positiven oder wertneutralen Sinn verstanden, wie dies der Fall ist, wenn man damit eine politische Weltanschauung, politische Leitprinzipien oder ein politisches Grundsatzprogramm meint. In unserem Zusammenhang wird Ideologie gemäß der Tradition der Vorurteilskritik in der Aufklärungsphilosophie als etwas Negatives verstanden. Ideologien gelten dort als Vorurteile, welche die Erkenntnis der Wirklichkeit verzerren, oder als einseitig wertende manipulative Ideen, die kein objektives Bild von der gesellschaftlichen und politischen Wirklichkeit liefern, weil sie diese Wirklichkeit aus einem parteiischen Interesse verfälschen. Auch Popper verwendet das Wort „Ideologie" gemäß der Tradition der Aufklärung in einem negativen Sinn. Ideologien weisen anti-demokratische Tendenzen auf und werden dann eine große Gefahr für eine offene, demokratische Gesellschaft, wenn sie in graduell zugespitzter Weise die Form von autoritären oder totalitären Weltanschauungen annehmen. Dann können sie für autoritäre politische Führertypen und autoritäre Eliten eine willkommene Unterstützung bei der Machtergreifung sein und ebenso bei der Rechtfertigung und Stabilisierung von totalitären Methoden der Herrschaftsausübung.

Popper ist es mit seiner Plato-, Hegel- und Marx-Kritik und den breit gestreuten Ausführungen über die geschlossene Gesellschaft gelungen, eine Reihe von ideologischen Grundmustern und Rechtfertigungsstrategien vor Augen zu führen. Insofern kann Poppers Philosophie ein wertvolles Hilfsmittel sein, wenn es gilt, anti-demokratische, inhumane, autoritäre und totalitäre Tendenzen in politischen Doktrinen, aus welcher weltanschaulichen

Richtung sie auch kommen mögen, frühzeitig zu erkennen und vor ihren Folgen zu warnen. Solche ideologische Grundmuster können den Aufbau von undemokratischen Institutionen in einer offenen Gesellschaft begünstigen. In dieser Hinsicht kann man Poppers sozialphilosophisches Hauptwerk *Die offene Gesellschaft und ihre Feinde* auch als ein Standardwerk der Weltanschauungsanalyse und Ideologiekritik im 20. Jahrhundert bezeichnen.

Ich möchte hier nun eine Reihe von Grundmustern ideologischen Denkens aufzeigen, die sich mit Poppers Kritischem Rationalismus kritisieren lassen.

Grundmuster ideologischen Denkens

Absolute Wahrheitsansprüche

Auf ein typisches ideologisches Grundmuster wird durch die prinzipielle Fehlbarkeit und Irrtumsanfälligkeit der Vernunft aufmerksam gemacht. Enthält eine Weltanschauung Absolutheitsansprüche in Form von absolut wahren Einsichten und Prinzipien, steht dies in Gegensatz zu einer offenen, demokratischen Weltanschauung. Popper hat darauf hingewiesen, dass absolute Wahrheitsgarantien bei der Kompensation von negativen Emotionslagen eine Rolle spielen, die durch die „Last der Zivilisation" bedingt sind. Die Kompensationsfunktion von absoluten Wahrheitsgarantien ist auch Vertreter(Innen) von religiösen Glaubensstandpunkten vertraut, wenn sie absolute religiöse Glaubenswahrheiten pragmatisch rechtfertigen, indem sie deren Trost- und psychische Stabilisierungsfunktion betonen.

Dass Popper aus der Sicht seiner kritisch-rationalistischen Position absolute Wahrheitsgarantien als Kompensation für negative Emotionen ablehnen muss, hängt nicht nur mit seiner Vernunft-, Aufklärungs- und Wissenschaftsauffassung zusammen. Dies ist ebenso eine Folge seiner philosophisch-anthropologischen Rahmenvorstellung vom Menschsein. Der Mensch wird von ihm als ein höchst aktives Lebewesen gesehen, das ständig auf der Suche nach neuen Problemlösungen und Verbesserungen von Hypothesen und Institutionen ist. Dieses Lebewesen müsse stets von neuem ins Unbekannte, Ungewisse und Unsichere vorstoßen und permanent um Verwirklichung von mehr Freiheit und größerer Humanität im Sinne der Leidminimierung ringen. Die Garantie, im Besitz von absolut wahren Erkenntnissen und Prinzipien zu sein, spiegelt Gewissheit und Geborgenheit wider, was eher einem statisch-kontemplativen Menschenbild entspricht als jenem dynamisch-kreativen, das Popper als Ideal vom Menschsein vor Augen hat.

> Wenn wir Menschen bleiben wollen, so gibt es nur einen Weg, den Weg in die offene Gesellschaft. Wir müssen ins Unbekannte, ins Ungewisse, ins Unsichere weiterschreiten und die Vernunft, die uns gegeben ist, verwenden, um, so gut wir es eben können, für beides zu planen: nicht nur für Sicherheit, sondern zugleich auch für Freiheit. **(Popper 1992, I, S. 239)**

Ausschließlichkeitsansprüche

Behauptungen, im Besitz einer absoluten Wahrheit zu sein, sind sowohl in politischen Ideologien als auch in weltanschaulichen Glaubenssystemen konfessionell-religiöser Art oft mit einer gefährlichen Konsequenz verbunden. Sie legen nicht nur elitäre Ansprüche nahe, sondern auch Fanatismus und Intoleranz gegenüber Andersdenkenden und Andersgläubigen. Wenn es bloß *eine* absolute Wahrheit geben kann und der Anspruch erhoben wird, dass nur die eigene Gesinnungsgemeinschaft im Besitz dieser Wahrheit sei und keine andere, werden andere Individuen, Gruppen oder Gemeinschaften von vornherein ausgegrenzt. Sie werden als unreif oder blind für die einzig wahre Ideologie oder religiöse Heilslehre hingestellt. Der Ausschließlichkeitsanspruch kann zu fanatischen und gewaltsamen Missionierungsversuchen führen. Dieses elitäre, autoritäre Denkmotiv trägt zur Spaltung von Gesellschaften und Gruppen bei. Es steht in Widerspruch zu Poppers Ideal der Pluralität von Weltanschauungen in einer liberalen, demokratischen Gesellschaft.

Erkenntnismonopole und Interpretationsprivilegien

Ein weiteres Grundmuster ideologischen Denkens ergibt sich aus Poppers Kritik an Platos Staatslehre, speziell an den „königlichen Philosophen" und der Grundhaltung eines „autoritären Intellektualismus". Popper warnt vor der mystischen Aura der Auserwähltheit. Diese Aura entsteht um politische, religiöse und intellektuelle Führer dann, wenn ihnen mittels einer „mystischen Theorie intuitiven Verstehens" nicht überprüfbare, intuitive Einsichten und prophetische Fähigkeiten zugebilligt werden. Von den Propagandisten dieses elitären Denkmotivs wird gewöhnlich behauptet, dass bestimmte intuitive Einsichten nur dem jeweiligen Propheten oder der jeweiligen politischen Führungspersönlichkeit vorbehalten bleiben. Dem gewöhnlichen Gläubigen in einer fundamentalistischen, religiösen Gesinnungsgemeinschaft oder dem normalen Staatsbürger in einem autoritären Staat wären diese Einsichten aufgrund mangelnder religiöser, politischer oder intellektueller Kompetenzen verschlossen.

Nicht selten gründen derartige Behauptungen auf einem angeblich „höheren", ausschließlichen Wissen. Damit wird einer bestimmten Elite oder einer charismatischen Führerpersönlichkeit nicht nur das alleinige Recht zugesprochen, bestimmte Kernsätze der entsprechenden Ideologie auszulegen. Es wird damit auch die Kompetenz und die Macht über Entscheidungen eingeräumt, wer ein rechtgläubiger Anhänger der Ideologie ist und wer ein „Abweichler", Häretiker, Renegat oder Revisionist.

Solche ideologischen Erkenntnismonopole sind auf institutioneller Ebene des jeweiligen Gesinnungs- und Sozialverbandes gewöhnlich durch Machtmittel abgesichert, sodass den übrigen Anhängern der betreffenden Ideologie nichts anderes übrig bleibt, als der auserwählten Elite oder der charismatischen Führerpersönlichkeit gläubig und vertrauensvoll zu gehorchen.

Immunisierungsstrategien

Zu einem weiteren Grundmuster ideologischen Denkens führt die Frage, auf welche Weise selbsternannte Interpretationseliten und Führerpersönlichkeiten das von ihnen beanspruchte Interpretationsprivileg gegen Kritik abschirmen. Verfechter von autoritären Weltanschauungen, politischen Doktrinen und Ideologien schützen ihre Überzeugungssysteme mit vielerlei Methoden. In totalitären politischen Systemen sind dies physische Gewalt, wie Folterung durch die Geheimpolizei, und psychischer Druck mittels Terror, Erpressung und Frageverboten. Im verbalen Bereich spielen suggestive Argumentationsmuster und raffinierte Rechtfertigungsargumente eine Rolle. Popper hat solche Argumentationen im Anschluss an einen von Hans Albert erfundenen Ausdruck „Immunisierungsstrategien" genannt. Eine Strategie, die Popper mehrfach kritisiert hat, ist das Entkräften von Kritik durch genetische Fehlschlüsse. Für diesen Typus von Immunisierungsstrategien ist charakteristisch, dass Einwände gegen eigene Überzeugungen ohne nähere Prüfung von vornherein als unzutreffend und unwahr abqualifiziert werden, nur weil sie von Menschen einer bestimmten Rasse, sozialen Schicht oder Klasse, Gesinnungsgemeinschaft oder politischen Konkurrenzgruppe herstammen. Dabei wird der falsche Eindruck geweckt, dass man Gedanken und Aussagen schon allein durch Aufzeigen ihrer Herkunft als falsch erweisen könne und sich jedes Prüfen ihrer logischen Stringenz und ihres inhaltlichen Wahrheitsgehalts erübrige. Solche genetischen Fehlschlüsse sind logische Schlüsse von der Entstehung bzw. Genese einer Aussage auf ihre Wahrheit oder Falschheit. Popper hat als Beispiel für diese Immunisierungsstrategie mehrfach Marxisten kritisiert, wenn sie kritische Fragen und Stellungnahmen zu ihrer Ideologie mit dem bloßen Hinweis als unrichtig abtaten, die Kritik sei von einem bürgerlichen Klassenstandpunkt aus vorgebracht.

Auch Ideologen eines extremen Konservativismus sind mit dieser Strategie vertraut, wenn sie Einwände gegen ihre konservativen Überzeugungssysteme bereits deswegen als notwendig falsch hinstellen, weil sie von einem vermeintlichen „linken Standpunkt" aus erhoben werden.

Die gleiche Strategie hat Popper im Auge, wenn er jene „Einstellung der Sozioanalyse" kritisiert,

> ” die sogleich nach unbewußten Beweggründen und Determinanten im sozialen Standort des Denkers ausspäht, statt zuerst die Gültigkeit des Arguments selbst zu untersuchen.
>
> **(Popper 1992, II, S. 294)**

Poppers Urteil über diesen Typ von Immunisierungsstrategien ist unzweideutig:

> Solche Methoden sind leicht zu handhaben und höchst vergnüglich für jeden, der sie anwendet. Es ist aber klar, daß sie letzten Endes zu Antirationalismus und Mystizismus führen müssen. **(Popper 1992, II, S. 252)**

Auf einen weiteren Typus von Immunisierungsstrategien, nämlich auf den Gebrauch von Leerformeln, hat Popper aufmerksam gemacht, indem er vor der „Magie hochtönender Worte“ und vor einem „mystifizierenden Jargon“ gewarnt hat. Letzteren sieht er in der schwärmerischen Naturmystik oder einem „spirituellen Naturalismus“ gegeben. Er weist darauf hin, wie leicht die Wörter „Natur“ und „natürlich“ mit beliebigen Inhalten gefüllt werden können, die dann zur Rechtfertigung aller möglichen „natürlichen Führer“ oder „natürlichen“ Wesenseigenschaften des Menschen missbraucht werden. Popper schreibt dazu:

> Diese Form des Naturalismus ist so weit und so vage, daß sie zur Verteidigung jeder ethischen Position dienen kann. Alles, was einem Menschen zustößt, kann „natürlich“ genannt werden; denn wie hätte es ihm zustoßen können, ohne in seiner Natur zu liegen? **(Popper 1992, I, S. 87 f.)**

Der Gebrauch von Leerformeln zur Immunisierung von ideologischen Standpunkten gegenüber Kritik beruht auf ihrem geringen Informationsgehalt und darauf, dass sie deshalb mit äußerst vielen Tatsachen und Handlungsmöglichkeiten vereinbar sind. Rechtfertigen Ideologen moralische Werte ihrer Ideologie mit Gerechtigkeitspostulaten wie „Jedem das Seine“, „Jedem nach seinen Leistungen“, „Jedem nach seinen Fähigkeiten“, so bleiben diese Aussagen nichtssagend. Sie bleiben leer, wie der hier schon im Zusammenhang mit Poppers Plato-Kritik zitierte Hans Kelsen bemerkt hat. Diese Aussagen sind nichtssagend, solange keine moralischen Maßstäbe angegeben werden, die ganz bestimmte Fähigkeiten und Leistungen gegenüber anderen als besonders wünschenswert kennzeichnen. Die seit der NS-Zeit umstrittene Gerechtigkeitsformel „Jedem das Seine“ ist eine

Leerformel, wenn die entscheidende Frage nicht beantwortet ist, was es eigentlich sei, das jeder als „das Seine" betrachten darf.

> Daher kann die Formel „Jedem das Seine" zur Rechtfertigung jeder beliebigen Gesellschaftsordnung dienen, mag es sich um eine kapitalistische oder sozialistische, eine demokratische oder autokratische Ordnung handeln. Nach allen diesen Ordnungen wird jedem das Seine gewährt, nur daß eben „das Seine" nach jeder Ordnung verschieden ist.
>
> **(Kelsen 1953, S. 23)**

Ein anderes Beispiel für eine Leerformel ist die Aussage: „Nimm Dir vom Staat, was Dir zusteht", wenn dabei offen bleibt, was einem zusteht.

Im Rahmen von Ideologien sind oft auch euphemistische Wortverwendungen anzutreffen. Dabei handelt es sich um sprachliche Verschleierungen oder Beschönigungsversuche von ablehnenswerten gesellschaftlichen Sachverhalten und politischen Handlungen. Mit Euphemismen wird der Zweck verfolgt, durch die Wahl eines beschönigenden Wortes bei Adressaten einen Widerstand zu überwinden und Zustimmungsbereitschaft zu fördern. Ein eindringliches Beispiel wäre die Verharmlosung der Folgen des Gebrauchs von Atomwaffen im Kriegsfalle, indem man versichert, dass es dabei nur zu einem „harmlosen atomaren Niederschlag" kommen würde.

Immunisierungsstrategien können für Verfechter einer Ideologie als Selbstschutzmechanismus dienen, der gar nicht ausdrücklich bewusst sein muss. Emotionale Stabilität, Selbstsicherheit, gesteigertes Selbstwertgefühl und die Verhaltenssicherheit, die Propagandisten und Anhänger aus der vorbehaltlosen Anerkennung ihrer Ideologie gewinnen, werden durch Immunisierungsstrategien sowohl geschützt als auch verstärkt und gerechtfertigt.

Alternativ-radikalistische Deutungsschemata

Poppers Holismuskritik verweist auf ein weiteres ideologisches Denkmuster, nämlich auf ein alternativ-radikalistisches Deutungschema in

Form von emotional aufgeladenen Schwarz-Weiß-Zeichnungen des politischen Geschehens. Erfolgt die Strukturierung der politischen und sozialen Wirklichkeit im Erkenntnisprozess über ein derartiges kategoriales Schema, hat dies folgende Konsequenzen: Es ist damit nicht nur eine übertriebene Verkürzung der Wirklichkeitserfahrung verbunden, sondern die Simplifizierung und Verfälschung von Sachverhalten in der politisch-gesellschaftlichen Wirklichkeit. Komplizierte gesellschaftliche Beziehungen und politische Sachverhalte werden auf ein Entweder-Oder, ein Für-mich oder Gegen-mich, ein Freund-Feind-Verhältnis reduziert. Diese radikale Reduktion der Komplexität der Wirklichkeit manifestiert sich auf Ebene der Sprachhandlungen in emotional aufgeladenen Polarisierungskategorien und Schwarz-Weiß-Deutungen des sozialen, politischen und kulturellen Geschehens. Beispiele dafür aus neoliberalistischen und neokonservativen Ideologien wären etwa die Gegensatzpaare: „demokratisch – sozialistisch" und „freiheitlich – sozialistisch". Aus Öko-Ideologemen sei das Gegensatzpaar: „natürlich – technisch" genannt, aus feministischen Ideologemen das Gegensatzpaar: „weibliche Vernunft – männliche Rationalität", wobei die weibliche Vernunft als einfühlsam und weitsichtig dargestellt, die männliche Rationalität als gefühllos und instrumentalistisch gedeutet wird.

Feindbilder, Verschwörungstheorien und Sündenbock-Strategien

Typisch für ideologische Denkformen sind emotionsgeladene Feindbilder und damit verbundene Verschwörungstheorien. Popper spricht von der „Verschwörungstheorie des Alltagsverstandes" oder der „Verschwörungstheorie der Gesellschaft". (Popper 1992, II, S. 111) Er meint damit, dass man für die Erklärung unerwünschter Ereignisse im politisch-gesellschaftlichen Leben oft gewisse Menschen oder Gruppen ausfindig machen möchte, die am Eintreten des betreffenden Ereignisses ein Interesse gehabt und zu dessen Herbeiführung Pläne gemacht und konspiriert haben. Dies ist aus der Sicht von Popper das Ergebnis eines säkularisierten religiösen Aberglaubens.

> Der Glaube an die homerischen Götter, deren Verschwörungen die Geschichte des Trojanischen Kriegs erklären, ist verschwunden. Die Götter sind abgeschafft. Aber ihre Stelle nehmen nun mächtige Männer oder Gruppen ein – unheilvolle Druckgruppen, deren Bosheit für alle Übel verantwortlich ist, unter denen wir leiden – wie die Weisen von Zion, die Monopolisten, die Kapitalisten oder die Imperialisten. **(Popper 1992, II, S. 112)**

Für Popper ist diese Überzeugung falsch, weil sie den Tatbestand ignoriert, dass viele Ereignisse im Gesellschaftsbereich unbeabsichtigte Folgen haben und Nebenwirkungen von Handlungen sind und nicht das Resultat von absichtsvoll geplanten Aktivitäten.

> Es muß zugegeben werden, daß die Struktur unserer sozialen Umgebung in einem gewissen Sinn von Menschen geschaffen ist; daß ihre Institutionen und Traditionen weder das Werk Gottes sind noch das Werk der Natur, sondern das Ergebnis menschlicher Handlungen und Entschlüsse, und daß sie durch menschliche Handlungen und Entschlüsse geändert werden können. Aber das bedeutet nicht, daß sie alle bewußt geplant wurden und daß sie aufgrund von Bedürfnissen, Hoffnungen und Bewegründen erklärt werden können. Im Gegenteil: Sogar jene Institutionen und Traditionen, die als das Ergebnis bewußter und absichtlicher menschlicher Handlungen entstehen, sind in der Regel *das indirekte, unbeabsichtigte und oft unerwünschte Nebenprodukt solcher Handlungen* ... und daß selbst jene wenigen Institutionen, die bewußt und mit Erfolg geplant worden sind (z. B. eine neu gegründete Universität, eine Gewerkschaft) nur selten planmäßig ausfallen, und das wieder wegen der unbeabsichtigten sozialen Rückwirkungen, zu denen ihre bewußte Schöpfung führt. Denn ihre Schöpfung wirkt nicht nur zurück auf viele andere soziale Institutionen, sondern auch auf die „mensch-

> liche Natur", auf die Hoffnungen, Ängste und Ambitionen zuerst jener Menschen, die unmittelbar beteiligt sind, und später oft aller Mitglieder der Gesellschaft. **(Popper 1992, S. 110)**

Es gehört zu bevorzugten Rechtfertigungen von totalitären oder autoritären Herrschaftssystemen, dass ihre Vertreter den Staat und das Volk

> „ permanent vor seinen Feinden retten möchten, eine Tendenz, die nach der erfolgreichen Unterwerfung der alten Feinde stets zur Schaffung oder Erfindung neuer Feinde führen muß. **(Popper 1992, I, S. 218)**

Damit macht Popper auf die Bildung von Feind-Stereotypen aufmerksam, die in den verschiedensten Ideologien, unabhängig von deren weltanschaulichen Inhalten, immer wieder festgestellt worden ist. Durch das An-die-Wand-Malen von Feindbildern können, wie auch empirische Kleingruppenforschungen gezeigt haben, gruppeninterne Differenzen und Konflikte reduziert und das Auseinanderfallen, die Desintegration von Gruppen vorübergehend aufgeschoben werden. Das An-die-Wand-Malen eines Feindbildes dient nicht nur zur Konfliktreduzierung und zum Zusammenrücken der Mitglieder einer Gruppe, sondern Hand in Hand damit geht auch die zeitweilige Stabilisierung der in der betreffenden Gruppe bestehenden Einfluss- und Machtverhältnisse. Diese Stabilisierungsfunktion erfüllen Feindbilder meist in Verbindung mit einer Sündenbockstrategie. Bestimmte Einzelpersonen oder Gruppen werden gezielt für Fehlentwicklungen und Missstände verantwortlich gemacht, damit sich die für die Missstände tatsächlich Verantwortlichen der öffentlichen Kritik entziehen können.

Wie gruppendynamische Experimente gezeigt haben, kann die willkürliche Konstruktion von Feindbildern zum Zweck der besseren Integration der Eigen-Gruppe und der Abgrenzung gegenüber Konkurrenz-Gruppen eine gefährliche Folgewirkung haben: Die Zuschreibung des Feind-Charakters zu einer Gruppe kann dazu führen, dass diese Gruppe dann tatsächlich ein feindliches Verhalten gegen die Eigen-Gruppe entwickelt, also das Phänomen der *self-fulfilling prophecy* eintritt, der sich selbst erfüllenden Prophezeiung.

Suggestive Einheits-, Ganzheits- und Geschlossenheitsideale

Ein weiteres Grundmuster ideologischen Denkens ist die Beschwörung von Einheits-, Ganzheits- und Geschlossenheitsidealen. Popper hat dies bei der Kritik an Essentialismus und Holismus zur Sprache gebracht. Essentialistisch-holistische Denkmotive beschwören die Kraft einer wesentlichen Einheit, Ganzheit und Geschlossenheit, sei es in Bezug auf den Glauben, das Wissen, die Gesinnungsgemeinschaft und den Zusammenhalt in der eigenen Gruppe, der Gesellschaft oder im Staat. Dagegen wird alles Individuelle, Unvollständige und Vielfältige als bloß vorläufig, vordergründig und unzulänglich hingestellt. Unterscheidung, Abweichung, Pluralität und Individualität erscheinen im Vergleich zur beschworenen wesentlichen Einheit und Ganzheit als minderwertig, ja oft sogar als subversiv hinsichtlich der Verwirklichung des erstrebten Einheits- und Geschlossenheitsideals.

Mit solchen Einheits- und Ganzheitsvorstellungen kommen Ideologien latenten Bedürfnissen und Sehnsüchten entgegen, die tief in der menschlichen Psychostruktur verwurzelt sind. Es sind die hier schon mehrmals genannte Sehnsucht nach Sicherheit und Geborgenheit, d. h. nach einem Zustand, in dem man sich als Teil eines Ganzen fühlt. Die Einheit mit einem Ganzen stützt den Einzelnen bei seinen individuellen Lebensentwürfen.

In Ideologien und Religionen sind Einheits- und Ganzheitsideale wichtige Hilfsmittel um, wie Sigmund Freud sagt, den „Druck der Realität" zu mildern. Diese Ideale können individuelle Leiderfahrungen beträchtlich abschwächen, wenn sie in den Kontext eines Sinnganzen gerückt sind, so etwa eines heilsgeschichtlichen Endziels. Dann redet man sich ein, das persönliche Leid müsse irgendeinen Sinn haben, weil es für das Ganze gut ist. Im äußersten Fall ist man dazu bereit, im Dienste des übergeordneten Sinnganzen sein Leben zu opfern, um dadurch zu helfen, das verheißene endgültige Heilsziel herbeizuführen. Auch Entscheidungsängste können reduziert werden, wenn man der festen Überzeugung ist, im Sinne des Ganzen zu handeln. Die Verantwortung für Entscheidungen und Handlungen lässt sich auf das Schicksal, den Willen Gottes, die Vorsehung, die Geschichte, den Volkswillen, das Wesen der auserwählten Gesinnungsgemeinschaft abschieben, in deren Interesse oder gar in deren Auftrag man zu handeln meint.

Politisierte eschatologisch-messianische Heilsideen und Geschichtsdeutungen

Politisierte eschatologisch-messianische Heilsideen, dazu gehören auch „manichäische Denkmotive", spielen in ideologischen Grundmustern oft eine wichtige Rolle. Der Manichäismus war eine religiöse Heilslehre, die im 3. und 4. Jahrhundert n. Chr. im Vorderen Orient und im Römischen Reich verbreitet war. Sie geht auf Vorstellungen des persischen Religionsgründers Zarathustra zurück, der den Kosmos dualistisch als ein Reich des Lichts und der Finsternis gedeutet hat. Die Menschenwelt wird als Schauplatz für den letzten Entscheidungskampf zwischen den Mächten des Lichts und der Finsternis, zwischen Gut und Böse, zwischen Wahrheit und Lüge angesehen. Diese spekulativ-metaphysische Kosmos-Deutung ist bei weitem nicht ausgestorben. Sie lebt in Vorstellungen wieder auf, in denen gesellschaftliches und historisches Geschehen auf den Kampf zwischen einer Partei des Guten und einer Partei des schlechthin Bösen reduziert wird und die Menschen in zwei Gruppen oder Lager eingeteilt werden. Eine Gruppe gilt als Vertreter des schlechthin Guten, sie verkörpert die ganze Wahrheit, die ganze Gerechtigkeit. Die Gegen- oder Konkurrenzgruppe wird hingegen zum Repräsentanten alles Bösen, des totalen Irrtums und alles moralisch Verwerflichen stilisiert.

Manichäische Gesamtdeutungen des historischen und politischen Geschehens appellieren an elitäre Allmachtgefühle und missionarische Sehnsüchte. Sie laden Menschen dazu ein, sich selber als heilbringende Missionare des Guten anzusehen, während ihre Gegner mit Mächten des

Bösen verbunden seien, die man in einem Entscheidungskampf ein für alle Mal besiegen müsse.

Zu den eschatologisch-messianischen Heilsideen gehört oft die Überzeugung, das Übel in der Welt, das Böse, die Sünde, der Abfall vom wahren Glauben, das soziale Elend der Glaubensbrüder und Glaubensschwestern, die politische Entwürdigung und Degradierung der Eigengruppe müsse erst ihren Höhepunkt erreichen, damit dann eine umso grundlegendere Umkehr durch eine möglichst radikale Revolution erfolgen kann. Diese würde die politische, wirtschaftliche und kulturelle Entwicklung oder die wahre Religion wieder auf den richtigen Weg bringen. Die radikale Erlösungstat einer Einzelperson oder einer auserwählten Elite von Rechtgläubigen – seien dies nun gesinnungsethisch motivierte radikale Verfechter einer politischen Ideologie oder zur Opferung der eigenen Person bereite Gotteskrieger – werde die endgültige Umkehr bewirken und den ersehnten Heilszustand näherbringen.

Solche radikalen Revolutionsphantasien stehen in krassem Gegensatz zu Poppers Konzept der graduellen Gesellschaftsveränderung. In solchen Phantasien werden alle negativen Konsequenzen ignoriert, die Popper bei radikalen Gesellschaftsexperimenten gegeben sieht: die Tatsache der Unvorhersehbarkeit von negativen Folgen einer radikalen Revolutionstat sowie die Unmöglichkeit, alles konstruktive Wissen für eine erfolgreiche, radikale Gesellschaftsveränderung in den Gehirnen der Revolutionäre zu konzentrieren.

Die Tarnung von Wertungen als Tatsachenerkenntnisse

Ein weiteres ideologisches Denkmotiv resultiert aus Poppers „kritischem Dualismus". Entscheidungen, Normen und Werturteile lassen sich nicht gänzlich auf Tatsachenwissen oder Sachaussagen reduzieren bzw. daraus zwingend und mit logischer Notwendigkeit ableiten. Popper wendet sich an vielen Stellen seines Werkes dagegen, diesen grundlegenden Dualismus zu ignorieren oder zu verwischen.

An Plato kritisiert er, dass dieser einen Großteil seiner soziologischen Aussagen

> „... in so engen Zusammenhang mit seinen ethischen und seinen politischen Forderungen gebracht hat, daß die deskriptiven Elemente zum Großteil übersehen wurden. **(Popper 1992, I, S. 44)**

Popper führt die Tendenz zum Verwischen des Unterschieds zwischen Tatsachen und Entscheidungen auf eine „allgemeine Neigung zum Monismus" zurück. Dadurch versucht der Mensch, sich der Eigenverantwortlichkeit für Wertentscheidungen zu entziehen. Deshalb findet man in politischen Weltanschauungen und Ideologien oft Wertgesichtspunkte und normative Prinzipien eng mit gut bewährten Tatsachenerkenntnissen verknüpft. So entsteht der Anschein, als wären die Wertgesichtspunkte ebenfalls Tatsachenerkenntnisse bzw. müssten sich aus diesen mit zwingender Notwendigkeit ergeben. Dazu schreibt Hans Albert:

> „Die Verschmelzung von kognitiven und normativen Bestandteilen in Aussagensystemen, die als ganze Erkenntnisanspruch erheben, ist anscheinend eine sehr erfolgreiche Art, Einstellungen und Verhaltensweisen zu beeinflussen und institutionelle Ordnungen zu legitimieren und dadurch auch zu stabilisieren, so daß man von daher einen Zugang auch zur Frage der Wirksamkeit von Ideologien zu haben scheint. Die tatsächliche Bedeutung solcher Aussagensysteme ist in dieser Perspektive vor allem darin zu sehen, daß sie den Anschein erwecken, man habe es mit objektiven und unrevidierbaren Erkenntnissen zu tun, und dadurch zur Dogmatisierung bestimmter Werturteile und Normen in den sozialen Gruppen beitragen, für die sie maßgebend sind. **(Albert 1968, S. 81)**

Die bewusste oder unbewusste Tarnung von Wertungen als Tatsachenerkenntnisse hat im praktisch-politischen Bereich zur Folge, dass ideologische Gedankensysteme zumeist mehr Menschen anzusprechen vermögen, als dies der Fall wäre, wenn alle ideologischen Wertprämissen offen als solche deklariert wären. Sie würden dann bloß als *eine* mögliche, moralische oder politisch-weltanschauliche Position unter anderen erscheinen, die keineswegs die gleiche objektive Geltung und den gleichen Allgemeinheitsgrad besitzt wie eine Tatsachenbehauptung mit empirischem und theoretischem Wahrheitswert.

Ideologische Denkmuster sind mit den beiden totalitären Großideologien des 20. Jahrhunderts keineswegs von der Bühne der Weltgeschichte verschwunden. Wie sich am Beispiel der Ideologie des Islamismus und besonders des IS (Islamischen Staates) zeigt, können sie zu einer nicht zu unterschätzenden Gefahr für die pluralistische, parlamentarische Demokratie werden. Sie treten nur in neuen inhaltlichen Kleidern auf und dienen neuen selbsternannten Führern und elitären Gruppen dazu, autoritäre Machtansprüche, Herrschaftsambitionen und materielle Interessen öffentlichkeitswirksam geltend zu machen und durchzusetzen. Dass diese ideologischen Denkmuster eine bemerkenswerte Kontinuität haben, hängt damit zusammen, dass sie eine Fülle von Aufgaben in psychischen und politischen Kontexten erfüllen können: Sie vermitteln das Gefühl elitärer Gruppenzugehörigkeit, befriedigen Überlegenheitssehnsüchte und nebulose Größenphantasien, helfen Unterlegenheitsgefühle zu kompensieren und entlasten von Entscheidungsängsten unter Verantwortungsdruck.

Nachbemerkung

In einer pluralistischen Demokratie geht es in der Politik um Überzeugungsarbeit für die Akzeptanz politischer Programme und deren Abgrenzung von Programmen der Konkurrenzparteien. Besonders in der Wahlwerbung gehört es zu den Aufgaben jedes(r) Politikers(In), in der wahlberechtigten Bevölkerung um Sympathien und Zustimmungsbereitschaft für das eigene Wahlprogramm und die eigenen Spitzenkandidaten(Innen) zu werben. Parallel dazu geht es aber auch darum, Konkurrenzparteien zu destabilisieren, d. h. Sympathien und Zustimmungsbereitschaft für deren Programme und deren Spitzenkandidaten bei möglichst vielen Wahlberechtigten zu reduzieren. Dass es dabei zu Übertreibung oder Überzeichnung des Unterschieds zu Konkurrenzparteien und deren Spitzenkandidaten kommt, Informationen durch inhaltsleere Wortfloskeln (Leerformeln) zurückgehalten werden oder die Verwischung von Grenzen zwischen persönlicher Wertentscheidung und wissenschaftlichen Tatsachenerkenntnissen zum Geschäft der Politik gehört, ist wohl unbestreitbar. Will man nach einer Wahl in Koalitionsverhandlungen mit einer oder mehreren Konkurrenzparteien eintreten, ist es nicht ratsam, vorher bereits „alle Karten auf den Tisch" zu legen. Man wird sich auf Anfragen nach genaueren Inhalten von allgemein angekündigten Reformplänen vorläufig durch den Gebrauch von Leerformeln behelfen. Wird das „politische Klima" allerdings durch den unreflektierten Gebrauch der hier aufgewiesenen Grundmuster ideologischen Denkens „vergiftet", wird es wohl kaum zu einer fruchtbaren Zusammenarbeit mit einer Konkurrenzpartei kommen, die man im Vergleich zur eigenen Partei in Schwarz-Weiß-Manier öffentlich abgewertet hat. Von einem politischen Konkurrenten oder Gegner, den man vorher zu einem Feind stilisiert, durch alternativ-radikalistische Parolen diskreditiert und als Sündenbock für nicht verschuldete Missstände angeschwärzt hat, wird man keine Kooperationsbereitschaft erwarten dürfen, um dringend anstehende Probleme in einer pluralistischen, demokratischen Gesellschaft gemeinsam lösen zu können.

Ideologische Grundmuster in Nationalsozialismus, Marxismus-Leninismus und Islamismus (IS)

Nach der Rekonstruktion von Grundmustern ideologischen Denkens mittels Poppers Philosophie möchte ich diese zur Kritik an drei Ideologien anwenden. Zunächst auf die beiden Ideologien der zwei totalitären Herrschaftssysteme, die im 20. Jahrhundert Millionen von Menschen das Leben gekostet haben: Das sind der Nationalsozialismus und der Marxismus bzw. Marxismus-Leninismus. Diese Ideologien haben damals viele Menschen dazu verführt, sich zumindest eine Zeit lang mit den politischen Bewegungen, Parteien und Gruppen zu identifizieren, die diese Systeme errichtet und dann die totalitäre Herrschaft ausgeübt haben.

Als drittes, aktuelles Anwendungsbeispiel möchte ich die Ideologie des dschihadistischen Islamismus auf das Vorhandensein der hervorgehobenen ideologischen Grundmuster untersuchen. Diese Ideologie wird von Angehörigen und Sympathisanten der Terrormiliz des „Islamischen Staats" (IS) im Internet über soziale Medien wie Facebook, Twitter, Instagram nach wie vor intensiv propagiert. In der jüngeren Vergangenheit hat die islamistische Ideologie nicht wenige Jugendliche aus europäischen Ländern dazu verführt, in Syrien und im Irak sowie in Libyen in den Krieg zu ziehen. Diese Jugendlichen identifizierten sich dabei nicht nur mit schweren Menschenrechtsverletzungen und grausamen Verbrechen, sondern sie waren oft selber direkt daran beteiligt. Obwohl diese Terrormiliz die von ihr besetzten Gebiete wieder weitgehend verloren hat und die militärische und religiöse Führergestalt, der selbsternannte Kalif, höchstwahrscheinlich getötet werden konnte, hält in den sozialen Medien die suggestive propagandistische Werbung für die Unterstützung dieser mörderischen Gruppe weiter an. Auch wenn die Terrormiliz „Islamischer Staat" alle ihre eroberten Gebiete wieder verloren hat, bedeutet dies nicht, dass ihre menschenverachtende

Ideologie so schnell wieder verschwunden sein wird. Nun wird sie vermehrt als Appell und zur Rechtfertigung von terroristischen Attentaten von Einzelpersonen benützt, die als „Gotteskrieger“ und „Soldaten der IS-Armee“ zu Massenmorden an der Bevölkerung in Ländern „des feindlichen Westens“ aufgerufen werden.

Ideologische Grundmuster im Nationalsozialismus

Absolute Wahrheitsansprüche lassen sich in der NS-Ideologie mehrfach nachweisen, so etwa im rassischen Antisemitismus. Dieser ist in der NS-Ideologie in eine höchst suspekte und nebulose Rassenlehre eingebunden. Man meinte, in der Geschichte sei der Kampf der Völker und Rassen gegeneinander die entscheidende Triebkraft und das zentrale Lebensgesetz. Daraus wurde eine naturgegebene Rassenhierarchie abgeleitet an deren Spitze die kulturschöpferischen Rassen stehen. Diese müssten sich immer wieder in Rassenkämpfen gegen die bloß kulturerhaltenden und vor allem gegen die kulturzerstörenden Rassen durchsetzen. Zu einer besonders gefährlichen kulturzerstörenden Rasse wurde das Judentum erklärt. Dieses sei, im nationalsozialistischen Sprachgebrauch, eine „Parasitenrasse“, die sich in „bodenständige Volkstümer einzunisten“ versucht, um diese durch raffinierte „geistige Zersetzung“ ihrer kulturschöpferischen Fähigkeiten zu berauben.

Ich kann hier auf einzelne abstruse Ideen und Folgen der NS-Rassenlehre, wie etwa die Versuche der Züchtung einer reinen, arischen Herrenrasse, nicht weiter eingehen.

Auch der Reichsmythos wurde mit einem absoluten Wahrheitsanspruch propagiert. Dieser Mythos wurde zur Stilisierung der Auserwähltheit und Überlegenheit des von den Ariern und Germanen abstammenden deutschen Volkes gegenüber den anderen Völkern und Rassen verwendet, die im Gegensatz zum deutschen Volk schon „von Natur aus“ nicht zu einer Reichsgründung fähig wären. Die mythische Reichsidee kam nicht nur in so pathetischen Propagandaparolen wie „Ein Volk – ein Reich – ein Führer!“ oder „Heim ins Reich!“ zum Ausdruck. Darauf gründeten sich auch die durch zentrale Sprachregelung eingeführten zahllosen Wortzusammensetzungen mit dem Wort „Reich", wie „Tausendjähriges Reich", „Reichsparteitag", „Reichspropagandaministerium", „Reichsschrifttumskammer", „Reichsautobahn", usw. Der Reichsmythos fungierte in der NS-Ideologie als eine sinnstiftende mythisch-religiöse Komponente. Sie versprach dem deutschen Volk die Erfüllung der Sehnsucht nach Größe, Einheit und der Hoffnung auf eine zukünftige endgültige Geborgenheit in einer universalen Weltordnung unter deutscher Herrschaft.

Eine auch heute noch höchst bedenkliche und nicht ungefährliche Annahme, die zur Verführungsmacht der NS-Ideologie beigetragen hat, war der prinzipielle Antiparlamentarismus. Argumente von NS-Ideologen gegen die parlamentarische Demokratie finden bei Verächtern eines parlamentarischen Regierungssystems auch heute noch positive Resonanz, wenn es darum geht, dieses System schlechtzumachen und über seine Vorzüge hinwegzutäuschen.

Ein bevorzugtes Diffamierungsargument betraf das Mehrheits- oder Majoritätsprinzip. Beim Schlechtmachen dieses Prinzips hat man sich recht geschickt der negativen emotionellen Sinnkomponenten bedient, die der Begriff der „Masse" nach dem Ersten Weltkrieg im deutschen Kulturbereich hatte. Demokratische Mehrheitsentscheidungen wurden als „Massen"-Entscheidungen verächtlich gemacht. Bei diesen Entscheidungen werde die Verantwortung anonymisiert und damit sei sie niemandem mehr zurechenbar. In der Diktion von Adolf Hitlers Buch *Mein Kampf* oder der Propagandareden des Reichspropagandaministers Joseph Goebbels waren es wiederum „die Juden", die mit Hilfe des Parlamentarismus auf allen Gebieten des menschlichen Lebens die überragende Bedeutung der Persönlichkeit auszuschalten und durch die Masse zu ersetzen trachteten. Das Mehrheitsprinzip der parlamentarischen Demokratie war für Hitler eine „Sünde wider den aristokratischen Grundgedanken der Natur" und die „Ablehnung der Autorität der Person". (Hitler 1938, S. 87) Der Parlamentarismus ermuntere nicht die politisch Begabten und Genialen, die Besten einer Volksgemeinschaft, den Beruf der Politik zu ergreifen, sondern die Masse der Mittelmäßigen und Dummen, der Unfähigen und Feigen.

Ein Ausschließlichkeitsanspruch kam in der NS-Ideologie darin zum Ausdruck, dass allein der Nationalsozialismus den geschichtlichen und gesellschaftlichen Erfordernissen der Zeit gerecht werde. Nur der Nationalsozialismus könne die gesamte Menschheit – entgegen allen Krisen- und Dekadenzerscheinungen im modernen technischen Zeitalter – auf eine höhere wirtschaftliche, kulturelle und rassische Entwicklungsstufe bringen. Nur das deutsche Volk unter Führung des Nationalsozialismus sei in der Lage, ja von der Geschichte oder dem Schicksal dazu auserwählt, Europa und letztlich die ganze Welt vor der Herrschaft durch destruktive und dekadenzfördernde Mischrassen zu bewahren und in eine hoffnungsfrohe Zukunft zu führen.

Der Anspruch, im Besitz eines Erkenntnismonopols und Interpretationsprivilegs zu sein, fand in der NS-Ideologie im Führerprinzip die offensichtlichste Ausprägung. Das hierarchische Führerprinzip verlangte unbedingten Gehorsam gegenüber einmal ernannten Führern. Diesem Prinzip entsprechend, wurde Hitler von der Propaganda zu einer geradezu mythischen Führergestalt stilisiert und mit einem Unfehlbarkeitscharisma ausgestattet. Zur propagandistischen Stilisierung des Führermythos gehörte ein Bild von Hitler, das ihn als einen sowohl in innen- als auch außenpolitischen Angelegenheiten genialen, unfehlbaren Staatsmann präsentierte, der eine erdrückende Arbeitslast und die einsame Verantwortung für das Schicksal Deutschlands auf sich genommen habe. Seine zur Schau getragene Anspruchsarmut, Frauenlosigkeit und Zurückgezogenheit ließen sich in der Öffentlichkeit unschwer zum Bild eines an der Last der Auserwähltheit und Verantwortung schwer tragenden Menschen stilisieren, eines Menschen, der vom Mysterium der Selbstaufopferung gekennzeichnet war.

Wieweit der mythisierte Führerkult für die Person Hitlers ging, zeigt folgende Passage aus der Reichsparteitagsrede des Jahres 1933, die sein Stellvertreter als Parteiführer in der NSDAP, Rudolf Hess, dort gehalten hat:

> „Ihr bindet im Schwur erneut Euer Leben an einen Mann, durch den – das ist unser Glaube – höhere Kräfte schicksalsmäßig wirken. Sucht Adolf Hitler nicht mit den Hirnen, mit der Kraft Eures Herzens findet Ihr ihn alle! **(Hess 1938, S. 14)**

Als Gründer des neuen deutschen Reiches wurde Hitler in eine historische Linie mit den Reichsgründern in der Geschichte gestellt, wie Karl dem Großen, Otto dem Großen, Friedrich dem Großen und Bismarck. Es wurde behauptet, Hitler sei aufgrund seiner intuitiven Einsichten in die „Wesensgestalt des deutschen Volkes" allein dazu in der Lage, immer so zu entscheiden, wie es dem „Wesen", dem „Volkscharakter", dem „Volkswert", dem „Rassenwert" des deutschen Volkes gemäß sei.

Der Anspruch auf ein Monopol des Führers auf die Erkenntnis dessen, was dem „Wesen" des deutschen Volkes entspricht, wurde auch noch in bedrohlichen Kriegssituationen aufrechterhalten, wie z. B. im Kampf um Stalingrad. Dort befand sich Hitler mit seinen intuitiven Einsichten in die „wahren Interessen" des deutschen Volks im Gegensatz zu fachkompetenten Ratschlägen von Generälen der deutschen Wehrmacht, die mit Hitlers Befehl an die 6. Armee, den „Kessel von Stalingrad" um jeden Preis zu halten, nicht einverstanden waren. Aufgrund von Hitlers Herrschafts- und Erkenntnismonopol, das durch den Führermythos gerechtfertigt wurde, haben seine „Einsichten" auch in solchen Situationen als absolut richtig und unanfechtbar gegolten. Auf einem Parteitag der NSDAP im Jahr 1938 brachte der Reichsmarschall Hermann Göring diesen Mythos der Unfehlbarkeit Hitlers in einer Ansprache emphatisch zum Ausdruck:

> „ Wir wissen, dass der Führer in all diesen Jahren, da er unser Führer ist, immer und überall das Richtige getan hat. Wir wissen aber auch, daß uns nichts so stark macht wie das blinde Vertrauen zu ihm. Sein gewaltiger Glaube an Deutschland hat unser Volk aus tiefster Nacht und Not, aus Elend, Verzweiflung, Schmach und Schwäche wieder emporgeführt in strahlendes Licht, hat Deutschland zu einer Großmacht erhoben, und in all diesen Jahren hat der Allmächtige ihn und das Volk gesegnet, wieder und wieder. Er hat uns im Führer den Retter gesandt. Unbeirrbar ging der Führer seinen Weg und unbeirrbar folgten wir ihm. **(Göring 1938, S. 220)**

Zur Durchsetzung der NS-Ideologie und der NS-Herrschaft dienten primär Gewaltmethoden: Verhaftungen durch die Gestapo (Geheime Staatspolizei) und Verurteilungen wegen volksschädigenden Verhaltens, Transport in ein Konzentrationslager oder gar Hinrichtung nach Todesurteilen durch den Volksgerichtshof unter Leitung von Roland Freisler, wie z. B. die Todesurteile über das Münchner Geschwisterpaar Hans und Sophie Scholl.

Als Immunisierungsstrategie zur Abwehr von Kritik auf verbaler Ebene diente als bevorzugte Methode der Hinweis, die Kritik stamme aus jüdischen Quellen. Das Etikett „Jude" wurde auch auf nicht-jüdische Repräsentanten missliebiger Denkhaltungen übertragen. Solche Personen wurden dann einfach als „jüdisch beeinflusst" oder „jüdisch verseucht" diffamiert. Ein eklatantes Beispiel für diese Immunisierungs- und Diffamierungsstrategie findet sich in dem 1933 erschienenen Propagandamachwerk *Juden sehen Dich an* des NS-Schriftstellers Johann von Leers. Darin wird z. B. der spätere deutsche Bundeskanzler Konrad Adenauer als „Zersetzungsjude" kategorisiert.

Auch die Verwendung von Leerformeln stand auf der Tagesordnung. Was die „absolute" oder „höchste Verantwortlichkeit" betrifft, die dem Führer Hitler zugesprochen wurde, berief man sich in der Propaganda auf verschiedene Instanzen, denen gegenüber Hitler verantwortlich sei. Da war vom „Schicksal" oder der „Vorsehung" die Rede, vom „Allmächtigen", der Hitler gesandt habe, oder auch vom „gesamten deutschen Volk", dem gegenüber er für sein Handeln voll verantwortlich sei. Bei genauerer Betrachtung erweisen sich diese Instanzen als empirisch und rational nicht überprüfbar und politisch nicht einforderbar. Es handelt sich dabei um willkürlich manipulierbare Leerformeln.

Die Verwendung von politischen Euphemismen zur Tarnung von Verbrechen wurde durch zentrale Sprachregelung von Seiten des Goebbelschen Propagandaministeriums angeordnet. So wurde bei militärischen Niederlagen und erzwungenem Rückzügen der Wehrmacht die beschönigende Sprachregelung „Frontbegradigung" vorgeschrieben. Das Verbrechen der massenweisen Ermordung von jüdischen Mitbürgern(Innen) wurde euphemistisch vertuscht, indem in Erlässen die Information weitergegeben wurde, man müsse jüdische Mitbürger(Innen) einer „Sonderbehandlung" zuführen.

In der NS-Ideologie war das Gegensatzpaar „arisch – jüdisch" eine häufig gebrauchte Polarisierungskategorie. Man schlug die verschiedensten gesellschaftlichen, politischen und kulturellen Phänomene über den Leisten dieses rassischen Deutungsschemas. In Extremfällen ging man sogar so weit, „arisch" als synonym mit „nationalsozialistisch" zu setzen und unter die Kategorie „jüdisch" alle gegnerischen Strömungen und Denkrichtungen einzuordnen. So wurden unter Zuhilfenahme von Handlanger-, Agenten- und Verschwörungstheorien sogar so verschiedene Standpunkte wie Demokratie, Parlamentarismus, Liberalismus, Kapitalismus, Freimaurertum, Weimarer System, Sozialismus, Kommunismus und Bolschewismus in einen Topf geworfen und pauschal als „jüdisch" abgewertet. (Hitler 1938, S. 413, 493, 498, 500, 702, 751)

Im Jahr 1938 veröffentlichte der deutsche Nobelpreisträger für Physik Philipp Lenard – 1905 hatte er den Nobelpreis für Arbeiten auf dem Gebiet der Kathodenstrahlung erhalten – ein dreibändiges Werk mit dem Titel *Deutsche Physik*. Im Vorwort unterscheidet der gebürtige Altösterreicher zwischen einer deutschen Physik und einer jüdischen Physik und behauptet, nur die deutschen Physiker könnten eine echte, an der konkreten Wirklichkeit orientierte physikalische Forschung betreiben, nicht aber jüdische Physiker wie etwa – namentlich genannt – Albert Einstein. Jüdische Physiker seien nur zu einem abstrakt theoretischen und höchst spekulativen, aber letzten Endes wirklichkeitsfremden, physikalischen Denken in der Lage, das für die Lösung praktischer Probleme unbrauchbar sei.

Bei Feindbildern, Verschwörungstheorien und Sündenbock-Strategien in der NS-Ideologie standen stets „die Juden" im Zentrum der Diffamierung. Sie wurden als dämonische Feindesmacht und als Verkörperung des schlechthin Bösen hingestellt. Das Judentum wurde wörtlich zum „Weltfeind" erklärt, weil es eine Weltverschwörung geplant habe. Als geheimes Ziel verfolge das Weltjudentum die Unterwanderung des Lebensraumes und die Aushöhlung des gesunden rassischen Erbgutes des deutschen

Volkes. Eine bekannte und weit verbreitete Verschwörungstheorie im Nationalsozialismus war die Verschwörung der sogenannten „Weisen von Zion". Diese hätten einen Geheimbund für die jüdische Machtergreifung über die ganze Welt gegründet.

Über die Feindbild-Funktion des Judentums in der NS-Ideologie schreibt der deutsche Historiker Karl Dietrich Bracher in seinem Buch *Die deutsche Diktatur* Folgendes:

> „Die Juden wurden mit dem Dilemma des Fortschritts und der Modernisierung überhaupt identifiziert. Für die Entwicklung einer totalitären Freund-Feind-Ideologie, die den absoluten Sündenbock braucht, lag hier inmitten der Struktur- und Anpassungskrisen der modernen Massengesellschaft ein geradezu idealer Ansatzpunkt. **(Bracher 1969, S. 37)**

Suggestive Einheits-, Ganzheits- und Geschlossenheitsideale kamen in der NS-Ideologie in der Vorstellung zum Ausdruck, dass alle Deutschen, unabhängig davon, wo sie leben, einer einheitlichen und gemeinsamen Volksgemeinschaft angehören. Deshalb müssten möglichst viele Deutsche, auch wenn sie im Ausland leben, in die von den Nationalsozialisten geführte Volksgemeinschaft, ins Deutsche Reich, integriert werden. Das Schicksal und die Geschichte habe das gesamte deutsche Volk dazu auserwählt, das Abendland und letztlich die ganze Welt vor der Knechtung durch slawische und orientalische Völker und vor der Unterwanderung durch den kulturzersetzenden Weltfeind, den „Juden", zu bewahren.

Auch die Einheit und Geschlossenheit der NSDAP, der Nationalsozialistischen Deutschen Arbeiterpartei, die Deutschland wieder zu einer Weltmacht führen werde, müsse bewahrt und mit allen Mitteln gegen Abweichler und destruktive Elementen verteidigt werden. In Propagandareden beschwor Joseph Goebbels emphatisch eine „Totalität" und eine „Ganzheit" für die deutsche Politik und das deutsche Volk, auch in Bezug auf den für unausweichlich und notwendig erachteten Krieg. Offensichtliche Beispiele dafür sind folgende Passagen aus einer Goebbels-Rede vom

30. September 1941 und vor allem auch der Aufruf zum „totalen Krieg“ in der Goebbels-Rede am 18. Februar 1943 im Berliner Sportpalast:

> Wir werden noch große und bewegende Tage erleben. An ihrem Ende aber steht der deutsche Sieg. Er wird das Ergebnis eines höchsten Zusammenspiels aller Kräfte unseres Volkes darstellen. Er ist der Schlußpunkt einer totalen Aktion zu einem totalen Ziel und unter Einsatz totaler Mittel, der Triumph einer aufs Ganze gehenden und auch das Ganze erfüllenden Kriegsführung und Politik.
> **(Goebbels 1942, 590, 594 f.)**

> Erst der totale Krieg ... bedingt in seinem Wesen auch eine totale Kriegs*führung*. Sie erfaßt das Volksganze bis in seine letzte Zelle.

Politisierte eschatologisch-messianische Heilsideen und Geschichtsdeutungen waren in der ideologischen Propaganda und Kriegsrhetorik des Nationalsozialismus stark ausgeprägt. Das manichäische Denkmotiv von einem letzten Entscheidungskampf zwischen den Guten und den Bösen tauchte in der Vorstellung wieder auf, es gelte den gefährlichen Weltfeind, verkörpert im Judentum, in einem weltgeschichtlichen Entscheidungskampf endgültig zu besiegen. Der Entscheidungskampf würde von einer Partei des Guten geführt, die die Welt aus allen Degenerations- und Verrottungserscheinungen erlösen könne. Diese Partei des Guten habe vom Schicksal und der Geschichte den Auftrag zur Weltrettung erhalten und sei das von der höchstwertigen Rasse der Arier abstammende deutsche Volk. Die ideologische Selbststilisierung zum Messiasvolk, das die Weltrettung und die Heilung von allen Übeln ein für alle Mal vollbringen würde, kam in vielen Reden von NS-Ideologen zum Ausdruck. In Hitlers Buch *Mein Kampf* wird die weltgeschichtliche, heilsbringende Mission des deutschen Volks wiederholt mit pathetischen Worten beschworen. Ein Beispiel dafür:

> Wie so oft in der Geschichte ist in dem gewaltigen Ringen Deutschland der große Drehpunkt. Werden unser Volk und

> unser Staat das Opfer dieser blut- und geldgierigen jüdischen Völkertyrannen, so sinkt die ganze Erde in die Umstrickung dieses Polypen; befreit sich Deutschland aus dieser Umklammerung, so darf diese größte Völkergefahr als für die gesamte Welt gebrochen gelten. **(Hitler 1938, S. 703)**

In einer Rede von Goebbels aus dem Jahr 1941 heißt es:

> Deutschlands Söhne sind wieder einmal angetreten, um mit dem Schutz des eigenen Landes zugleich auch den Schutz der gesitteten Welt zu übernehmen. In der Lehre des Nationalsozialismus geschult, ziehen sie in stürmendem Heerbann nach Osten, zerreißen sie den Schleier vor dem größten Völkerbetrug, den die Geschichte kennt, und geben damit dem eigenen Volk und der Welt die Möglichkeit zu sehen, was ist, und zu sehen, was kommen wird. In ihrer erhobenen Hand halten sie die Fackel, damit das Licht der Menschheit nicht verlösche.
> **(Goebbels 1942, S. 524 f.)**

Als wissenschaftlich bewiesene Tatsachen getarnte Wertungen finden sich in der NS-Ideologie vor allem in der Rassenlehre. Es wurde vielfach als bewiesene Tatsache hingestellt, dass nur eine reine Rasse, deren Blut sich nicht mit anderen Rassen vermischt habe, dazu fähig sei, als „Kulturschöpfer" und „Kulturträger" die Welt mit Kulturgütern zu bereichern und auf ein höheres Niveau zu bringen. Die reinen Rassen, wie es die Arier wären und von denen die Germanen und das deutsche Volk abstammen würden, seien „zäher" und „widerstandsfähiger" und hätten eine größere „geistige Elastizität" und „schöpferische Fähigkeit". (Hitler 1938, S. 444)

Als eine weitere, „bewiesene Tatsache" wurde das rassistische Werturteil vom Untermenschentum der jüdischen Rasse ausgegeben. Man versuchte dieses Werturteil u. a. durch Schädelmessungen als ein wissenschaftlich bewiesenes Faktum hinzustellen.

Ideologische Grundmuster im Marxismus bzw. Marxismus-Leninismus

Ein Kerndogma mit absolutem Wahrheitsanspruch war in der ML-Ideologie die materialistische Geschichtsauffassung. Dass die materielle Produktionsweise der letztlich bestimmende Faktor in der Geschichte sei und die Marxisten im Besitz der Einsicht in das Gesetz über die Weiterentwicklung der Geschichte wären, galt als absolut wahr und unbezweifelbar. Auch die Lehre von den sozialen Klassen zählte zu den Kerndogmen der marxistischen Ideologie. In der bisherigen Geschichte habe es auf der einen Seite immer herrschende gesellschaftliche Klassen gegeben, die im Besitz der Produktionsmittel waren, und auf der anderen Seite unterdrückte Klassen, die von den Herrschenden ausgebeutet wurden. In der bürgerlichen Gesellschaft sei mit dem Proletariat eine revolutionäre Klasse entstanden, die eine weltgeschichtliche Revolution machen und eine klassenlose, kommunistische Gesellschaft herbeiführen werde. Dort würden mit der Abschaffung des Privateigentums an Produktionsmitteln alle Klassengegensätze, Ausbeutungs- und Unterdrückungsverhältnisse ein für alle Mal verschwunden sein und alle Menschen würden friedlich und solidarisch zusammenleben.

Die marxistischen Ideologen erhoben den Ausschließlichkeitsanspruch, dass ihre Philosophie des Dialektischen und Historischen Materialismus die fortschrittlichste Philosophie in der Welt sei. Sie sei der absolute Höhepunkt der materialistischen Denkentwicklung in der Weltgeschichte und allen anderen Weltanschauungen überlegen. Begründet wurde der Ausschließlichkeitsanspruch sowohl mit dem Wissenschaftscharakter der marxistischen Ideologie als auch damit, dass der Marxismus deshalb die fortschrittlichste Philosophie sei, weil er die Philosophie der fortgeschrittensten Gesellschaftsklasse im Geschichtsprozess, nämlich der Arbeiterklasse bzw. des Proletariats sei. Mit der dialektischen Denkmethode wähnten sich die Marxisten allein im Besitz einer besonderen Denkweise mit deren Hilfe es nur ihnen möglich wäre, die zukünftige Gesellschaftsentwicklung mit absoluter Sicherheit vorauszusagen.

Das Erkenntnis- oder Interpretationsmonopol hatte im Marxismus eine Parteielite inne, die sich als „Avantgarde des Proletariats" bezeichnete. Ausgangsbasis dafür war die Parteitheorie Lenins – sie räumte einer Gruppe von höheren Parteifunktionären ein besonderes, nicht überprüfbares Erkenntnisprivileg ein.

Die Avantgarde des Proletariats wurde *per definitionem* zu jenem Teil des Proletariats und letztlich des gesamten Volkes erklärt, der das am weitesten fortgeschrittene proletarische Bewusstsein besitze. Deshalb sei diese Avantgarde allein dazu imstande, unter „schöpferischer Anwendung und Weiterentwicklung" der Lehren von Marx und Engels die allein richtigen politischen Entscheidungen zu treffen. Gerechtfertigt wurde dieser Anspruch durch Berufung auf die vorhin erwähnte „höhere" dialektische Erkenntnisweise. Die Organisationsspitze der Avantgarde des Proletariats in der Sowjetunion war das Politbüro der KPdSU mit dem langjährigen Chefideologen Michail Suslow, der die ideologischen Richtlinien für alle kommunistischen Parteien im Herrschaftsbereich der Sowjetunion vorgab.

Dass Lenins Parteikonzeption eine starke diktatorische Tendenz aufweist, erkannte schon früh ein Mitstreiter von Lenin bei der Oktoberrevolution in Russland, nämlich Leo Trotzki. Seine Diagnose kurz nach der Veröffentlichung von Lenins Parteitheorie lautete:

> Diese Methoden führen, wie wir dereinst sehen werden, zu folgendem: Die Parteiorganisation tritt an die Stelle der Partei, das Zentralkomitee tritt an die Stelle der Parteiorganisation, und schließlich tritt der „Diktator" an die Stelle des Zentralkomitees. **(Leonhard 1971, S. 127 f.)**

Eine konstante Immunisierungsstrategie der marxistischen Ideologen, Kritik an ihren politischen Überzeugungen abzuwehren, war der stereotype Hinweis, die Einwände kämen von einem bürgerlichen Klassenstandpunkt. Kritik, die von diesem Klassenstandpunkt aus erfolge, könne von vornherein nicht den Wahrheitsanspruch des Marxismus-Leninismus in Frage stellen.

Durch das von Lenin explizit formulierte Parteilichkeitsprinzip der Wissenschaft kam es in der Sowjetunion und den anderen Ländern des real existierenden Sozialismus zu einer extremen Ideologisierung von Wissenschaftsdisziplinen. Es gab keine parteiunabhängige Sozialwissenschaft, d. h. keine Disziplin der Soziologie oder der Politikwissenschaft. Alles wurde der Ideologie des Marxismus-Leninismus untergeordnet. Einer von vornherein als falsch und rückständig erklärten „bürgerlichen Wissenschaft" hat man die einzig fortschrittliche und wahre marxistisch-sozialistische Wissenschaft entgegengestellt. Wenn man sich Fachbücher aus der ehemaligen DDR etwa in Mathematik, Chemie oder Physik ansieht, kann man sehen, dass zumindest in den Vorwörtern zu solchen Büchern Verbeugungen vor den marxistischen Klassikern gemacht werden mussten. Es musste auf Marx, Engels und Lenin Bezug genommen werden, um damit die eigene Parteinahme für den Marxismus-Leninismus zu dokumentieren. Nur dann wurden das jeweilige Fachbuch zur Publikation freigegeben und die Papierkontingente für die Publikation bewilligt.

Mit Hilfe von politischen Euphemismen wurde in der ML-Ideologie stets ein optimistischer Fortschrittsglaube propagiert, der in ständigen Aufrufen zu noch größeren Anstrengungen für die Verwirklichung der künftigen kommunistischen Gesellschaft gipfelte. Als aufgrund der innovationsfeindlichen, zentralistischen Planwirtschaft der wirtschaftliche Fortschritt in der Sowjetunion stagnierte und sich die Lebensbedingungen der Bevölkerung, was den Zugang zu einfachen Konsumartikeln betrifft, gravierend verschlechterten, wurde von den Ideologen mit beschönigenden Durchhalteparolen nach wie vor der „Aufbruch" in eine glorreiche Zukunft beschworen und das baldige Erreichen von optimalen Lebensbedingungen in der neuen, solidarischen, sozialistisch-kommunistischen Gesellschaft in Aussicht gestellt. Die euphemistischen Begriffe von „Aufbruch", „Fortschritt", „Zukunft" und „Solidarität" spielten dabei eine wichtige Rolle.

In der ML-Ideologie waren es vor allem drei Kategorienpaare, mit denen in alternativ-radikalistischer Manier komplexe gesellschaftliche Entwicklungen und kulturelle Phänomene auf ein bipolares weltanschauliches

Denkschema von „entweder – oder“ und „positiv – negativ“ reduziert wurden. Es waren dies die Kategorienpaare „proletarisch – bürgerlich“, „sozialistisch – kapitalistisch“ und „kommunistisch – imperialistisch“. Mit diesen Polarisierungskategorien konnte man die kompliziertesten wirtschaftlichen, sozialen und geistigen Beziehungen und Wechselwirkungen auf ein primitives Schwarz-Weiß-Muster reduzieren.

Marxistische Ideologen sahen in allen Lebensbereichen den Gegensatz von zwei Klassen wirksam. Die eine Klasse, das Proletariat, wurde so hingestellt, als ob sie allen Fortschritt und letztlich das schlechthin Gute repräsentiere und die andere Klasse, die bürgerliche Klasse, die Klasse der Kapitalisten, wurde zum Prototyp alles Reaktionären und Bösen stilisiert. Diese Klasse verhindere mit allen Mitteln den Fortschritt in eine gerechte und auf dem Gleichheitsprinzip aller Menschen aufgebaute, sozialistisch-kommunistische Gesellschaftsordnung im weltweiten Maßstab.

Nach dem Zweiten Weltkrieg wurde im stalinistischen Herrschaftssystem auch eine Doktrin von zwei weltpolitischen Lagern propagiert, nämlich dem Lager der sozialistischen Länder unter der Führung der Sowjetunion und dem Lager der kapitalistischen Länder unter der Führung der imperialistischen USA. Als sich manche Länder als „blockfrei“ erklärten, wie Jugoslawien oder Indien, wurde dies von den marxistisch-leninistischen Ideologen nicht akzeptiert, weil ein „drittes Lager“ den angeblich berechtigten Dominanzanspruch der Sowjetunion in der Weltpolitik untergraben würde.

Feindbilder und Verschwörungstheorien waren in der ML-Ideologie sowohl außenpolitisch als auch innenpolitisch von strategischer Bedeutung. In der Außenpolitik dienten sie zur propagandistischen Abgrenzung der Sowjetunion und der Länder des real existierenden Sozialismus von den demokratisch regierten westlichen Ländern. Innenpolitisch wurden damit das etablierte Herrschaftsgefüge und die Machtpositionen der Funktionärseliten gegen „Renegaten“, „Abweichler“ und Kritiker verteidigt und abgesichert.

Der Gebrauch des Wortes „Renegat“ im Sinne von Klassenfeind kam durch eine Schrift von Lenin auf, die den Titel hat: *Die proletarische Re-*

volution und der Renegat Kautsky. Darin warf Lenin dem deutsch-tschechischen Sozialdemokraten Karl Kautsky vor, eine „Aushöhlung" des Marxismus zu betreiben, weil er die Schriften von Marx im Sinne einer liberal-demokratischen Weltanschauung interpretiere. „Revisionisten" galten ebenfalls als Klassenfeinde, weil sie von der orthodoxen marxistisch-leninistischen Lehre abwichen, die von der KPdSU vorgegeben wurde, und damit deren Alleinvertretungsanspruch auf die einzig wahre marxistische Lehre in Frage stellten.

Als dämonisierte negative Bezugsgruppen fungierten in der ML-Ideologie die Feindbilder des „Kapitalisten" und des „Imperialisten". „Kapitalismus" und „Imperialismus" wurden häufig zu einem Feindbild verschmolzen, wenn es galt, den Aufbau eines politischen, militärischen und wirtschaftlichen „Weltsystems des Sozialismus" unter Führung der Sowjetunion zu rechtfertigen. Durch die Beschwörung dieser Feindbilder und die eindringliche Warnung vor drohenden Gefahren, die angeblich von den kapitalistischen Ländern ausgehen, wie Kriegsgefahr, ideologische Unterwanderungsgefahr, Eroberung und Ausbeutung von verbündeten Entwicklungsländern usw., wurde das Zusammenrücken der Länder des real existierenden Sozialismus angestrebt. Interne Gegensätze nationaler, sozialer, wirtschaftlicher und vor allem ethnischer Art sollten durch diese Feindbilder unterdrückt werden.

Den Höhepunkt von Verschwörungstheorien erlebte die Bevölkerung der Sowjetunion in den Jahren von 1936 bis 1938 unter Stalin. In Anfällen von Verfolgungswahn ließ dieser sogar verdiente Politfunktionäre, die beim Aufbau der Sowjetunion mitgewirkt hatten, in den bekannten Moskauer Prozessen als Verschwörer und Staatsfeinde hinrichten, nachdem sie durch Folterungen zu „Geständnissen" gezwungen worden waren. Sie wurden als Sündenböcke für alle möglichen Missstände im Sowjetstaat verantwortlich gemacht.

Suggestive Einheits-, Ganzheits- und Geschlossenheitsideale dienten in der ML-Ideologie dazu, die Einheit und Geschlossenheit auf zwei politischen Ebenen zu beschwören: Einerseits sollten sie die Einheit und Geschlossenheit der Länder des real existierenden Sozialismus bzw. des sozialistisch-kommunistischen Lagers in der Weltpolitik propagandistisch stützen. Dieses Lager sei unter der Führung der Sowjetunion und der KPdSU dazu in der Lage, eine neue, von Kriegen, Unterdrückung und Ausbeutung befreite Weltgesellschaft aufzubauen.

Andererseits galt es auch die Einheit und Geschlossenheit der jeweils führenden kommunistischen Einheitspartei ideologisch zu festigen. Fallweise mussten öffentliche Schauprozesse gegen angeblich reumütige „Revisionisten" dazu beitragen, die jeweilige Einheit und Geschlossenheit der Partei nach außen hin zu dokumentieren. In der Sowjetunion war der KGB (KGB = Komitee für Staatssicherheit) für Folterungen und das Erzwingen von „Geständnissen" zuständig.

Politisierte manichäisch-messianische Heilsideen und Geschichtsdeutungen waren in der marxistischen Ideologie von Anfang an präsent. Marx suggerierte in seiner gesellschaftskritischen Philosophie, dass die Menschheit durch Arbeitsteilung und Privateigentum an Produktionsmitteln aus einem heilen Urzustand in die Sünde der Entfremdung, d. h. in Klassenkampf, entwürdigende und ausbeuterische Lohnarbeit, kriegerische Auseinandersetzungen usw. gefallen sei. Er spricht von der Entfremdung vom wahren Menschsein. Das Böse, alle Entfremdungserscheinungen in dieser Welt seien aber nur ein notwendiges Durchgangsstadium bis zu jenem Zeitpunkt, an dem wiederum das Gute den Siegeszug in der Welt antreten würde. Diesen Siegeszug sah Marx nicht mehr fern, denn er meinte, in der Klasse des Industrieproletariats das Kollektivsubjekt bzw. die Messias-Gruppe gefunden zu haben, die die weltgeschichtliche Erlösungsfunktion übernehmen würde. Das Proletariat sei aufgrund des Verlaufs der Geschichte dazu auserwählt, das Endziel der Geschichte herbeizuführen und damit die Weltherrschaft des Guten ein für alle Mal in der klassenlosen, kommunistischen Gesellschaft zu errichten.

In dieser Gesellschaft würden die Menschen friedlich und solidarisch zusammenleben. Jeder werde seinen Bedürfnissen entsprechend Anteil am gemeinsam erarbeiteten Wohlstand haben. Wie Marx in seinen Jugendschriften nahegelegt hat, würde in der kommunistischen Gesellschaft ein ganz neuer Menschentyp entstehen. Dieser würde keine egoistischen Antriebe mehr haben und vom Zwang zur entwürdigenden und ausbeutenden Lohnarbeit befreit sein. Er würde sich frei nach seinen Interessen in der Gesellschaft betätigen können. Die ausbeuterische Zwangsarbeit in der kapitalistischen Gesellschaft würde zu einem schöpferischen Spiel der Begabungen der Menschen werden. In seinem späteren nationalökonomischen Hauptwerk *Das Kapital. Kritik der politischen Ökonomie* (1867), war *Marx* nicht mehr so optimistisch. Er spricht dort nicht mehr von einer Abschaffung der Arbeit, sondern bloß von der Notwendigkeit, die Arbeitszeit zu verkürzen, d. h. eine „gesetzliche Beschränkung des Arbeitstages" einzuführen. (Marx 1974, S. 320)

Karl Marx verstand es ausgezeichnet, Werturteile, die er in prophetische Voraussagen kleidete, als wissenschaftliche Tatsachenerkenntnisse auszugeben. Er war dazu durch seine frühere Tätigkeit als politischer Journalist und zeitweiliger Chefredakteur der Kölner *Rheinischen Zeitung* sowohl als Redner, Schriftsteller und politischer Agitator bestens geschult. Die erwünschte klassenlose, kommunistische Gesellschaft wurde von ihm als notwendig eintreffende Tatsache propagiert, weil sie das Ergebnis von absolut wahren wissenschaftlichen Einsichten in ökonomische Gesetzmäßigkeiten des Geschichtsverlaufs wäre.

Der humanitäre Wunschtraum von einem neuen Menschen, der nicht von seinem „wahren Wesen" entfremdet ist, sich durch Selbstlosigkeit, Gemeinschaftssinn und Solidarität auszeichnet, alle Fähigkeiten und Begabungen optimal entwickelt und ein friedfertiges Leben führt, wurde von Marx so hingestellt, als ob er sich durch die Abschaffung des Eigentums der Produktionsmittel in einer Gesellschaft tatsächlich verwirklichen lasse.

Ideologische Grundmuster im Islamismus und Dschihadismus

Zum Verständnis der folgenden Ausführungen gilt es drei Begriffe aus der Islamismus-Diskussion zu unterscheiden:

„Islamismus" ist eine fundamentalistische, politisch-religiöse Ideologie, in der die Religion des Islam zur Rechtfertigung von politischen Macht- und Herrschaftsansprüchen benützt und zum Kampf für die weltweite Verbreitung der islamischen Religion aufgerufen wird.

„Salafismus“ ist eine sunnitische Strömung im Islam, die staatliche Gesetze ablehnt und nur das göttliche Gesetz, die „Scharia“, für die Lebensgestaltung von Muslimen akzeptiert.

„Dschihadismus“ (auch: *Jihadismus*) ist eine militante, islamistische Strömung im sunnitischen Islam, die zum gewalttätigen Kampf und Terrorismus gegen alle Andersgläubigen und Ungläubigen aufruft, weil diese der weltweiten Verbreitung des Islam im Wege stehen. „Gotteskämpfer“ müssen bereit sein, das eigene Leben für die Verbreitung des wahren, sunnitischen Islam zu opfern.

Die religiöse Rechtfertigung des dschihadistischen Islamismus erfolgt in den Propagandavideos und Social-Media-Werbetexten durch Berufung auf folgende heilige Texte: den *Koran*, der laut Islam direkt von Allah stammt; die *Sunna*, das sind gesammelte Äußerungen und Verhaltensweisen des Propheten Mohammed im Laufe seines Lebens; die *Hadithe,* das sind Berichte von Verwandten und Zeitgenossen über den Propheten und sein Leben.

Aus diesen Überlieferungen werden von den Propagandisten des dschihadistischen Islamismus, der bisher seine extremste Ausprägung in der Terrormiliz des „Islamischen Staats“ (IS) gefunden hat, besonders aggressive Textstellen ausgewählt. Diese Textstellen stehen in Widerspruch zu Auslegungen der heiligen Schriften, wie sie durch hohe islamische Rechtsgelehrte in Ländern erfolgen, wo der Islam die Hauptreligion ist. Dort interpretieren die Islam-Gelehrten *(Imame)* das Wort „Dschihad“ (*Jihad* = Kampf) gewöhnlich folgendermaßen: Mit diesem Koranwort sei das starke Bemühen des gläubigen Muslims gemeint, gegen Leidenschaften und Selbstsüchte in seinem Inneren und gegen schädliche Einflüsse aus seiner Umgebung anzukämpfen, die ihn immer wieder dazu verführen könnten, vom rechten Weg zu Gott abzuweichen.

Im Gegensatz zu dieser friedlichen Interpretation wird der „Dschihad“ von gewaltbereiten Muslimen als Aufruf zum terroristischen Kampf gegen alle Andersgläubigen und „Ungläubigen“ aufgefasst. Dieses Koranwort verpflichte jeden Muslim, für die weltweite Verbreitung der islamischen Religion zu kämpfen.

Obwohl sich die verschiedenen islamischen Terrorgruppen (Al-Nusra-Front in Syrien, Islamische Heilsfront in Algerien, ägyptischer Dschihad, Al-Shabaab in Somalia, Abu Sayyaf auf den Philippinen, Islamischer Staat im Irak usw.) untereinander oft als Rivalen betrachten, wenn es um die Finanzierung, die Rekrutierung von Mitgliedern und die Präsenz in den Massenmedien geht, kann man sagen, dass es eine gemeinsame islamistische Basisideologie gibt. Diese geht in gemäßigter Form auf die Muslimbrüderschaft in Ägypten und in ihrer aggressiven Form auf die von Osama bin Laden († 2011) gegründete *Al-Qaida* zurück. Diese Ideologie wurde von Protagonisten des „Islamischen Staates" noch weiter radikalisiert und zur Rechtfertigung von Massenmorden und grausamen Hinrichtungen (z. B. Kopfabschlagen) von Andersgläubigen verwendet.

Wie sehen nun die Grundmuster ideologischen Denkens im Kontext der Ideologie dieser islamistischen Terrorgruppe aus?

Von den Ideologen des IS wird behauptet, dass sie allein im Besitz der absoluten Wahrheit des von Allah an den Propheten Mohammed gesandten Koran seien. Alle anderen Auslegungen des Koran und der heiligen Schriften seien Fehldeutungen, Verzerrungen oder bewusste Fälschungen. Gegen die Abtrünnigen vom wahren Islam gelte es mit allen Mitteln anzukämpfen, sei es durch Propagandavideos im Internet, Selbstmordattentate und Mordanschläge.

Als Abtrünnige vom einzig wahren Islam werden sowohl die schiitischen Mullahs mit ihrer „ketzerischen Auslegung" des Koran als auch alle sunnitischen Imame und Rechtsgelehrten betrachtet, die in Ländern leben, wo der Islam die Staatsreligion ist und der Koran an Universitäten und Koranschulen in verschiedenen Auslegungen gelehrt wird.

> In seiner Glaubenslehre deklariert sich der IS als eine eigene religiöse Strömung, im Selbstverständnis als die Verkörperung des „wahren Islams". Die Grenzziehung gegenüber den „heuchlerischen" – sunnitischen – Muslimen ist dominant und begründet religiös die Anwendung von Gewalt gegen sunnitische MuslimInnen, die die Mehrheit der Opfer des IS bilden. **(Lohlker 2016, S. 34)**

Über digitale Netzwerke verbreiten IS-Ideologen immer wieder die Botschaft, dass ausschließlich den Imamen des IS von Allah erlaubt worden sei, Richtlinien für das Leben aller Muslime in der Welt in Form von *Fatwas* (Rechtsgutachten) zu veröffentlichen. Denn nur sie könnten das islamische Recht *(Scharia)* richtig interpretieren und Verhaltensrichtlinien für das soziale und persönliche Leben jedes einzelnen Muslims und jeder einzelnen Muslimin abgeben. Dazu gehören das tägliche Einhalten der Gebetszeiten und Waschrituale, Alkoholabstinenz, Rauchverbot, das Fasten im Ramadan, das Barttragen der Männer, für Frauen das Tragen der Burka und des Gesichtsschleiers. Begründet wird diese Kleidungsvorschrift für Frauen auch damit, dass die Frau vor den begehrlichen Blicken der Männer geschützt werden müsse. Auch für die Männer sei diese Kleidung der Frauen ein Schutz, weil sie damit von sündigen, begehrlichen Blicken auf Frauen abgehalten würden. (Lohlker 2016, S. 73–76) Darüber hinaus wurde in Videobotschaften die komplette Verschleierung der Musliminnen auch als ein Instrument beim Kampf gegen die obszöne und schamlose westliche Kultur und Lebensform der Moderne bezeichnet, also als kultureller Beitrag der Musliminnen zum Dschihad gegen den ungläubigen Westen.

Schon Ende des Jahres 2006, als der IS erste Gebiete im Irak erobert und besetzt hatte, wurde von einem Informationszentrum aus eine Gründungserklärung des Islamischen Staates und eines neuen Kalifats verkündet. Als politische Begründung für die Ausrufung eines islamischen Staatsgebildes wurde angeführt, dass die Sunniten, anders als die Kurden im Norden und die Schiiten im Süden des Irak, noch immer nicht über ein eigenes Staatswesen verfügten, sondern weiter unter Fremdherrschaft leben müssten. Zur religiösen Begründung wurde auf einen Spruch des Propheten Mohammed verwiesen, dass Muslime stets nur von einem Muslim regiert werden dürfen. Als wichtigste politische Ziele des IS wurden bereits damals die Vertreibung aller „Invasoren und Aggressoren" aus dem Irak und die buchstabengetreue Ausführung der Scharia genannt. Zu den Regeln der Scharia würden auch die Verbote gehören, Versammlungen abzuhalten sowie „Götzen-Bildnisse" zu betrachten und zu verehren. Zu Letzteren zählen vor allem auch Abbildungen von Göttern oder Heiligen anderer Religionen. Verboten sei auch das Rasieren des Bartes. Abweichler vom wahren Islam, wie er nur vom IS vertreten werde, seien „Ungläubige“ und „Gottesleugner“, die getötet werden müssen, wenn sie sich im Machtbereich des IS aufhalten. Zu solchen Abweichlern wurden auch die Schiiten erklärt.

Das Erkenntnismonopol für die Vermittlung des einzig wahren, muslimischen Glaubens hatte sich im IS der selbst ernannte Kalif Abu Bakr al-Baghdadi zugesprochen, der möglicherweise im Mai 2017 bei einem Luftangriff auf IS-Gebiete ums Leben gekommen ist. Er war der Nachfolger des aus Jordanien stammenden Gründers des IS, Abu Musab al-Zarqawi, der 2006 ebenfalls bei einem amerikanischen Luftangriff getötet wurde. Abu Bakr al-Baghdadi gab sich selbst den Beinamen „Kalif Ibrahim – Befehlshaber der Gläubigen“. Die Imame, die den IS durch Hasspredigten unterstützten, erhielten von ihm Anweisungen für Propagandapredigten und Glaubensaussagen, eine Zeit lang wählte er auch selbst die Koranstellen dafür aus. Diese Anweisungen wurden in Propagandavideos über das Internet weltweit ausgestrahlt. Im Juni 2014 rief Abu Bakr bei einer Predigt in Kabul das neue Kalifat aus und befahl gleichzeitig für die vom IS besetzten Gebiete im Irak und in Syrien die strenge Befolgung der Scharia. Seine eigenen Auslegungen der Scharia erklärte er zu den allein gültigen, weil er sie im Gefolge des Propheten Mohammed mit Allahs Hilfe vornehmen würde. Diesen Anspruch auf das Monopol bei der Auslegung der Scharia rechtfertigte er auch mit der Geschichtsfälschung, dass er ein Nachfahre von Fatima sei, der jüngsten Tochter des Propheten Mohammed.

Zur Immunisierung der IS-Ideologie gegen Kritik wurde in erster Linie Gewalt angewandt. Zweifler wurden regelmäßig zu Gottesleugnern erklärt und gnadenlos erschossen. Dies mussten auch europäische Muslime erfahren, die aus Bosnien oder dem Kosovo zur Unterstützung des IS-Dschihad in das Herrschaftsgebiet des IS anreisten und sich dort von gewissen brutalen Praktiken der Herrschaftsausübung distanzierten.

Der *Spiegel*-Korrespondent Christoph Reuter, der im Herrschaftsgebiet des IS recherchieren konnte, weist in seinem Buch *Die Schwarze Macht. Der „Islamische Staat“ und die Strategen des Terrors* darauf hin, dass der

IS nicht nur die gefährlichste Terrorgruppe in der Welt sei, sondern auch eine nicht zu unterschätzende strategische Macht.

> Der IS ist eine Macht, die ein zuvor ungekanntes Maß an Perfektion zeigt in seinem Handeln, seiner strategischen Planung, seinem vollkommen skrupellosen Wechsel von Allianzen und seiner präzise eingesetzten Propaganda. **(Reuter 2016, S. 3)**

Die mörderische Strategie der Machtergreifung in verschiedenen Orten und Städten im Irak und in Syrien zeigt Reuter am Beispiel der Stadt Rakka *(Ar-Raqqa)* auf. In dem noch unbesetzten Ort berief der IS eine Versammlung aller angesehenen Vertreter der Oberschicht, wie Geistlicher, Ärzte und Rechtsanwälte, ein.

> Eine Geste der Konzilianz mochten einige gedacht haben. Von den 300 Menschen, die zusammenkamen, erhoben nur noch zwei Männer das Wort gegen die brutale fortschreitende Machtübernahme der Bärtigen und klagten sie der Entführung und Morde an. Einer davon war ein stadtbekannter Bürgerrechtler und Journalist. Fünf Tage später fand man seine gefesselte Leiche. Er war mit einem Kopfschuss hingerichtet worden … Einige seiner Freunde erhielten bald darauf ein e-mail mit einem Bild der grausam zugerichteten Leiche und darunter stand der Text: „Bist du jetzt traurig über Deinen Freund?“ Stunden später flohen 20 Oppositionelle – Ärzte, Stadträte, (Menschenrechts-)Aktivisten – in die Türkei. **(Reuter 2016, S. 129)**

Eine euphemistische Verharmlosung und Beschönigung von Menschenrechtsverletzungen und verbrecherischen Aktionen besteht darin, dass Jugendliche muslimischen Glaubens, die in europäischen Ländern angeworben wurden, vor ihren Kampfeinsätzen von den Ideologen des IS eingeredet bekamen, ihre Taten geschähen im Auftrag Allahs und sie seien von Allah auserwählte „Gotteskrieger“. Auch das propagandistische Lockangebot, dass man bei einer Reise in den Herrschaftsbereich des IS im Irak und in Syrien von einer Gemeinschaft von „Brüdern" und „Schwestern" empfangen und integriert würde, macht euphemistische Komponenten in der IS-Ideologie deutlich.

Die alternativ-radikalistische Denkweise in der IS-Ideologie zeigt sich auf verschiedenen Ebenen. Eine davon ist die bedingungslose Intoleranz gegen alle anderen Religionen. Zum dschihadistischen Kampf des IS gehört deshalb auch die Zerstörung von religiösen Kultgegenständen und Kultstätten. Es wurden religiöse Kunstwerke in den Museen der eroberten Ortschaften zertrümmert und weltbekannte Denkmäler aus der Antike gesprengt, wie die Zerstörung von antiken Tempeln in Palmyra gezeigt hat. Der Kampf zur Ausmerzung von religiösen Symbolen anderer Religionen machte auch vor der Zerstörung von Grabdenkmälern auf Friedhöfen nicht Halt. Der religiöse Alternativ-Radikalismus führt immer wieder zu Bombenattentaten gegen schiitische Moscheen und christliche Kirchen.

Für die Terrorgruppe *Al-Qaida* sind das primäre Feindbild die USA und die mit ihr verbündeten Länder, welche die USA beim Einmarsch in den Irak (2003) und beim Sturz des dortigen Diktators Saddam Hussein militärisch unterstützt haben. Die Amerikaner seien, wie Osama bin Laden in einer Video-Botschaft bekannt gab, ähnlich wie früher die räuberischen christlichen „Kreuzfahrer" in die arabischen Länder eingefallen. Sie haben sogar in dem ur-arabischen Land, Saudi-Arabien, Militärstützpunkte errichtet. Im Jahr 1998 veröffentlichte Osama bin Laden zusammen mit vier seiner Al-Qaida-Kämpfer eine *Fatwa* mit folgendem Aufruf gegen den Erzfeind USA: Es müsse ein heiliger Krieg gegen die USA geführt werden. Die Vereinigten Staaten würden die arabischen Länder unterdrücken und ausbeuten. Die Aktionen Amerikas im Golfkrieg und der Erlass von Wirtschaftssanktionen gegen arabische Länder zielten auf die Schwächung und Aufsplitterung der arabischen Staaten ab, um auf diese Weise den Staat der Juden bei seiner Besetzung Jerusalems und Palästinas zu unterstützen. Der abschließende Appell dieser im Namen des Islam verkündeten rechtlichen Verfügung *(Fatwa)* lautete wörtlich:

> Das Gebot, die Amerikaner und ihre Verbündeten, ob Zivilisten oder Militärs, zu töten und zu bekämpfen, ist die Pflicht eines jeden Muslims, in jedem Land, der dazu in der Lage ist ... Im Namen Gottes rufen wir jeden Muslim, der an Gott glaubt und um Vergebung bittet, auf, dem Befehl Gottes zu gehorchen, indem er Amerikaner tötet ... **(Bergen 2003, S. 129)**

Die *Al-Qaida* verübte bis zum Tod von Osama bin Laden im Jahr 2011 und auch noch unter seinem Nachfolger, dem Chirurgen Ayman al-Zawahiri, weltweit Terroranschläge gegen Einrichtungen der USA und gegen amerikanische Staatsbürger.

Was die Grausamkeit des Terrors gegen Andersgläubige betrifft, wurde *Al-Qaida* durch den IS noch übertroffen. Dieser war seit ungefähr 2003 zunächst als sunnitische Miliz im Irak entstanden. Dort geriet diese Terrormiliz durch brutale Schutzgeldeintreibung bei Kaufleuten und durch Selbstmordattentate vor allem gegen Schiiten ins Blickfeld der Öffentlichkeit. Der IS schürte auch den Bürgerkrieg im Irak zwischen Sunniten und Schiiten, der dort nach dem Abzug der Amerikaner aus dem Irak im Jahr 2004 ausbrach. Nachdem die Amerikaner einen Schiiten als Präsidenten eingesetzt hatten, wurden die Schiiten zum Feindbild des IS und anderer sunnitischer Milizen. Die Amerikaner hatten nach dem Sturz des Diktators Saddam Hussein die irakische Armee aufgelöst und die Militärangehörigen von heute auf morgen fristlos entlassen. Damit wurde es für den IS leicht, gut ausgebildete militärische Strategen und Kämpfer zu rekrutieren. Nicht wenige davon waren vorher hochrangige Offiziere in Geheimdiensten von Saddam Hussein. Durch geschickte Propaganda in den sozialen Medien wie Twitter und Facebook gelang es dem IS, weltweit junge Muslime und Musliminnen dazu zu bewegen, die Reise in den Irak und nach Syrien anzutreten, um in den Reihen dieser Terrorgruppe zu kämpfen. Weltweite Aufmerksamkeit erregte der IS vor allem durch Videos im Internet, auf denen grausame öffentliche Hinrichtungen von amerikanischen Staatsbürgern durch Kopfabschlagen demonstrativ gezeigt wurden.

Für den IS waren nicht mehr die USA das bevorzugte Feindbild, sondern alle Länder mit westlicher Kultur und alle religiös Andersgläubigen, die pauschal zu „Ungläubigen“ erklärt wurden. Alle westlichen Länder hätten sich gegen die arabischen Länder und den Islam verschworen, wie dies aus den ständigen negativen Presseberichten über den Islam und über die arabischen Länder ersichtlich sei. In Videoclips wurde zum Dschihad gegen alle Ungläubigen aufgerufen und deren Tötung durch den Hinweis gerechtfertigt, dass sie der Errichtung eines weltweiten islamischen Kalifats im Wege stünden.

In der Basisideologie des IS wird ein suggestives Einheits-, Ganzheits- und Geschlossenheitsideal an den Appellen an alle Islam-Gläubigen offensichtlich, in die Gemeinschaft der rechtgläubigen Muslime zurückzukehren. Schon Mohammed habe nach seinem Umzug von Mekka nach Medina im Jahr 622 eine solche Gemeinschaft *(umma)* der Rechtgläubigen aufgebaut. Dieses Gemeinschaftsideal würde sich letzten Endes auf die ganze Welt verbreiten, wenn es den Muslimen gelinge, die Ungläubigen und die verachtenswerte westliche Kultur durch einen weltweiten Dschihad zu besiegen.

Die Ideologen des IS wecken in ihrer Anwerbungspropaganda die Erwartung, dass der Traum von der heilen Gemeinschaft der *umma* verwirklicht werden könne, nämlich in der vom IS in den eroberten Gebieten errichteten, neuen Gemeinschaft. Dort würden alle Muslime zu einer einheitlichen und von gefährlichen äußeren Einflüssen abgeschlossenen Kampfgemeinschaft vereinigt sein. Man könne sich von den modernen, vom Teufel inspirierten Lebensformen in den anderen arabischen Ländern abgrenzen, wo sich unter dem Denkmantel von Pluralismus und Demokratie nur Zerrissenheit, Gespaltenheit, Uneinigkeit und soziale Degradierung verbreitet habe. Es wird behauptet, dass sich die anderen arabischen Gesellschaften in einer Periode der höchsten Unwissenheit, Barbarei und Götzenverehrung befänden. Durch die kolonialen Perioden in der jüngeren Vergangenheit und die Übernahme westlicher Ideen und Lebensstile sei die Bevölkerung in einen Zustand der extremen Gottesferne (der *Jahiliyya*) geraten. Dieser beklagenswerte Zustand zeige sich am Verfall von althergebrachten Sitten und der traditionellen Moral, am sozialen Elend in den arabischen Staaten, an der politischen Degradierung der Araber in der Weltöffentlichkeit, an den militärischen Niederlagen gegen

Israel, der wirtschaftlichen Ausbeutung der arabischen Ölquellen durch ehemalige Kolonialmächte und vor allem durch die araberfeindliche Supermacht USA.

Dass die Sehnsüchte nach einer einheitlichen, geschlossenen Gruppe und Gemeinschaft im Besonderen über das Internet bedient werden, ist offensichtlich:

> Extremistische Bewegungen gehörten zu den frühesten und enthusiastischsten Nutzern neuer Technologien: Das Internet vermittelte ihren Anhängern das Gefühl der Anonymität und senkte die Hemmschwelle für Interaktion mit anderen Extremisten; es gab ihnen direkten Zugang zur Öffentlichkeit, war billig und machte es möglich, Unterstützer auf große Entfernung miteinander zu vernetzen. **(Neumann 2016, S. 178)**

Über private Blogs, Tweets, Textnachrichten über Facebook- und Instagram-Profile, Twitter-Accounts usw. kann man sich virtuellen Gemeinschaften und Netzwerken von dschihadistischen Islamisten anschließen und zumindest als „kognitiver Extremist" (Neumann 2016, S. 173) an ihren Kämpfen und Abenteuerleben in Syrien und dem Irak teilnehmen.

Ein anderer Weg, der über viele Internet-Blogs angeboten wurde, war die Reise in die IS-Gebiete, wo man in die Gemeinschaft der dschihadistischen Kämpfer(Innen) aufgenommen würde. Anreisehilfe und Hilfe bei der direkten Kontaktaufnahme mit den dortigen IS-Kämpfern wurden versprochen.

Ein eschatologisch-messianischer Grundzug in der islamistischen Ideologie wird an dem Ruf nach einem möglichst radikalen Bruch mit dem gegenwärtigen Zustand der Gottlosigkeit ersichtlich. Dabei wird auf apokalyptische Vorstellungen von einem alles entscheidenden Endkampf zurückgegriffen.

> In seinem Propaganda-Furor lässt sich der IS fortwährend über die nahende Apokalypse aus, beschwört die Endzeitschlachten zwischen den Heeren der Muslime (allerdings

> nur der Sunniten) und der „Römer" (womit der Westen, die Ungläubigen insgesamt gemeint sind). **(Reuter 2016, S. 11)**

Der verlangte radikale Bruch müsse bis tief in die alltägliche Lebenswelt hineingehen, nur so ließe sich die bedrückende und erniedrigende Lage in der arabischen Welt verändern. Das Ziel des Bruchs sei die Errichtung einer ganz neuen Gesellschaft, eines islamischen Gottesstaates, in dem das gesamte Leben wieder vom göttlichen Gesetz bestimmt werde. Mit der Errichtung eines solchen Staates, für den die „Gotteskämpfer" mit allen Mitteln, so auch dem Einsatz des eigenen Lebens, kämpfen müssen, würden die verderblichen Spuren der Moderne ein für alle Mal abgeschafft sein.

Dort würde es keine demokratischen Institutionen mehr geben, in denen gottlose und korrupte Politiker am Werk sind, die schamlose Freizügigkeit der alltäglichen Lebensformen, wie Schleierlosigkeit der Frauen, Alkoholgenuss, Entblößung von intimen Körperteilen im Gefolge der Werbe- und Filmindustrie, würde wieder verschwunden sein. Auch die Auflösung der Solidargemeinschaften von Stamm und Familie, die Isolierung der Menschen in gottlose, egoistisch-korrupte Einzelexistenzen, das Abgleiten in gesellschaftliche Übel wie Prostitution, Homosexualität, Drogenabhängigkeit und öffentlich propagierte Pornografie würden ein Ende haben. Die Ausgrenzung der Religion aus dem öffentlichen Leben und ihre Abschiebung in einen anonymisierten Privatbereich wären beseitigt. Alle Muslime könnten wieder in einer echten Gemeinschaft *(umma)* leben, wie sie der Prophet Mohammed in Medina unter der Anleitung Allahs errichtet hatte. In dieser Gemeinschaft werde die Gottesferne und Gottlosigkeit wieder aufgehoben sein. Alle in der modernen Lebenswelt bedrückenden Übel würden verschwunden sein, weil die islamischen, d. h. die sunnitischen Rechtsgelehrten dafür sorgen würden, dass ein Abfall von den Gesetzen der Scharia nicht mehr erfolgen könne. Nur auf diesem Weg könnten die arabischen Länder – oder „pan-islamisch" formuliert die islamischen Gesellschaften und islamischen Lebensformen insgesamt – vor den moralischen und gesellschaftlichen Verfallstendenzen, die von der westlichen Welt ausgehen, geschützt werden.

Auf ein wichtiges Charakteristikum des dschihadistischen Islamismus, das in Propaganda-Videos des IS ersichtlich ist, hat der Islam-Experte und Politikwissenschaftler Bassam Tibi wiederholt aufmerksam gemacht. Der politisch-messianische Anspruch des Islamismus ist nicht bloß auf die arabischen Staaten beschränkt und auch nicht auf die Länder des sogenannten „grünen Gürtels" von Nordafrika bis Indonesien, in denen Mehrheiten oder beträchtliche Minderheiten von Islam-Gläubigen leben. Insgesamt gibt es in der Weltbevölkerung etwa 1,2 Milliarden Muslime, d. h. ungefähr jeder fünfte Mensch ist Angehöriger einer Variante der Religion des Islam. Der politisch-messianische Anspruch des Islamismus ist ein universaler, d. h. er ist im Weltmaßstab gemeint. Die bestehende Weltordnung, die auf der westlich-abendländischen Kultur und Zivilisation gegründet ist, soll letzten Endes durch eine islamische Weltordnung abgelöst werden. Bassam Tibi stellt dazu fest:

> Das fundamentalistische Programm basiert immer auf Zwang. Islamische Fundamentalisten wollen zunächst die nicht-fundamentalistischen Muslime, denen sie Abfall vom Glauben bzw. Rückfall in die *Gahiliyya* vorwerfen, ... auf den „richtigen Pfad" zwingen. In einem weiteren, zweiten Schritt wollen sie dann ihre *Hall al-Islami*/Islamische Lösung dem Rest der Menschheit aufzwingen. Genau das ist der Inhalt der fundamentalistischen Herausforderung!
>
> **(Bassam Tibi 1992, S. 221)**

Indem die IS-Ideologen in ihren Propaganda-Texten die Errichtung des neuen Kalifats als ein Gebot Gottes darstellen, ist diese Darstellung unantastbar, weil jede Kritik an dieser Tatsache eine Gotteslästerung wäre. Alle Wertungen und Forderungen im Namen des Kalifats bzw. des Kalifen werden gerechtfertigt, weil sie sich angeblich auf die Tatsache des Gottesgebotes zurückführen lassen.

Die pauschalen Feststellungen über die Dekadenzerscheinungen und die moralische Korruptheit in den Ländern „des Westens" entsprechen nur teilweise den Tatsachen. In der undifferenzierten Verurteilung des westlichen Lebensstils wird darüber hinweggetäuscht, dass viele Feststellungen darüber nicht auf Tatsachen beruhen, sondern sich erst aus der Wertungsperspektive der eigenen Moralvorstellungen ergeben. Viele „Tatsachenbehauptungen" über die falsche Lebensweise der Frauen in der modernen westlichen Industriegesellschaft sind der Ausdruck einer zutiefst patriarchalischen Morallehre. (Lohlker 2016, S. 73–76).

Grundzüge einer liberal-demokratischen Weltanschauung

Den ideologischen Grundmustern, die hier an drei Ideologien nachgewiesen wurden, möchte ich nun eine liberal-demokratische Weltanschauung gegenüberstellen, wie sie in einer liberalen, pluralistischen Demokratie mit einem parlamentarischen Regierungssystem gelten sollte.

In einer liberal-demokratischen Weltanschauung gibt es keine unveränderliche, absolute Wahrheit, weil bei allen Wahrheitsansprüchen die Möglichkeit des Irrtums und der Widerlegbarkeit nicht ausgeschlossen wird. Absolute Wahrheit ist, wie an Poppers Philosophie gezeigt wurde, bestenfalls eine regulative Idee, d. h. ein zwar anstrebenswertes, aber nie erreichbares Annäherungsideal. Wie bedeutsam das hypothetische Wahrheitsverständnis in einer liberal-demokratischen Weltanschauung ist, hat der renommierte liberale politische Denker Ralf Dahrendorf (1929–2009) klar ausgesprochen:

> „Der Individualismus des Liberalen gewinnt jedoch seinen Sinn erst im Kontext der erkenntnistheoretischen Annahme, dass kein Mensch alle Antworten weiß, dass es zumindest keine Gewissheit darüber gibt, ob die jeweilige Antwort richtig ist und bleibt oder nicht. Wir leben in einem Horizont der grundsätzlichen Ungewissheit. Solcher Zweifel am Absoluten führt zu der Forderung nach Verhältnissen, die es erlauben, zu jedem Zeitpunkt verschiedene und über die Zeit hin immer neue Antworten zu geben, nach einer offenen Gesellschaft. Das Interesse der Liberalen an der Meinungsfreiheit, aber auch an politischen Institutionen, die den Wandel zum Prinzip erheben, in diesem Sinne an Demokratie, hat hier seinen Grund. **(Dahrendorf 1997, S. 135)**

Wenn jeder Wahrheitsanspruch korrigierbar und relativ ist, dann kann keine Person oder Gruppe behaupten, nur sie allein sei im Besitz der Wahrheit und habe auf diese einen Ausschließlichkeitsanspruch. Die absolute Dominanz einer religiösen Glaubenswahrheit für alle Lebensbereiche, wie dies im Islamismus propagiert wird, hat in einer liberal-demokratischen Weltanschauung und Lebensform keinen Platz.

Der Politikwissenschaftler Wolfgang Merkel argumentiert in Bezug auf den Islam, dass dieser nie eine wirkliche Aufklärung erfahren habe. Deshalb sei dort die fundamentalistische Einheit von Religion und Politik weiter tradiert worden. Religion und Politik konnten sich nicht als eigene Teilsysteme ausdifferenzieren.

Merkel charakterisiert die Ideologie, die islamistische Terrorgruppen propagieren, folgenderweise:

> Technische Entwicklungen werden akzeptiert, die kulturelle Moderne wird abgelehnt. Insbesondere das zentrale Signum der Moderne wird im fundamentalistischen wie traditionellen Islam negiert: das Subjektivitätsprinzip, welches das Individuum mit eigenem freien Willen akzeptiert. Der (islamische) Fundamentalismus übergibt jedoch das freie, sich selbst bestimmende Individuum wieder dem Kollektiv …
> Demokratie verlangt jedoch das freie Individuum, fordert institutionalisierte Kritik sowie die permanente Überprüfung und Kontrolle von Normen, Institutionen und Entscheidungen. Jenseits der Menschenrechte müssen diese offen für Wandel und Anpassung sein. Der Souverän ist das Volk – nicht Gott. Die Richtschnur ist die Verfassung – nicht die kanonisierten Überlieferungen des Propheten. Religion ist in ihrer fundamentalistischen Form mit Demokratie unvereinbar. **(Merkel 2003, S. 80 f.)**

Im Gegensatz zum elitär-autoritären Erkenntnisideal in Ideologien enthält eine liberal-demokratische Weltanschauung ein demokratisches Erkenntnis- und Wissensideal. Demnach ist jedes Wissen zumindest im Prinzip für jedermann und jede Frau einsehbar, keine Gruppe oder Person darf von vornherein davon ausgeschlossen werden. Gesellschaftlich und politisch bedeutsames Wissen, von dem die Schicksale und Lebenschancen vieler Menschen abhängen, muss in möglichst klaren und informationshaltigen Aussagen formuliert und offen dargelegt werden.

Die transparente Diskussion von politischen Problemlösungsvorschlägen in der Öffentlichkeit durch möglichst viele politisch interessierte Staatsbürger(Innen) gehört zum Kernbestand des liberal-demokratischen Wissens- und Politikverständnisses. Autoritäre Entscheidungen aufgrund eines unkontrollierbaren, höheren Geheimwissens von einer charismatischen Führerpersönlichkeit oder einer elitären Gruppe müssen ausgeschlossen werden.

Eine Wissenschaft, die politisch parteilich ist, weil sie von politischen Parteien erwünschte Erkenntnisse liefert und damit die wissenschaftsimmanenten Regeln der unvoreingenommenen Wahrheitssuche, Objektivität und Werturteilsfreiheit preisgibt, steht im Gegensatz zum liberal-demokratischen Ideal der Wissenschaftlichkeit. Das liberal-demokratische Verständnis von Wissenschaft ist in einem bestimmten Sinn unparteilich oder überparteilich. In den wissenschaftlichen Erkenntnisprozessen geht es in erster Linie um den Gewinn von möglichst objektiven Erkenntnissen. Keine Erkenntnis darf gegen Kritik abgeschirmt werden. Das demokratische Öffentlichkeits- und Pluralitätsprinzip schließt aus, dass von einer einzig wahren, „arischen" Physik oder etwa von einer einzig wahren, christlichen oder sozialistischen Geschichtswissenschaft gesprochen werden kann. Für eine in der Wissenschaft gewonnene Erkenntnis wird mit dem Wahrheits- und Objektivitätsanspruch auch der Anspruch auf Allgemeingültigkeit erhoben. Eine wissenschaftliche Erkenntnis muss in möglichst klaren und informativen Aussagen formuliert und in der Öffentlichkeit, der *scientific community*, zwecks Überprüfung ihres Wahrheitswerts zur Diskussion gestellt werden. Dabei ist es bedeutungslos, von wem die Erkenntnisbehauptung stammt oder von wem sie widerlegt wird. Ob nun ein Forscher oder eine Forscherin, die einen katholischen, protestantischen, islamischen oder buddhistischen religiösen Glauben haben, eine Erkenntnisbehauptung zur Diskussion stellt, ist für den Wahrheitswert der Erkenntnis gänzlich bedeutungslos.

Dem alternativ-radikalistischen Denken werden in einer liberal-demokratischen Weltanschauung graduelle Denkschemata entgegengestellt. Ein gesellschaftlicher Zustand wird nicht als total schlecht oder total gut beurteilt, sondern als mehr oder weniger schlecht oder gut. Weitgehende Veränderungen in einer Gesellschaft zum Zweck der Vergrößerung individueller Freiheitsspielräume, der Beseitigung sozialer Notlagen, der Ausweitung demokratischer Institutionen zur effektiveren Machtkontrolle werden nicht durch eine radikale Revolution angestrebt. Kein radikaler, revolutionärer „Sprung" in eine bessere Lebenswelt oder neue Gesellschaftsordnung wird gefordert, wie dies in den Gesellschaftstheorien von Marx und Marcuse der Fall ist. Es geht vielmehr um ein kontinuierliches, graduelles, politisches Bemühen um Veränderungen. Mögliche schädliche Folgen eines Eingriffs in die bisherige Gesellschaftsordnung müssen verantwortungsbewusst überdacht werden. Als Musterbeispiel für das graduelle politische Handeln wurde hier auf Poppers Konzept des *piecemeal social engineering* verwiesen.

Feindbildern, Verschwörungstheorien und Sündenbock-Strategien stehen in der liberal-demokratischen Weltanschauung folgende Prinzipien entgegen: das Prinzip der Rechtsstaatlichkeit, zu dem neben der Gewaltenteilung im konkreten Rechtssystem auch der Verleumdungsparagraph gehört; das Mehrparteienprinzip, das Prinzip der kritischen Öffentlichkeit, das Prinzip der Pluralität des Pressewesens usw.

Feindbilder und Verschwörungstheorien müssen vermieden werden, weil sie die Gefahr von *self-fulfilling prophecies* mit sich bringen. Eine weitere Gefahr von Feindbildern besteht darin, politische Kompromisslösungen in einer Gesellschaft einzuschränken oder unmöglich zu machen.

Suggestive Einheits-, Ganzheits- und Geschlossenheitsideale haben in der liberalen Weltanschauung keinen Platz, weil Vielfalt, Pluralität, Individualität und Offenheit bevorzugt werden. So verlangt z. B. der liberale Philosoph Karl Jaspers, ein Zeitgenosse von Popper, in dem Buch *Psychologie der Weltanschauungen*, dass jedes ganzheitliche, einheitliche, geschlossene Weltbild immer wieder relativiert und aufgebrochen werden muss. Sonst entwickle es sich zu einem „Gehäuse der Hörigkeit", in dem die individuelle Freiheit und die schöpferische Spontaneität des Menschen verlorengehen. (Jaspers 1985, S. 304–325)

Ganzheitliche Weltbilder schränken Freiheitsspielräume ein, in denen der Mensch in persönlicher Selbstbestimmung sein individuelles und unvertretbares Menschsein verwirklichen kann und dafür auch die persönliche Verantwortung zu übernehmen hat. Sie degradieren den Einzelnen zu einem willkürlich manipulierbaren Mittel im Dienste einer übergeordneten, kollektiven Ganzheit. Für ein Kollektiv müsste er seine Entscheidungs- und Meinungsfreiheit aufgeben.

Auch Ralf Dahrendorf warnt vor der Unterordnung des Individuums unter ein Ganzes oder ein Kollektiv. Für ihn hängt Liberalismus entscheidend mit der Überzeugung zusammen,

> „... dass es auf den einzelnen ankommt, auf die Verteidigung seiner Unversehrtheit, auf die Entfaltung seiner Möglichkeiten, auf seine Lebenschancen. Gruppen, Organisationen, Institutionen sind nicht Selbstzweck, sondern Mittel zum Zweck der individuellen Entwicklung. **(Dahrendorf 1997, S. 134)**

Aus der Sicht einer liberal-demokratischen Weltanschauung sind politisierte, eschatologisch-messianische Denkmuster und Geschichtsdeutungen extrem gefährlich, wenn sie in einem politischen Geschehen für gewaltsame, revolutionäre Aktionen instrumentalisiert werden. In vielen Religionen finden sich Denkmotive von einem endgültigen Heilszustand am Ende des individuellen Lebensweges. Je nach Religion unterscheiden sich die Paradiesvorstellungen. Bei den Germanen finden sich die bei Kämpfen gefallenen tapferen Recken an einer Tafel in Walhalla wieder, wo der Met nur so in Strömen fließt. In mittelalterlichen Fresken und Gemälden des Christentums kommt die Seele nach dem Aufstieg in den Himmel auf einer weißen Wolke zu ihrer Geborgenheit und ewigen Ruhe und ist dort von musizierenden Engeln umgeben. Im Islam mit seiner patriarchalischen Grundtendenz wird dem im Dschihad gefallenen Muslim versprochen, dass er sich im Paradies an einem Platz in der Nähe von Allah wiederfindet, umgeben von vielen mandeläugigen Jungfrauen, die ihn bewundern und bedienen. Werden solche religiösen Fiktionen in das politisch-geschichtliche Geschehen projiziert und als Belohnung für radikale politische Aktionen gegen angeblich unversöhnliche Feinde deklariert, werden sie zu einer großen Gefahr für liberal-demokratische Gesellschaften. Aus der Sicht einer liberal-demokratische Weltanschauung ist die Vermischung von Wertungen mit Tatsachenerkenntnissen eine Strategie zur Verantwortungsflucht.

Wenn sich politische Entscheidungsträger(Innen) bei ihren Entscheidungen darauf berufen, diese seien ausschließlich aufgrund von wissenschaftlichen Sachgutachten erfolgt, dann verleugnen sie die subjektive Komponente von Wertentscheidungen und damit ihre persönliche Verantwortung im Entscheidungsprozess. In der Regel wird in einer Entscheidungssituation zwischen mehreren Möglichkeiten, basierend etwa auf unterschiedlichen Sachgutachten, gewählt, die letzte Entscheidung liegt aber immer beim politischen Verantwortungsträger.

Richtlinien zur kritischen Prüfung von Weltanschauungen und Ideologien

Die mit Hilfe von Poppers Philosophie erarbeiteten Grundmuster ideologischen Denkens können für eine demokratische politische Bildung wertvoll sein. Das Wissen um diese Grundmuster kann dazu beitragen, dass Jugendliche schon früh in der Lage sind, gefährliche antidemokratische Tendenzen in Weltanschauungen und Ideologien zu durchschauen, die ihnen politische Demagogen, Religionsfanatiker und Sekten-Gurus manipulativ zu suggerieren versuchen. Als Bestandteil eines Curriculums für politische Bildung lässt sich folgender Fragenkatalog erstellen, der als Richtlinie und Prüfstein bei der Beurteilung von Weltanschauungen herangezogen werden kann:

Finden sich in Weltanschauungen **dogmatische Behauptungen** über **absolut wahre Einsichten und Grundprinzipien**, die prinzipiell nicht veränderbar sind und in alle Ewigkeit Gültigkeit besitzen?

Sind in einer Weltanschauung **Ausschließlichkeitsansprüche** vorhanden, durch die bestimmte Personen oder Personengruppen von der Teilhabe an einer bedeutsamen Einsicht von vornherein ausgegrenzt werden? Findet sich darin die Behauptung, dass es ein höheres Wissen gibt, das nur wenigen Menschen oder nur einer bestimmten Person zugänglich ist?

Gibt es im gesellschaftlichen Unterbau einer Weltanschauung autoritäre Einzelpersonen, charismatische Führerpersönlichkeiten oder elitäre Gruppen, die ein **Erkenntnismonopol** oder **Interpretationsprivileg** für bestimmte Fundamentalbereiche einer Weltanschauung beanspruchen?

Inwiefern werden damit auch unanfechtbare Entscheidungen verbunden, wer ein rechtgläubiger Anhänger bzw. eine rechtgläubige Anhängerin der betreffenden Weltanschauung ist und wer ein Abweichler, Verräter, Häretiker oder Revisionist?

Wie sehr werden die Kernannahmen einer Weltanschauung **gegen Kritik immunisiert**? Wie sind die Strategien beschaffen, mit denen die Immunisierung erfolgt? Wie häufig ist der Gebrauch von Leerformeln oder genetischen Fehlschlüssen vorhanden und wie oft werden politische Euphemismen verwendet?

Bis zu welchem Grad sind in Weltanschauungen **radikale Denkmuster** ausgeprägt, die sich in dogmatisierten Schwarz-Weiß-Kategorisierungen, Freund-Feind-Schemata, Entweder-Oder-Perspektiven und bipolaren Situationsdeutungen äußern? Führen solche Denkmuster gesellschaftliche Katastrophenzustände vor Augen, die nicht mit graduellen Reformen, sondern nur durch eine einmalige, radikale Totalrevolution zu beseitigen sind?

Sind in Weltanschauungen **dämonisierte Feindbilder und Verschwörungstheorien** anzutreffen und damit zusammenhängend **Sündenbock-Strategien?** Wird bloß *eine* Person, *eine* ethnische oder religiöse Gruppe oder nur *eine* politische Konkurrenzpartei zu einem Feindbild stilisiert, auf das alle Frustrationen und Aggressionen in einer Bevölkerung hingesteuert werden? Werden nur die betreffenden „Feinde" für alle Misserfolge, Fehlentwicklungen oder für einen moralischen Verfall in einer Gesellschaft verantwortlich gemacht?

Findet man im Rahmen von Weltanschauungen suggestive Beschwörungen von **Einheits-, Ganzheits- und Geschlossenheitsidealen**, die utopische Harmonie-Ideale vorgaukeln? Werden dabei ganzheitliche, essentialistische Entitäten, wie der Staat, die Volksgemeinschaft, die Religionsgemeinschaft, die Klasse, die Nation, die Partei, die *umma*, das Kalifat usw., zu perfektionistischen Absoluta stilisiert? Wieweit wird dabei alles Partikulare, Individuelle, Abweichende, Unabgeschlossene, Unfertige von vornherein diskriminiert?

Gibt es in Weltanschauungen **politisierte, eschatologisch-messianische Heilsideen und Geschichtsdeutungen**, die das endgültige Erreichen eines Heilsziels in Form einer humanen, konfliktfreien und perfekten Gemeinschaft oder Gesellschaft versprechen und dazu aufrufen, sich am Endkampf um einen solchen Heilszustand zu beteiligen?

Werden in einer Weltanschauung **subjektive Wertstandpunkte, Normen** und **Werturteile** als **wissenschaftliche Tatsachenerkenntnisse getarnt**, so dass der Eindruck entsteht, die Wertungen hätten den gleichen theoretischen Geltungsgrad und die gleiche Allgemeingültigkeit wie gut bestätigte wissenschaftliche Erkenntnisse?

Wirkung

Internationale Resonanz in Wissenschaft und Politik

In der Gesellschaftstheorie und politischen Philosophie der zweiten Hälfte des 20. Jahrhunderts gibt es nur wenige Denker, die mit ihren Ideen in einer breiteren Öffentlichkeit bekannt wurden. Dazu zählen auf jeden Fall Herbert Marcuse und Karl Popper. Marcuse erzielte als Vertreter der *Kritischen Theorie der Frankfurter Schule* mit seiner Gesellschaftskritik bei der anti-autoritären Studentenbewegung der 1960er-Jahre und der damaligen „Neuen Linken" eine Resonanz, die weit über den akademischen Bereich hinausreichte. Popper wirkte als Begründer der Denkrichtung des Kritischen Rationalismus mit seinen gesellschaftsphilosophischen Vorstellungen ebenfalls in eine breitere Öffentlichkeit hinein. Dies nicht zuletzt auch durch die Kritik an damals populären linksutopischen Revolutionsillusionen.

Zwar hat sich Popper öfters darüber beklagt, dass sein philosophisches Werk in der zeitgenössischen akademischen Philosophie nur wenig rezipiert und diskutiert worden sei. Nichtsdestoweniger haben viele seiner Gedanken große internationale Resonanz gefunden. Seine Erkenntnis- und Wissenschaftslehre bildet einen wichtigen Bestandteil des Wissenschaftsverständnisses unserer Zeit und beeinflusst stets von neuem Grundlagendiskussionen in vielen Wissenschaftsdisziplinen, vor allem in den Natur- und Sozialwissenschaften wie Physik, Soziologie, Politikwissenschaft und Ökonomie. Weil Poppers Philosophie keineswegs auf Wissenschaftsphilosophie beschränkt ist, sondern auch praktische Stellungnahmen zu Grundfragen der Moral und der Politik enthält, sind viele seiner Gedanken auch für die Geistes- oder Kulturwissenschaften bedeutsam geworden. Die internationale wissenschaftliche Wertschätzung ist u. a. auch dadurch dokumentiert, dass ihm zwei Bände der in den USA herausgegebenen *Library of Living Philosophers* gewidmet wurden. Diese Bände erschienen im Jahr 1974. Zu seinen Ehren sind darüber hinaus mehrere Festschriften mit Beiträgen von bedeutenden Gelehrten erschienen.

Als Lehrerpersönlichkeit hat er viele Studenten und Nachwuchswissenschaftler fasziniert und beeinflusst. Während seiner Londoner Zeit zählten Studierende aus aller Welt zu seinen Schülern, die später, als sie selbst Professoren an renommierten Universitäten wurden, Gedanken von Popper weiterentwickelt oder sich kritisch damit auseinandergesetzt haben. Zu den in der *scientific community* bekanntesten Personen gehören: der früh verstorbene ungarische Mathematiker und Wissenschaftstheoretiker Imre Lakatos (1922–1974), der in Wien geborene Wissenschaftstheoretiker Paul Feyerabend (1924–1994), er wirkte später vor allem in den USA an der *University of California* in Berkeley. In Europa lehrte er monatelang als Gastprofessor an der FU Berlin und der ETH Zürich. Die von ihm entwickelte und umstrittene „anarchistische" Erkenntnis- und Wissenschaftstheorie war eine Zeit lang unter Studierenden sehr populär; John Watkins (1924–1999) gab zusammen mit Imre Lakatos das *British Journal for the Philosophy of Science* heraus und wurde Nachfolger von Popper auf dessen Lehrstuhl an der London School of Economics and Political Science; William W. Bartley III (1934–1990) lehrte an der California State University und war Mitglied der Denkfabrik *(Thinktank)* bei der Hoover Institution an der Stanford University in Kalifornien; Peter Munz (1921–2007) lehrte an der University of Wellington in Neuseeland, Ian Jarvie (geb. 1937) war Professor an der York University in Toronto, Kanada, und Herausgeber der bedeutenden Zeitschrift *Philosophy of Social Science.* Joseph Agassi (geb. 1927), ehemaliger Assistent von Popper an der LSE, lehrte an der Universität Hongkong, in den USA an der Boston University sowie vor allem auch in Israel an der Universität Tel Aviv; David Miller (geb. 1942), ehemaliger Assistent von Popper, lehrte an der University of Warwick in England; Alan Musgrave (geb. 1940) wirkte in Neuseeland an der University of Otago; Elie Zahar (geb. 1937) lehrte und forschte an der LSE.

In den angelsächsischen Ländern beeinflusste Popper viele berühmte Gelehrte, die auf anderen Wissenschaftsgebieten Weltruf erlangt haben, so den weltbekannten Kunsthistoriker Ernst Gombrich (1909–2001), der ebenfalls Alt-Österreicher und mit Popper befreundet war. Gombrich lehrte in London am Warburg-Institut, einem an die Universität London angegliederten kulturwissenschaftlichen Zentrum. Im Vorwort seines bekannten Buches *Art and Illusion* (1959) meinte er:

> Ich würde stolz darauf sein, wenn Professor Poppers Einfluß auf jeder Seite dieses Buches zu spüren wäre. **(Magee 1986, S. 2)**

Andere bedeutende Forscherpersönlichkeiten des 20. Jahrhunderts, die den Einfluss von Popper auf ihr Denken ausdrücklich betont haben, waren: der Biologe Sir Peter Medawar (1915–1987), er erhielt 1960 einen Nobelpreis für Medizin (Physiologie); der hier schon genannte Gehirnforscher Sir John Eccles (1903–1997), der im Jahr 1963 ebenfalls Nobelpreisträger für Medizin (Physiologie) wurde; der französische Biochemiker und Genforscher Jacques Monod (1910–1976), der 1965 für seine Genforschungen mit dem Nobelpreis ausgezeichnet wurde. Auch der in seinen psychologischen Forschungen weit angelegte amerikanische Sozialpsychologe Donald D. Campbell (1916–1996) berief sich auf grundlegende erkenntnistheoretische und wissenschaftsphilosophische Einsichten von Popper.

Der englische Schriftsteller, Kritiker, Rundfunkjournalist, Philosophieprofessor und zeitweilige Abgeordnete der Labour Party im britischen Unterhaus, Bryan Magee (geb. 1930), schrieb in der Einleitung zu einem Buch über Popper aus dem Jahr 1973:

> Viele halten Karl Popper für den größten lebenden Wissenschaftstheoretiker. Sir Peter Medawar … sagte am 28. Juli 1972 im Dritten Radioprogramm der BBC sogar: „Meiner Meinung nach ist Popper der größte Wissenschaftstheoretiker, der je gelebt hat." Auch andere Nobelpreisträger haben sich öffentlich zu Poppers Einfluß auf ihre Arbeit bekannt,

darunter Jacques Monod und Sir John Eccles, der in seinem Buch *Wahrheit und Wirklichkeit* schreibt, „daß mein wissenschaftliches Leben so viel meiner Konversion von 1945 ... zu Poppers Lehren über die Durchführung wissenschaftlicher Untersuchungen zu verdanken hat ... Ich habe versucht, Popper mit der Formulierung und der Untersuchung fundamentaler Probleme in der Neurobiologie zu folgen". Eccles gibt anderen Wissenschaftlern den Rat, „Poppers Aufsätze über die Philosophie der Wissenschaft zu lesen, darüber nachzudenken und sie zur Grundlage des eigenen wissenschaftlichen Lebens zu machen". Dieser Ansicht sind nicht nur Vertreter der experimentellen Wissenschaften. Der hervorragende Mathematiker und theoretische Astronom Sir Hermann Bondi stellt schlicht fest: „Wissenschaft ist einfach Methode, und was diese Methode ist, hat uns Popper gesagt." **(Magee 1986, S. 1 f.)**

In der jüngeren internationalen Gelehrtentradition publizierten im Anschluss an Poppers Philosophie etwa: Gunnar Andersson (Universität Umea, Schweden), Troels Eggers Hansen (Universität Kopenhagen), Herbert Keuth (Universität Tübingen), Jeremy Shearmur (Australian National University), Geoffrey Stokes (University of Queensland, Australien), Anthony O'Hear, Direktor des Royal Institute of Philosophy in London und Herausgeber der Zeitschrift *Philosophy*. Nicht unerwähnt bleiben darf hier der interessante Beitrag einer ehemaligen Studentin von Popper an der LSE. Mahasweta Chaudhury, Professorin für Philosophie an der Calcutta University in Indien, hat ihn verfasst. Es geht dabei um den Versuch, Poppers Philosophie auf die Diskussion des Ökologieproblems aus indischer Sicht anzuwenden. Der Titel des Buches ist: *Bounds of Freedom. Popper, Liberty and Ecological Rationality* (Amsterdam, New York: Rodopi, 2004).

Im ostasiatischen Raum sind Ideen Poppers vor allem in Japan auf beträchtliche Resonanz gestoßen. Ihr dortiger Hauptverbreiter war der renommierte Rechtsphilosoph Junichi Aomi (geb. 1924), University of

Tokyo. Er gründete im Jahr 1989 eine *Japan Popper Society* und schlug Popper mehrmals für die Verleihung eines Nobelpreises vor. Diese Gesellschaft veranstaltet abwechselnd an japanischen Universitäten Popper-Konferenzen und gibt zweimal im Jahr *Popper-Letters* heraus.

In Italien wurde im Mai des Jahres 1997 in Mailand von einer *Associazione Fondazione Karl Popper* ein großer internationaler Kongress mit einer Ausstellung über Leben und Wirken von Popper organisiert, von dem wichtige Einflüsse auf Popper-Interessenten in Italien ausgingen. An der Organisation der Veranstaltung, die den Leittitel *Karl Popper e la cultura del liberalismo del XX secolo* hatte, war der Popperforscher und Wissenschaftstheoretiker Stefano Gattei (Universität IMT Lucca) führend beteiligt. Ein weiterer bekannter Popperforscher und Mutiplikator von Poppers Philosophie in Italien ist Dario Antiseri (Universität LUISS di Roma).

Im deutschsprachigen Raum profilierte sich Hans Albert, der von 1963 bis 1989 Inhaber des Lehrstuhls für Soziologie und Wissenschaftslehre an der Universität Mannheim war, als wichtigster Interpret und Fortsetzer von Poppers Philosophie. Sein in vielen Auflagen erschienenes Buch *Traktat über kritische Vernunft* gilt heute als Klassiker der kritisch-rationalen Denkströmung und wurde von Popper als die adäquateste und konstruktivste Darlegung seiner Philosophie gewürdigt. Wie breit Albert das Anwendungsgebiet der Methodenlehre des Kritischen Rationalismus gesehen hat, dokumentiert ein von ihm auf Englisch publizierter Band *Between Social Science, Religion and Politics* (Amsterdam, Atlanta: Rodopi 1999). Dort werden neben Problemen der Soziologie und Ökonomie auch Probleme der Rechtswissenschaft und der Religionswissenschaft aus kritisch-rationaler Sicht erörtert.

Albert war auch der Hauptexponent des Kritischen Rationalismus bei dem wissenschaftspolitisch wichtigen *Positivismusstreit* in der deutschen Soziologie am Ende der Sechzigerjahre des vorigen Jahrhunderts. Dieser Streit wurde öffentlich in Publikationen zwischen Kritischen Rationalisten und Vertretern der neomarxistischen Kritischen Theorie der *Frankfurter Schule* ausgetragen und fand in vielen Zeitungen und Zeitschriften seinen Niederschlag. Den Ausgang nahm dieser Streit bei einer Arbeitstagung der Deutschen Gesellschaft für Soziologie in Tübingen im Jahr 1961. Dort hielt Popper den Einleitungsvortrag mit dem Titel *Die Logik der Sozialwissenschaften* und Theodor W. Adorno (1903–1969) als Exponent der Kritischen Theorie der Frankfurter Schule das Co-Referat ebenfalls *Zur Logik der Sozialwissenschaften.* Während es zwischen Popper und Adorno zu keinem Streitgespräch kam, entbrannte der später sogenannte Positivismusstreit in der deutschen Soziologie vor allem zwischen Hans Albert und Jürgen Habermas. Bei diesem Streit, der in Fachzeitschriften unter großer Aufmerksamkeit von vielen Studierenden der Philosophie, Soziologie und Politikwissenschaft ausgetragen wurde, ging es in erster Linie um die Reichweite von politisch-weltanschaulichen Wertungen in der Sozialwissenschaft, um die wissenschaftliche Berechtigung von gesamtgesellschaftlichen politischen Problemlösungskonzepten sowie um die Vertretbarkeit einer nicht politisch orientierten Rationalitäts- bzw. Vernunftkonzeption. Aus politischer Sicht war dies ein Weltanschauungsstreit zwischen einer liberalen Weltanschauung und der neomarxistischen Weltanschauung der damaligen sogenannten „Neuen Linken". Die Vertreter der zuerst genannten Position hielten am Prinzip der Werturteilsfreiheit von sozialwissenschaftlichen Aussagensystemen fest, wie dies Max Weber, einer der Hauptbegründer der Sozialwissenschaften, am Beginn des 20. Jahrhunderts gefordert hatte. Von dieser Position aus wurde gegen eine explizite Politisierung und Ideologisierung der Sozialwissenschaft Stellung bezogen. Vertreter der zweitgenannten Position erhoben gegen Popper und die Exponenten des Kritischen Rationalismus den Vorwurf, mit ihrer Vernunftkonzeption einen engstirnigen Positivismus zu vertreten, ohne dabei in Rechnung zu stellen, dass sich Popper schon früh explizit von positivistischen Standpunkten des Neopositivismus des Wiener Kreises distanziert hatte. Popper hat sich später gegen die falsche Verwendung des Begriffs des Positivismus in der gegen ihn vorgebrachten Kritik durch Herbert Marcuse und Jürgen Habermas gewehrt (Popper 1987, S. 105). Da der Positivismusstreit ein Grundlagenproblem in den Sozialwissenschaften betraf, ist es durchaus möglich, dass eine ähnliche Diskussion wieder aufflammt, wenn politisch engagierte Soziologen(Innen) um humaner Ziele willen dafür plädieren, in sozialwissenschaftliche Aussagensysteme explizite politische Werturteile aufzunehmen. Dass damit der Objektivitätscharakter von sozialwissenschaftlichen Erkenntnisaussagen überhaupt auf dem Spiel stehen könnte, darf dabei allerdings nicht übersehen werden.

Nicht unbeträchtlich beeinflusst von Poppers Philosophie wurden unter den deutschsprachigen Philosophen, Soziologen und Wissenschaftstheoretikern etwa: Hans Lenk (TU Karlsruhe), Gerard Radnitzky (Universität Trier), Ernst Topitsch (Universität Heidelberg), Michael Schmid (Universität der Bundeswehr Neubiberg/München), John Wettersten (Universität Mannheim), Dariusz Aleksandrowicz (Europa-Universität Viadrina Frankfurt/Oder), Hubert Kiesewetter (Katholische Universität Eichstätt), Jürgen Wendel (Universität Rostock), Michael Sukale (Universität Oldenburg), Klaus von Beyme (Universität Heidelberg).

Welchen Einfluss Popper mit seiner Philosophie auf das politische Denken und Geschehen ausgeübt hat und vielleicht zumindest teilweise noch immer ausübt, ist nur schwer abzuschätzen. Mitte der 1970er-Jahre schrieb der englische Philosophieprofessor und Politiker Bryan Magee über die politische Wirkung Poppers in England:

> Seine politische Philosophie hatte einen tiefgreifenden Einfluss auf einige „radicals" mit der größten Anziehungskraft in der britischen Politik – und zwar aller Parteien.
>
> **(Magee 1973, S. 1–3)**

Manche Politikwissenschaftler vertreten die These, dass Popper mit seiner Sozialphilosophie zumindest indirekt zum Zusammenbruch des Ostblocks der ehemaligen marxistischen Länder beigetragen habe. Ein ehemaliger Student von Popper an der LSE war der Ungar George Soros (geb. 1930). Dieser hat es durch riskante Aktienspekulationen auf den internationalen Finanzmärkten zum mehrfachen Milliardär gebracht. Soros hat in Reden und Büchern mehrmals betont, dass er seine Erfolge auch dem Studium bei Popper zu verdanken habe. Obwohl er aufgrund von Spekulationen mit Hedgefonds unter prinzipiellen Gegnern von Finanzmarkt-Spekulationen einen zweifelhaften Ruf genießt, hat er sich in der akademischen Welt als Mäzen von Universitäten und wissenschaftlichen Institutionen große Verdienste erworben, wie eine Reihe von Ehrendoktoraten verschiedener Universitäten beweist.

Soros hat im Anschluss an Poppers sozialphilosophische Terminologie mehrere *Open Society Institutes* gegründet, die 1979 in *Open Society Foundations* umbenannt wurden. Dabei handelt es sich um Stiftungen, die in vielen Ländern oder Regionen, insbesondere solchen des früheren Ostblocks, eingerichtet wurden und den Gedanken der Offenen Gesellschaft durch Unterstützung von Initiativen der Zivilgesellschaft fördern sollten. Die Programme umfassen die Förderung der Pressefreiheit, den Schutz der Menschenrechte, die Unterstützung wirtschaftlicher und sozialer Reformen sowie des Unternehmertums. Es wird angenommen, dass von den *Open Society Instituten* in den früheren Ostblockstaaten wichtige liberal-demokratische Impulse ausgegangen sind, die zum Zusammenbruch der kommunistischen Diktaturen in den Ländern des real existierenden Sozialismus beigetragen haben. Die *Solidarność*-Bewegung, die in Polen beim Sturz der dortigen kommunistischen Diktatur eine wichtige Rolle gespielt hat, wurde finanziell von Soros unterstützt. Ein weiteres Beispiel für sein Mäzenatentum betrifft das ehemalige Jugoslawien: Während des Kriegs wurde in Kroatien das Gebäude des *Inter University Centre for Postgraduate Studies* in Dubrovnik durch serbischen Artilleriebeschuss zerstört. Dabei verbrannte auch die Bibliothek dieses internationalen wissenschaftlichen Treffpunkts, der von der Universität in Zagreb verwaltet wird. Das Gebäude und die Bibliothek wurden aus Mitteln der *Open University Foundation* wieder aufgebaut.

In der Bundesrepublik Deutschland scheint Poppers politische Philosophie die politische Grundsatz- und Grundwertediskussion in mehreren politischen Parteien beeinflusst zu haben. Nachdem in den 1960er-Jahren der damals noch in der Politik tätige Sozialwissenschaftler Ralf Dahrendorf (1929–2009) Gedanken von Popper in die weltanschauliche Programmatik der FDP einzubringen versucht hatte, beriefen sich in den 1970er-Jahren politische Grundsatzdenker sowohl aus der CDU als auch der SPD wiederholt auf Popper. Sie betonten, dass in ihren Parteien wesentliche Vorstellungen von Poppers Kritischem Rationalismus entweder bereits übernommen sind oder noch integriert werden müssten.

In der SPD wollte eine Reihe jüngerer Grundsatzdenker im Gegensatz zum linken Parteiflügel, der sich an der marxistischen Denktradition orientierte, sozialliberale Wert- und Zielvorstellungen stärker ins Blickfeld rücken. Der damalige Bundeskanzler Helmut Schmidt (1918–2015) verfasste selbst ein Vorwort zu einem in dieser Absicht herausgegebenen Sammelband. Er stellte dabei taktisch klug fest:

> Ich bin kein Marxist; ich bin ebenso wenig ein Anhänger des Kritischen Rationalismus. Jedoch empfehle ich, *Marx* zu lesen, ebenso *Popper* ... **(Lührs u. a. 1976, S. XV)**

Schmidt stimmte in vielen Grundüberzeugungen mit Popper überein: mit der kritisch-rationalen Einstellung, dem Antidogmatismus und Antiutopismus, der graduellen Reformpolitik, der Idee der offenen Gesellschaft und dem ökonomischen Interventionismus im Rahmen einer sozial-liberalen Markt- und Konkurrenzwirtschaft. Ein Vorwort, das Schmidt zu einer 1982 im angelsächsischen Sprachraum erschienen Festschrift für Popper verfasste, und auch ein Würdigungsartikel in der *Zeit* anlässlich von Poppers 85. Geburtstag zeigen diese Übereinstimmung.

Über die damalige Rezeption von Poppers Philosophie durch deutsche Politiker berichtet Albert in einem Brief an Popper vom 5. März 1975:

> Lieber Karl,
> ... Der deutsche Bundeskanzler, Helmut Schmidt, ... ist vorgestern im Fernsehen interviewt worden, über sein Verhältnis als Politiker zur Philosophie und hat dabei ausdrücklich seine Sympathie für Deine Philosophie bezeugt. Vorher waren Bilder von Plato, Kant, Marx und Dir gezeigt worden (zum

> Thema Philosophie und Politik). Interessanterweise hat aber nun der Rivale von Schmidt, Helmut Kohl, der vermutliche Kanzlerkandidat der CDU, ebenfalls eine Neigung zum kritischen Rationalismus, denn die jungen Leute in seiner Staatskanzlei in Mainz sind ebenfalls Anhänger von Deiner Philosophie. So werden wir also demnächst eine Konkurrenz um die Regierungsmacht haben, bei der sich beide Kandidaten auf Deine sozialphilosophischen Auffassungen berufen. Es sind in beiden Fällen die Vertreter des gemäßigten Flügels – Schmidt gegen den Marxismus, Kohl gegen die rechten CDU-Leute ... Der leider zu früh verstorbene Generalsekretär unserer dritten Partei – der FDP –, Hermann Flach, hatte in seiner Programmatik ebenfalls starke Anleihen bei Dir gemacht. **(Albert, Popper 2005, S. 198)**

Vielleicht lässt sich der Stellenwert von Poppers Philosophie im öffentlichen politischen Denken in der damaligen Bundesrepublik Deutschland am besten so kennzeichnen, wie dies ein um Bewahrung der radikal-liberalen Tradition des Kritischen Rationalismus bemühter ehemaliger Albert-Schüler gemeint hat. Dieser kommt zum Ergebnis, dass der Kritische Rationalismus Poppers zwar zu keinem positionsbildenden, aber doch zu einem meinungstragenden intellektuellen Faktor in der politischen Kultur der damaligen Bundesrepublik *w*urde und dass diese Philosophie gelegentlich bis in die Tages- und Parteipolitik sowie in Gerichtsurteile und Expertengutachten hineingewirkt habe. (Spinner 1982, S. 41)

Eine erste Gesamtausgabe der Werke Poppers in deutscher Sprache erscheint zurzeit beim Verlag Mohr Siebeck in Tübingen. Die Ausgabe ist auf 15 Bände geplant. Dieser Verlag hat sich unter der Leitung von Georg Siebeck große Verdienste um die Verbreitung der Gedanken von Popper in deutschsprachigen Ländern erworben. Es wurden dort nicht nur kontinuierlich Bücher von Popper auf den Buchmarkt gebracht, sondern auch eine Taschenbuch-Ausgabe von *Die offene Gesellschaft und ihre Feinde*, die in der UTB-Reihe (Uni-Taschenbücher) in vielen Auflagen erschienen ist. Darüber hinaus veröffentlichte dieser Verlag sowohl die wichtigsten Schriften von Hans Albert als auch Bücher von jüngeren Philosophen, Soziologen und Politikwissenschaftlern aus Deutschland, die zumindest einen Teil ihrer Forschungen dem vielseitigen Werk von Popper gewidmet haben.

Poppers Wirkung auf Schüler und Freunde.

Eine Persönlichkeitsskizze

Dass Popper ein „schwieriger Mensch" (Bartley) war oder eine „komplexe Persönlichkeitsstruktur" besaß, wird in folgender Passage aus einer Popper-Monografie beschrieben:

> „Poppers Verhältnis zu seinen Schülern war innig, fruchtbar, aber auch explosiv und konfliktreich. Die Gründe lagen in Poppers komplexer Persönlichkeitsstruktur. Er war ein engagierter, fürsorglicher und warmherziger philosophischer Lehrer ... Doch andererseits war er höchst empfindsam, rechthaberisch und nachtragend. So entwickelten sich viele Beziehungen zu seinen Schülern nach einem ähnlichen Muster: Nach einer Phase, in der die Schüler dem Meister in Verehrung und dieser ihnen in freundschaftlicher Fürsorge verbunden waren, kam es in dem Augenblick zum Bruch, wenn ein Schüler eine eigenständige philosophische Position entwickelte und sie in Vortrag oder Schrift gegen den Meister vertrat. Er wurde verstoßen – in der Regel für immer. Popper litt unter den Konflikten mit seinen Schülern, aber er vergab und verzieh ihnen selten. **(Morgenstern, Zimmer 2002, S. 124)**

Was Popper und seine „Schüler" betrifft, betont Hans Albert in seiner eigenen Autobiographie:

> „Der Kreis derjenigen, die sich von Poppers Gedanken inspirieren ließen, war niemals eine „Schule", sondern nur ein

> Netz von eigenwilligen Individuen, die abgesehen von der Verschiedenheit ihrer Auffassungen auch persönlich keineswegs miteinander harmonierten. **(Albert 2007, S. 147)**

> Ob man sich selbst dem kritischen Rationalismus zurechnet, hängt von der Gewichtung der Thesen ab, in denen man sich von Popper unterscheidet. So hat Imre Lakatos seinerseits sich selbst dem kritischen Rationalismus zugerechnet, aber nicht seinen Freund Paul Feyerabend. Und William Warren Bartley hat alle Philosophen, die Poppers Drei-Welten-Lehre nicht akzeptieren können, nicht dazu gerechnet und damit Alan Musgrave ... davon ausgeschlossen. **(Albert 2002, S. 4)**

Der einzige Vertreter des engeren Popper-Kreises, der nicht in Streitigkeiten mit Popper oder seinen Schülern, die auch untereinander Konflikte austrugen, verwickelt war, war Albert. Er hatte nie bei Popper an der LSE studiert. Durch Begegnungen bei den Europäischen Hochschulwochen in Alpbach, ausführlichen Briefverkehr sowie eigene kompetente Beiträge zum Kritischen Rationalismus, die er ohne Polemik gegen „den Meister" entwickelte, konnte er ein Vertrauens- und Nahverhältnis zu Popper aufbauen. Aber auch Albert scheiterte bei Vermittlungsversuchen zwischen Popper und seinen „verstoßenen Schülern", zu denen in erster Linie Paul Feyerabend, Imre Lakatos und Joseph Agassi zählten. Über einen Vermittlungsversuch zwischen Popper und Agassi berichtet Albert:

> Mitunter brachte Popper sich durch seinen Jähzorn in Situationen, die ihm dann selbst unangenehm waren. So reagierte er zum Beispiel in einer Diskussion, die sich an einen seiner Vorträge in Alpbach anschloß, auf einen milden Einwand seines früheren Assistenten so heftig, daß ihn das Publikum, das ihn vorher mit starkem Beifall bedacht hatte, wegen dieser Reaktion auszischte. Beide hielten es danach für notwendig, miteinander zu reden, und sie baten mich darum, an ihrem Gespräch teilzunehmen. Dieses Gespräch

> endete damit, daß sie vereinbarten, nie mehr bestimmte unangemessene Aussagen über einander zu machen. Zu meinem Erstaunen nahm mich dann jeder der beiden zur Seite, um mir zu versichern, daß der andere sich nicht an diese Abmachung halten werde. Dieser Vorfall, der einer gewissen Komik nicht entbehrte, zeigt jedenfalls, daß Popper sich seiner Schwäche bewußt war und sich bemüht hat, sie auszugleichen. **(Albert 2007, S. 193)**

Ich möchte nun einige autobiographische Äußerungen von Popper-Schülern referieren, die weitere Schlaglichter auf seine eigenwillige Persönlichkeit werfen:

William Warren Bartley kam Ende der 1950er-Jahre als amerikanischer Student von der Harvard University nach London, um bei Popper zu studieren, über seinen Eindruck bei der ersten Begegnung schreibt er:

> „Er war eine eindrucksvolle Erscheinung: Sein Oberkörper war dank eines breiten Brustkastens gut proportioniert, aber seine Beine waren sehr kurz; von der Sitzfläche seines Stuhls schienen seine Beine auf den Fußboden herabzubaumeln. An der Spitze dieses eigentümlichen Körpers thronte eine eindrucksvolle, hochgewölbte Stirn, umrahmt von den größten Ohren, die ich jemals gesehen hatte. Sie waren zugespitzt, fast wie bei einem Kobold. Aber zwischen ihnen befand sich ein liebenswürdiges Gesicht – großmütig, stolz, freundlich und sehr ernst. **(Bartley 1986, S. 46)**

Unvergesslich blieb Bartley auch das Vorstellungsgespräch bei Popper:

> „Wir unterhielten uns nicht über das Wetter und das Leben in London. Er begann die Unterredung damit, daß er mir verkündete, mit den philosophischen Ansichten meiner Lehrer in Harvard überhaupt nicht einverstanden zu sein, und faßte die Unterschiede knapp zusammen. Daraufhin

traf er die Feststellung – in seinem breiten Wiener Akzent und unter Verwendung von Germanismen –, daß ich sehr schlecht schreibe … Er erklärte mir genau, was in meinem Aufsatz falsch sei, den ich bei der Anmeldung für das Studium einreichen hatte müssen: Er sei anmaßend und stellenweise unklar, indem er Verworrenheit, Ungewißheit und Unwissenheit durch einen brillanten oder doch zumindest ins Auge stechenden Stil kaschiere. Seiner Ansicht nach war ich mehr an Effekthascherei interessiert als daran, die Wahrheit zu finden. Ich weiß nicht warum: Aber von diesem Zeitpunkt an hatte ich ihn gern und wußte, daß ich von ihm lernen konnte: daß dies jede Schwierigkeit wert wäre, die auftauchen könnte. **(ebda, S. 46 f.)**

David Miller, Student und zeitweise Forschungsassistent von Popper, berichtet:

> „In den dreiundzwanzig Jahren, die Popper an der London School of Economics and Political Science als Professor für Logik und Wissenschaftliche Methodik lehrte, machte er auf ganze Generationen von Studenten einen unvergeßlichen Eindruck; sie wurden in seinen Vorlesungen und Seminaren dazu aufgefordert, seine eigene Faszination vom offenen Universum und von der Erschließung seiner Geheimnisse zu teilen. **(Miller 1995, S. XI)**

In kritischem Gegensatz dazu steht die polemische Beschreibung von Poppers Lehrmethode durch Feyerabend. Im Jahr 1951 kam Feyerabend aus Wien mit der Absicht nach England, bei Wittgenstein in Cambridge zu studieren, nach dessen Tod ging er nach London an die LSE zu Popper. Er wurde zunächst dessen Lieblingsschüler und übersetzte 1953 Poppers sozialphilosophisches Hauptwerk *Die offene Gesellschaft und ihre Feinde* aus dem Englischen ins Deutsche. Bis in die 1960er-Jahre blieb er ein überzeugter Popper-Anhänger, um sich dann umso radikaler und auch provokativpolemisch von Popper zu distanzieren, indem er eine nicht an Regeln gebundene „anarchistische" oder „dadaistische Erkenntnistheorie" als Kontrapunkt zu dessen kritisch-rationaler Erkenntnistheorie propagierte.

Feyerabends Charakterisierung des frühen und des späteren Popper ist höchst diskrepant. Feyerabend zum „frühen" Popper:

> Ich hatte Popper 1948 in Alpbach kennengelernt. Ich bewunderte sein freies Auftreten, seine Frechheit, seine respektlose Haltung gegenüber den deutschen Professoren, ... seinen Sinn für Humor (ja, der relativ unbekannte Karl Popper von 1948 unterschied sich sehr von dem etablierten Sir Karl Popper späterer Jahre), und ich bewunderte seine Fähigkeit, schwerwiegende Probleme in einfacher und journalistischer Sprache neu zu formulieren. Hier war ein freier Kopf, der seine Ideen freudig vorbrachte ohne Rücksicht auf Reaktionen der „Profis". **(Feyerabend 1981, S. 110 f.)**

Feyerabend zum „späteren", an der LSE etablierten Popper:

> Beim ersten Anblick war Poppers Seminar eine regellose und desorganisierte Angelegenheit. Referate konnten an jedem beliebigen Punkt unterbrochen werden, jeder konnte den Mund aufmachen. Genaueres Zusehen zeigte ein interessantes Muster. Wenn ein neuer Student, von dem offensichtlichen Chaos ermuntert, den Mund aufmachte, wurde ihm sofort in unzweifelhafter Weise klargemacht, daß er nicht imstande sei, den einfachsten Gedanken zu verstehen. Diese Behandlung wurde mehrere Wochen lang fortgesetzt, bis eines schönen Tages, wenn der Student noch teilnahm und den Mund aufzumachen wagte, Popper mit dem Ausdruck der Neugier in seiner Stimme zu sagen pflegte: „Das ist ein sehr interessanter Gedanke", und dann eine ganze Weile, manchmal eine ganze Stunde damit verbrachte, die tiefe

> Einsicht in dem hervorzuheben, was häufig nur eine beiläufige Bemerkung gewesen war. Wittgenstein hat, wie ich hörte, dieselbe Methode der Vernichtung und Wiederbelebung verwendet ... **(ebda, S. 118 f.)**

Einen Kontrast dazu bildet die Selbstbeschreibung seiner Lehrmethode durch Popper selbst:

> „Meine Kollegen in meinem Department und ich haben niemals *autoritär* oder dogmatisch gelehrt. Unsere Studenten wurden *immer* (seit ich das Department 1946 übernahm) aufgefordert, die Vorlesungen zu unterbrechen, falls sie entweder etwas nicht verstehen oder anderer Meinung sind; und sie wurden nie von oben herab behandelt. Wir haben uns nie als große Denker aufgespielt. Ich mache es immer und überall klar, daß ich niemand bekehren will: Was ich den Studenten vorsetze, sind Probleme und Lösungsversuche. Natürlich mache ich es ganz klar, wo ich stehe – was ich für richtig und was ich für falsch halte. **(Popper 1987, S. 104)**

Hubert Kiesewetter (geb. 1939), Wirtschafts- und Sozialhistoriker an der Katholischen Universität Eichstadt, ging 1967 nach London, um bei Popper zu studieren und an der LSE seinen *Master of Science* zu erwerben. Er war ein persönlicher Freund Poppers und publizierte das Buch *Karl Popper – Leben und Werk* (2001). Darin veröffentlichte er ein Interview, das er im März 1998 in London mit Sir Ernst Gombrich und dessen Frau über die langjährige Freundschaft mit dem Ehepaar Popper geführt hatte. Während Poppers Aufenthalt in Neuseeland verkehrten sie miteinander durch ausführliche Brief- und Telefonkontakte und nach der Berufung Poppers an die LSE hielten beide Ehepaare kontinuierliche persönliche Beziehungen in Form von Gesprächsabenden, gemeinsamen Essensvereinbarungen und Konzertbesuchen aufrecht.

In dem Interview von Kiesewetter verweisen Gombrich und seine Frau auf verschiedene Eigenschaften Poppers. Sie berichten, dass er ein Perfektionist in Bezug auf seine Arbeiten war. Er fand seine Manuskripte nie klar und gut genug, überarbeitete sie immer wieder und seine bedauernswerte Frau war dann dafür zuständig, die korrigierten Manuskripte erneut in die Schreibmaschine zu tippen. Beide arbeiteten sehr oft bis tief in die Nacht hinein. Zu Poppers Perfektionismus gehörte auch, dass er mit keinem Übersetzungsangebot für seine englischsprachigen Bücher ins Deutsche zufrieden war und deshalb viele Probetexte mit Übersetzungsvorschlägen ablehnte.

Dass Popper ein *Workaholic* war, dem seine Arbeit über alles ging, bestätigen neben dem Ehepaar Gombrich mehrere Personen. So berichtet Agassi, dass er während seiner Assistententätigkeit bei Popper oft in der Situation war, dass dieser ein Fachgespräch abrupt mit dem Hinweis abgebrochen habe, er habe noch so viel zu arbeiten. (Agassi 1993 [2008], S. 103) Gombrich äußerte über diese Charaktereigenschaft von Popper den lapidaren Satz: „Er hat in seinen Arbeiten gelebt, sein Leben war seine Arbeit." (Kiesewetter 2001, S. 111)

Was den Jähzorn Poppers betrifft, berichtet das Ehepaar Gombrich:

> Er konnte ungeheure Ausbrüche von Wut haben und davor hat er sich gefürchtet. Erstens, weil er Angst gehabt hat, daß er einen Herzanfall haben könnte ...Wenn er sich gestritten hat, auch am Telefon mit Bryan Magee, dann hat er nachher einen Anfall gehabt, tachycardia oder irgendetwas [tachycardia = übersteigerte Herzschlagfrequenz]. Wir haben das auch erlebt. Zuhause, hat er plötzlich einen Anfall gehabt ... Er war ungeheuer labil und wußte es auch. **(Kiesewetter 2001, S. 115)**

Als Kontrast zu Poppers phasenweiser Aggressivität und den Ausbrüchen von Jähzorn betonen Gombrich und seine Frau das hohe Maß an Verantwortungsbewusstsein und Fürsorglichkeit, das Popper gegenüber seinen Studenten und Freunden bewiesen hat. Gombrich berichtet:

> Karl war ja unglaublich fürsorglich und wenn er gehört hat, daß man irgendein Problem hat oder irgendeine Krankheit, dann hat er gedrängt, du mußt den und den Arzt sehen

> und du mußt nach Wien fahren, um dich von dem operieren zu lassen. (...) Unausgesetzt hat er Anteil genommen.
> **(Kiesewetter 2001, S. 112)**

Aus dem Gombrich-Interview geht hervor, dass Popper vielfach von Schuldgefühlen seiner Frau gegenüber geplagt war. Seine Frau litt seit der Übersiedlung ins Ausland permanent an Heimweh, das in Neuseeland besonders stark gewesen sein muss. Dort hatte sie auch Skrupel wegen ihrer mangelnden Englischkenntnisse und getraute sich deshalb nicht, zum Einkaufen in Geschäfte zu gehen. Diese Einkäufe hatte dann Popper selber zu erledigen. Seine Schuldgefühle betrafen auch die in Wien lebende Schwiegermutter, der gegenüber er bedauerte, ihr durch seine Heirat und die Übersiedlung ins Ausland die Tochter entzogen zu haben. Auf die Frage, ob das Ehepaar Popper miteinander glücklich gewesen sei, meint das Ehepaar Gombrich, dass sie vor allem dann glücklich waren, wenn sie in den Bergen ihre Urlaube verbracht haben. Das waren „die einzigen Momente, wo sie wirklich so glücklich waren, wie vor ihrer Emigration", als sie sich über die „Naturfreunde" in der Natur und in den Bergen kennengelernt hatten.

Eine vom Ehepaar Gombrich als bemerkenswert angesehene Eigenschaft von Popper war die Fähigkeit, sich detailliert an Ereignisse, Tätigkeiten und Begegnungen aus seiner Jugendzeit in Wien erinnern zu können. In dieser Zeit sei er charakterlich „absolut geprägt" worden, was die Naturverbundenheit, den Antialkoholismus, die Aversion gegen das Rauchen sowie seine „große Bescheidenheit" betrifft. Ein physisches Defizit, das Gombrich erwähnt und das er für manchen Konflikt in einer Diskussion verantwortlich macht, sieht er in Poppers Schwerhörigkeit. Ab welchem Alter diese einsetzte, ließ Gombrich in dem Interview offen:

> „Er war auch schwierig in gewisser Beziehung, das ist richtig, aber zum Teil kam das auch aus seiner Schwerhörigkeit. Er hat nicht immer ganz verstanden, worum es ging. Er hat schnell Schlüsse gezogen und dann war er nicht sehr leicht davon abzubringen ... ich hab's erlebt, daß er in Diskussio-

> nen falsch gehört hat und nicht abzubringen war von seiner Interpretation. Das kam auch vor. Er war wirklich sehr schwerhörig. **(Kiesewetter 2001, S. 116)**

Bryan Magee, der hier schon öfter genannte Freund Poppers, der ihn oft privat besuchte – der Philosoph hatte eine Vorliebe für abgelegene Wohnsitze in den Vororten von London –, schrieb Popper ein hohes Maß an „egozentrischer Isolation" zu:

> Popper behauptete mehr als einmal, in all seinen Jahren in England niemals zu irgendjemand nach Hause eingeladen worden zu sein. Ich weiß aber, daß das nicht stimmt; ich hatte ihn selbst eingeladen und wußte auch von anderen, die das getan hatten, Hennie, seine Frau, erzählte mir einmal, daß sie sogar ziemlich oft eingeladen würden, Karl aber immer absage, weil er lieber arbeiten wolle. Er war der heftigste Workaholic, den ich je gekannt habe. An einem normalen Tag stand er ziemlich früh auf und arbeitete praktisch ohne Unterbrechung bis zur Schlafenszeit durch; die einzigen Pausen, die er sich gönnte, waren ziemlich spartanische Mahlzeiten und eventuell ein kurzer Spaziergang. Ein Plattenspieler oder ein Fernsehgerät kamen ihm nicht ins Haus, weil die ihm bloß die Zeit stehlen würden, und er hielt sich auch keine Zeitung, um nicht vom Denken abgelenkt zu werden. Wenn etwas wirklich Wichtiges passierte, würden ihm das seine Freunde schon erzählen, wußte er, und so war es auch – ich habe ihn selber ziemlich häufig angerufen, um ihm von irgendeinem bedeutenden Ereignis zu berichten. Noch mit über achtzig Jahren passierte es ihm fast wöchentlich, daß er so fieberhaft in seine Arbeit vertieft war, daß er einfach nicht aufhören und ins Bett gehen konnte. Ich wurde immer wieder morgens früh gegen acht vom Telefon aus tiefem Schlaf gerissen, weil Popper, überschäumend vor

> Aufregung über das, woran er die ganze Nacht gearbeitet hatte, unbedingt mit jemandem darüber sprechen wollte.
> **(Magee 1998, S. 282 f.)**

Magee war in seiner Beurteilung von Poppers Persönlichkeit selber höchst ambivalent und hat trotz vieler positiver Wertschätzungen auch negativ über ihn geurteilt:

> Mein Haupteindruck von ihm bei unseren frühen Treffen war der einer intellektuellen Aggressivität, wie sie mir nie zuvor begegnet war. Jeder Streitpunkt wurde von ihm bis ins kleinste ausgelotet, und dabei überschritt er immer wieder die Grenze der im Gespräch zulässigen Aggressivität. Wie Ernst Gombrich – sein engster Freund, der ihn sehr mochte – einmal zu mir sagte, schien er einfach nicht akzeptieren zu können, daß jemand auf Dauer anderer Meinung war als er, sondern hackte mit einer gewissen Erbarmungslosigkeit so lange auf dem Punkt herum, bis der Dissident sozusagen ein förmliches Geständnis ablegte, dass er unrecht habe und Popper recht. **(Magee 1997, S. 259)**

> „Der totalitäre Liberale" lautete einer seiner Spitznamen an der London School of Economics, und dieser Name war klug gewählt. **(Magee 1997, 260)**

> Im Mittelpunkt seiner Philosophie steht die Überzeugung, daß Kritik mehr als alles andere Wachstum und Verbesserung erbringen kann, eben auch Wachstum und Verbesserung unseres Wissens; doch der Mensch Popper konnte keine Kritik ertragen. Niemand hat je so überzeugend wie er schriftlich die Sache der Freiheit und Toleranz vertreten; der Mensch Popper jedoch war intolerant und hatte kein Verständnis von Freiheit. (...) Und dennoch glaubte er, wir sollten auf die Vernunft schwören und sie zu unserem höchsten

> Ideal ausrufen. Dahinter stecken zweifellos die emotionelle Hochspannung, unter der er stand, und die Tatsache, daß er nun einmal ein Genie war. **(Magee 1997, S. 262)**

Um die hier versuchte Persönlichkeitsskizze mit dem Hinweis auf positive Eigenschaften Poppers zu beenden, noch drei Stimmen über sein Verhalten gegenüber seinen Studenten und über seine Diskutierfreudigkeit:

> „Popper liebte es, seine Zeit mit seinen Studenten zu verbringen. Um sich in Gespräche mit uns zu vertiefen, nützte er jede freie Minute aus. So pflegten wir ihm überallhin zu folgen und unablässig miteinander zu philosophieren – zur Praxis des Arztes oder Zahnarztes, hin und zurück zum Bahnhof, auf Spaziergängen, im Taxi oder in der U-Bahn. **(Bartley 1986, S. 45)**

Paul Weingartner, österreichischer Forschungsstudent bei Popper in London zwischen 1961 und 1968:

> „Unsere Gespräche fanden nach seinen berühmt gewordenen Seminaren (dienstags 14–18 Uhr) an der LSE statt. Schon dort hatte ich mich an den Diskussionen regelmäßig beteiligt. Aber Karl (wie ich ihn seit etwa 1980 nennen durfte) war mit mir unglaublich großzügig und gütig, wie ein väterlicher Freund: Um 18 Uhr nach dem Seminar holte er sich aus dem Automaten ein Stück Schokolade, um mit mir noch 2–3 Stunden weiter zu diskutieren und deshalb einen späten Zug nach Buckinghamshire zu nehmen (wobei ich ihn öfter zum Bahnhof begleitete, mit U-Bahn oder Taxi). **(Weingartner 2002, S. 467 f.)**

Über Poppers Lehrtätigkeit an der LSE berichtet der dänische Psychologe Arne F. Petersen, ein ehemaliger Student und zeitweiliger Assistent von Popper, geradezu enthusiastisch:

> „Damals herrschte dort eine faszinierende Atmosphäre wirklichen Lernens, eine Form von Lehre, die viele Augenblicke in der Geschichte der Wissenschaft und der Philosophie widerspiegelte. Hervorragende Wissenschaftler und Philosophen aus der ganzen Welt nahmen an Poppers Seminaren teil, wo sich jeder zu Hause fühlen konnte, als Mitglied einer großen Familie, in der jeder die Meinung eines anderen kritisieren konnte, ohne daß man das übelnahm. Und seine Vorlesungen über Logik und wissenschaftliche Methodik, die Studenten aus vieler Herren Länder besuchten, waren die Bühne eines fortgesetzten Erziehungsprozesses, der von einem kreativen und kritischen Geist von ungewöhnlichem Reichtum und großer Strenge des Denkens in Bewegung gehalten wurde. **(Petersen 2001. S. 10 f.)**

Zur öffentlichen und akademischen Popper-Rezeption in Österreich

Nach dem Zweiten Weltkrieg weigerten sich viele ins Ausland emigrierte österreichische Staatsbürger jüdischer Herkunft, wieder Beziehungen zu ihrem Geburtsland Österreich aufzunehmen. Der Schock über den Verlust von Familienangehörigen und Verwandten durch den Holocaust und über die eigene Zwangsemigration wirkte tief nach. Auch die Tatsache, dass österreichische NS-Täter im Herrschaftsapparat des „Dritten Reichs" bei der Ermordung von jüdischen Mitbürgern(Innen) aktiv mitgewirkt hatten und dies oft von Offiziellen des neu entstandenen Österreich mit dem Hinweis verdrängt wurde, Österreich sei ja das erste Opfer der aggressiven Expansionspolitik von Hitler-Deutschland gewesen, trug zu diesem distanzierten Verhalten bei. Obwohl auch Popper Verwandte aus der Familie seiner Mutter als Opfer der Nazi-Verfolgung zu beklagen hatte, pflegte er bald nach seiner Berufung nach London wieder Kontakte zu Österreich, indem er Einladungen zu Gastvorträgen und Gastvorlesungen annahm.

Es ist erstaunlich, wie breit die Rezeption von Poppers Philosophie in Österreich, dies vor allem an den Universitäten, ausgefallen ist. Aber auch von Seiten der Politik gab es einzelne Personen, die Gedanken von Popper aufnahmen. Der SPÖ-Politiker Franz Kreuzer (1930–2015), der in der Sinowatz-Regierung von 1985 bis 1987 Minister für Gesundheit und Umweltschutz war, beschäftigte sich schon früh mit der Philosophie von Popper. Kreuzer war auch ein kompetenter Wissenschaftsjournalist und stellte Poppers Kritischen Rationalismus über Fernsehsendungen einer interessierten intellektuellen Öffentlichkeit vor.

In der ÖVP befasste sich in den späten 1960er-Jahren und Anfang der 1970er-Jahre der damalige steirische Nachwuchspolitiker Bernd Schilcher

(1940–2015) mit dem Werk Poppers. Er war in der ÖVP-Landespolitik tätig und profilierte sich als politischer Grundsatzdenker auch im Rahmen der Bundes-ÖVP. Der spätere Ordinarius für Bürgerliches Recht an der Rechtswissenschaftlichen Fakultät der Universität Graz gab 1972 ein kleines *Buch* zur *Programmatik der ÖVP* heraus. In seinem eigenen Beitrag nimmt er auf zentrale Gedanken von Popper Bezug. Schilcher versuchte den Kritischen Rationalismus für eine „Gesamtprogrammatik der Volkspartei" (ÖVP) fruchtbar zu machen, für die er die Bezeichnung „links-liberaler Konservativismus" vorschlug. (Schilcher 1972, S. 160)

Im Rahmen der FPÖ veröffentlichte der damalige Spitzenpolitiker und Parteivorsitzende *Jörg Haider* (1950–2008), bevor er sich von der FPÖ abspaltete, ein Buch zum *Thema Freiheit*, in dem er sich mehrfach auf Popper beruft. Er zitiert dabei aus der *Offenen Gesellschaft* Stellen, die das liberale Freiheitsverständnis und die Kritik an kollektivistischen Weltanschauungen betreffen. (Haider 1993, S. 32, 60)

Es waren jedoch vor allem Angehörige des Lehrkörpers von Universitätsinstituten für Philosophie, Soziologie und Nationalökonomie, die sich in der zweiten Hälfte des 20. Jahrhunderts in Forschung und Lehre mit Gedanken von Popper auseinandergesetzt haben. Eine wichtige Rolle für das Bekanntwerden mit diesen Gedanken spielten dabei zwei Institutionen, an denen Popper öfters Gastvorlesungen hielt:

Das Institut für Höhere Studien und wissenschaftliche Forschung (IHS) wurde 1962/63 in Wien von zwei international bekannten Exilösterreichern, und zwar dem Soziologen Paul F. Lazarsfeld (1901–1976) und dem Wirtschaftswissenschaftler Oskar Morgenstern (1902–1977) mit Mitteln der Ford-Stiftung gegründet. Die von Popper dort gehaltenen Vorträge wurden vor allem von Nachwuchswissenschaftlern(Innen) aus sozialwissenschaftlichen Disziplinen besucht und als anregend für eigene Forschungsambitionen aufgenommen.

Das Europäische Forum Alpbach wurde 1945 in Tirol zunächst unter der Bezeichnung „Europäische Hochschulwochen in Alpbach" von Otto Molden (1918–2002) und Simon Moser (1901–1988), einem Philosophiedozenten in Innsbruck, gegründet. Molden war als Student Widerstandskämpfer gegen das nationalsozialistische Regime und hatte nach 1945 schon früh die Vision eines geeinten Europa. Er war übrigens der Sohn der Verfasserin der österreichischen Bundeshymne Paula von Preradovic.

Popper war in Alpbach oft als Vortragender zu Gast, und zwar in den Jahren 1948, 1955, 1958, 1961, 1974, 1978, 1982, 1983 und 1984. In Vorträgen und Diskussionen machte er hier viele an Philosophie interessierte Intellektuelle und akademische Nachwuchskräfte von österreichischen Universitäten mit seinen Ideen vertraut. Ein wichtiger Multiplikator dafür war Hans Albert. Dieser war viele Jahre wissenschaftlicher Berater des Europäischen Forums und darauf bedacht, deutsch- und englischsprachige Gelehrte, die dem Kritischen Rationalismus nahestanden, als Vortragende zu empfehlen.

Albert selber verstand es während der zweiwöchigen Veranstaltungen in Alpbach bei vielen Studierenden und jungen akademischen Nachwuchskräften aus Österreich das Interesse für Poppers Philosophie zu wecken. Dies nicht zuletzt aufgrund seiner offenen Diskutierfreudigkeit, aus der heraus er Studienanfänger(Innen) in ihren philosophischen Ambitionen genauso ernst nahm wie etablierte akademische Fachkollegen.

Als eine dritte Institution, in der Gedanken von Popper öfters diskutiert wurden, kann man das Institut Wiener Kreis nennen. Dieses Institut wurde in Wien 1991 von dem Wissenschaftshistoriker Friedrich Stadler (geb. 1951) als gemeinnütziger Verein gegründet und ab 2011 in ein Universitätsinstitut umgewandelt. Die frühen Beziehungen von Popper zu Denkern des Wiener Kreises und die Gemeinsamkeiten und Unterschiede zwischen deren Philosophie und Poppers Denken bildeten hier öfters die Themenschwerpunkte von Symposien, Schriften und Vorträgen.

In Wien fanden zwei große Veranstaltungen über Poppers Philosophie statt, die in den öffentlichen Medien eine breite Resonanz hatten. Aus Anlass von Poppers 80. Geburtstag wurde im Mai 1983 von ORF, Kulturamt der Stadt Wien und der Wiener Universität ein Symposium zu seinen Ehren veranstaltet. Bei diesem Symposium diskutierte Popper selbst mit vorwiegend österreichischen Fachwissenschaftlern aus verschiedenen Fachdisziplinen (Philosophie, Wissenschaftstheorie, Gesellschaftsphilosophie, Neurophysiologie, Zoologie, Physik) über zentrale Themen seiner Philosophie. Die Hauptthemen waren: „Wissenschaft und Hypothese", „Die drei Welten" und „Die offene Gesellschaft". Veröffentlicht wurden die Ergebnisse von dem hier schon genannten Wissenschaftsjournalisten Franz Kreuzer, der nicht nur der Moderator des Gesprächs zwischen Popper und Konrad Lorenz war, sondern auch die Diskussionen bei diesem Symposium leitete. (Popper/Lorenz 1985, S. 47–134). Ein anderer renommierter österreichischer Journalist, der sich auf persönliche Einladung von Popper aktiv an dieser Diskussion beteiligte, war der Mitbegründer und langjährige Chefredakteur des österreichischen Nachrichtenmagazins *profil*, Peter Michael Lingens (geb. 1939). Dieser kannte Popper persönlich von verschiedenen Gesprächen und Diskussionen und würdigte ihn zum 90. Geburtstag mit einem Artikel unter dem Titel „Intellektueller Übervater".

> Karl Popper war für mich neben dem Physiker Victor Weisskopf die entscheidende intellektuelle Vaterfigur. Ich bewundere alles an ihm: seine intellektuelle Brillanz, seine sprachliche Präzision, seine Redlichkeit, selbst noch die Art und Weise, wie er sein Leben gestaltet: gleichermaßen fähig, eine wissenschaftliche Arbeit, eine Symphonie oder einen Sonnenuntergang zu genießen. **(Lingens 1995, S. 16 f.)**

Nach Poppers Tod wurde im Juli des Jahres 2002 in Wien aus Anlass des hundertsten Geburtstags ein fünftägiger Gedenkkongress veranstaltet, der wahrlich Weltformat hatte. Daran nahmen mehr als 300 Personen aus mehr als 20 Ländern teil. Die Vorträge wurden fast ausschließlich auf Englisch gehalten. Der Ehrenpräsident, der den Einleitungsvortrag hielt, war Hans Albert. Einer der drei Hauptorganisatoren war Karl Milford (geb. 1950), Professor am Institut für Nationalökonomie der Wiener Universität. Als Rahmenprogramm zu dieser Großveranstaltung wurde angeboten: eine Ausstellung im Palais Pálffy über Poppers Leben und Werke, Führungen zu den für Popper in seiner Wiener Zeit bedeutsamen Orten, ein Orgelkonzert in der Kirche von Heiligenstadt mit der Aufführung der von Popper komponierten Fuge, Enthüllung der Popper-Bronzebüste im Arkadenhof des Hauptgebäudes der Universität Wien.

Die Ergebnisse dieses Kongresses erschienen im Jahr 2006 in drei Bänden unter dem Titel *Karl Popper: A Centenary Assessment* bei der Ashgate Publishing Company in England und den USA. Als Herausgeber fungierten die Hauptorganisatoren Ian Jarvie (Kanada), Karl Milford (Österreich) und David Miller (England). Dass die Wirkung dieser Veranstaltung noch anhält, beweist der Umstand, dass diese drei Bände im Jahr 2016 in einer weiteren Auflage bei College Publications in England erschienen sind.

Eine neue Initiative zur Dokumentation des internationalen Status, den Poppers Werk auch heute noch hat, geht von der Österreichischen Akademie der Wissenschaften aus. Auf Anregung des korrespondierenden Akademiemitglieds Max Haller (geb. 1947), emeritierter Professor für Soziologie an der Universität Graz, wurde Anfang des Jahres 2017 am Wiener Standort der Akademie eine Vortragsreihe unter der Bezeichnung *Karl Popper Lectures* eingerichtet.

Erwähnenswert ist in diesem Zusammenhang auch folgender Umstand: Unter der Bezeichnung „Sir-Karl-Popper-Schule" wurde im Jahr 1998 an einem Wiener Gymnasium im 4. Gemeindebezirk (Wieden) ein Schulversuch mit einem spezifischen modularen Kurssystem für hochbegabte Schüler(Innen) eingerichtet. Dabei wird als Motto auf folgende Traumvision von Popper, über die er in der Autobiographie berichtet, Bezug genommen:

> Wenn ich an die Zukunft dachte, träumte ich davon, eines Tages eine Schule zu gründen, in der junge Menschen lernen könnten, ohne sich zu langweilen; in der sie angeregt würden, Probleme aufzuwerfen und zu diskutieren; eine Schule, in der sie nicht gezwungen wären, unverlangte Antworten auf ungestellte Fragen zu hören, eine Schule, in der man nicht studierte, um Prüfungen zu bestehen, sondern um zu lernen. **(Popper 1979, S. 51)**

Waren es an der Universität Wien vor allem der schon genannte Nationalökonom Karl Milford und der Wissenschaftshistoriker Friedrich Stadler, die wissenschaftstheoretische und sozialphilosophische Ideen von Popper präsent hielten und an Studierende weitergaben, so zeigt der Blick auf die anderen österreichischen Universitäten bezüglich „Popper-Aktivitäten" ein höchst erstaunliches Ergebnis:

Eine sehr breite Rezeption erfolgte an der Karl-Franzens-Universität Graz. Neben Begegnungen von Grazer Nachwuchsforschern mit Hans Albert in Alpbach war die im Jahr 1969 erfolgte Berufung von Ernst Topitsch (1919–2003) als Professor für Geschichte der Philosophie und Weltanschauungslehre (bzw. Weltanschauungstheorie) an das Institut für Philosophie ein wichtiges Ereignis für die Beschäftigung mit Gedanken Poppers in Graz. Topitsch, ein geborener Wiener, hatte von 1962 bis 1969 einen Lehrstuhl für Soziologie an der Universität Heidelberg inne. Während seiner dortigen Tätigkeit gab er das methodologische Standardwerk *Logik der Sozialwissenschaften* (1965) heraus, in das er zwei Artikel von Popper aufnahm, die dort zum ersten Mal in deutscher Sprache publiziert wurden. (*Prognose und Prophetie in den Sozialwissenschaften* und *Was ist Dialektik?*). In Heidelberg hatte Topitsch enge private und wissenschaftliche Kontakte zu Albert, der an der Nachbaruniversität in Mannheim lehrte und mit dem er gemeinsam Publikationen herausgab. Der phasenweise Einfluss von Poppers Philosophie auf Topitsch zeigt sich in dem Artikel *Vom Wert wissenschaftlichen Erkennens* (1959) und in Akzenten von Topitschs Marxismus- und Ideologiekritik, die beide in seinem Buch *Sozialphilosophie zwischen Ideologie und Wissenschaft* (1961) dokumentiert sind. Zwar distanzierte sich Topitsch in der späteren Denkentwicklung von einigen Grundgedanken Poppers, so vor allem von der These, dass der empiristischen Erkenntnistheorie, wie sie von Bacon und Hume und auch von ihren neopositivistischen Repräsentanten (u. a. Moritz Schlick) vertreten wurde, letztlich ein Offenbarungsmodell der Wahrheit zugrunde liege. Auch gewisse Originalitätsansprüche Poppers sind von Topitsch durch das Aufzeigen von Vorformen des Kritischen Rationalismus in der Geschichte der Philosophie (bei Herodot, Aristoteles, Francis Bacon, Pierre Bayle u. a.) relativiert worden. Dass Topitsch aber den prägenden Einfluss von Popper auf sein Denken nie geleugnet hat, zeigt die einleitende Passage in einem Sammelband seiner Schriften mit dem Titel *Vorformen des Kritischen Rationalismus* aus dem Jahr 1985:

> „Sir Karl Popper kann mit Recht als einer der hervorragendsten Wissenschaftsphilosophen der Gegenwart betrachtet werden, dessen Originalität und denkerische Kühnheit außer Zweifel stehen. In den Auseinandersetzungen mit dem „rechten" und „linken" Obskurantismus der letzten Jahrzehnte, wie sie besonders im deutschen Sprachraum stattfanden, waren seine Gedanken von unschätzbarem Wert. Wer immer in diesen oft unruhigen Zeiten für die Freiheit und Sachlichkeit der Wissenschaft eintrat, fand in den Grundsätzen des Kritischen Rationalismus einen starken Rückhalt. **(Topitsch 1985, S. 229)**

Dass Albert nicht nur wegen der gemeinsamen Zusammenarbeit mit Topitsch eine besondere Beziehung zu Grazer Philosophen hatte, lag auch an seiner Heirat mit Margarete von Pacher-Theinburg, die aus einer südoststeirischen Adelsfamilie stammte und die er in Alpbach kennenlernte. Verwandtenbesuche in der Steiermark waren für ihn oft der Anlass, mit Grazer Philosophen zu diskutieren. Zu dieser Diskussionsgruppe gehörten auch die Philosophin und Mathematikerin Ulrike Leopold-Wildburger, eine Spieltheorie-Forscherin, sowie Heiner Rutte, ein Logischer Empirist. Nicht selten hielt Albert dabei auch Vorträge in der *Grazer Philosophischen Gesellschaft* oder im *Grazer Club Alpbach,* auch als Gastprofessor lehrte er ein Semester lang in Graz.

Ein anderer prominenter Vertreter des Kritischen Rationalismus, der zweimal eine Einladung als Gastprofessor zur Lehre in Graz annahm und einen bleibenden Eindruck bei Studierenden hinterließ, war Joseph Agassi, der ehemalige Assistent Poppers an der LSE.

Von weiteren Grazer Philosophen, die sich mit dem Kritischen Rationalismus sowohl rezipierend als auch kritisch auseinandergesetzt haben, seien hier nur noch zwei genannt:

Karl Acham (geb. 1939), später Ordinarius am Institut für Soziologie und dort Leiter der Abteilung für Soziologische Theorie, Ideengeschichte und Wissenschaftslehre und wirkliches Mitglied der Österreichischen Akademie der Wissenschaften. Er rezipierte bereits in seiner frühen wissenschaftlichen Denkphase Ideen von Popper und Albert. So hat er etwa im Oktober 1968 im Rahmen der XV. Kärntner Hochschulwochen in Klagenfurt einen Vortrag mit dem Titel *Der manipulierte Mensch – Technisierung und kritische Rationalität* gehalten, in dem er auf zentrale Gedanken von Popper und dessen Schülern Paul Feyerabend und William Bartley Bezug genommen hat. Diesen Vortrag hat Acham zu einem Teilkapitel seiner ersten Buchpublikation *Vernunft und Engagement. Sozialphilosophische Untersuchungen* (1972) ausgebaut. Im selben Jahr publizierte er einen längeren Rezensionsartikel über Alberts Standardwerk zum Kritischen Rationalismus. Dieser Artikel erschien unter dem Titel *Erkenntniskritik und Moralität. Zu H. Alberts Traktat über kritische Vernunft* in der Zeitschrift *Archiv für Rechts- und Sozialphilosophie.* Auch in *Achams* späteren Publikationen finden sich öfters Bezugnahmen auf Gedanken von Popper und Albert, obgleich er sich selber nie zur „Combo der Kritischen Rationalisten", wie er dies einmal ironisch bemerkte, gezählt hat. Dass Acham im Jahr 1995 einen Nachruf auf Popper im *Almanach der Österreichischen Akademie der Wissenschaften* veröffentlichte, ist auch ein Indiz dafür, dass er in seinen wissenschaftlichen Arbeiten wiederholt wertvolle Anregungen aus Poppers Werk gewonnen hat. Als im Jahr 2007 an Hans Albert das Ehrendoktorat der Universität Graz verliehen wurde, hielt er einen Teil der Laudatio.

Alfred Schramm (geb. 1943) vom Institut für Rechtsphilosophie an der Rechtswissenschaftlichen Fakultät hatte Popper während eines Studienaufenthalts in London persönlich kennengelernt und setzte sich mit dessen Gedanken teilweise kritisch durch Vergleiche mit Denkmotiven aus dem Neopositivismus auseinander. Von ihm stammt das Sachregister von *Die beiden Grundprobleme der Erkenntnistheorie,* jenes erste von Popper verfasste Buch, das von Troels Egger Hansen aus Manuskripten aus den Jahren 1930–1933 zusammengestellt und erst 1979 veröffentlicht wurde.

Nicht zuletzt kann ich als Autor dieses Buches über eigene Beiträge zur Verbreitung und Diskussion von Poppers Werk berichten. Im Laufe meiner akademischen Laufbahn habe ich viele Texte über Poppers Philosophie und den Kritischen Rationalismus verfasst, sei es als Hauptkapitel für eigene Bücher oder als Artikel für Sammelbände, Festschriften und Lexika. Im Jahr 1997 gründete ich zusammen mit Volker Gadenne aus Linz eine *Österreichische Karl* R. *Popper Forschungsgemeinschaft* als gemeinnützigen Verein mit Sitz am Institut für Philosophie.

Während meiner Funktion als Leiter der Abteilung für Philosophische Soziologie am Institut für Philosophie organisierte ich eine Reihe von Popper-Symposien und Popper-Workshops in Graz und am *Inter-University Center for Postgraduate Studies* in Dubrovnik. Manche Ergebnisse dieser Veranstaltungen sind in der Schriftenreihe publiziert, die im Jahr 1989 in Graz gegründet und im Rodopi-Verlag, Amsterdam, herausgegeben wurde. Als Berater über die Publikationswürdigkeit der Bände hatte ich Hans Albert zur Seite. Durch seine Unterstützung erhielt diese Schriftenreihe *(Schriftenreihe zur Philosophie Karl R. Poppers und des Kritischen Rationalismus;* engl.: *Series in the Philosophy of Karl R. Popper and Critical Rationalism)* einen weitreichenden internationalen Bekanntheitsgrad in der *scientific community*. Ehemalige Studierende von Popper an der LSE publizierten darin ihre neuen Bücher, in denen sie Gedanken ihres Lehrers fortgesetzt und weiterentwickelt haben: Ian Jarvie, Alan Musgrave, Mahasweta Chaudhury und Joseph Agassi. Letzterer hat auch einen autobiographischen Band mit interessanten Insider-Informationen über die Popper-Denkschule an der LSE zur Reihe beigetragen. Der vielsagende Titel des Bandes ist *A Philosopher's Apprentice, In Karl Popper's Workshop* (2008). Bisher sind in dieser Reihe 22 Bände zumeist in englischer Sprache erschienen. Der herausgebende Verlag ist seit 2015 Brill/Rodopi.

Mein Nachfolger als Hauptherausgeber der Reihe ist nun Harald Stelzer (geb. 1973). Er hat eine Professur für Politische Philosophie am Institut für Philosophie und am Institut für Soziologie inne und bisher drei Bücher zu Themen des Kritischen Rationalismus publiziert: *Karl Poppers Sozialphilosophie. Politische und ethische Implikationen* (2004), *Karl R. Popper und kritischer Rationalismus interkulturell gesehen* (2007) und *Eine Kritik der kommunitaristischen Moralphilosophie. Offene Gesellschaft – geschlossene Gemeinschaft* (2016).

Die Popper-Rezeption an der Paris-Lodron-Universität Salzburg, benannt nach dem Fürsterzbischof Paris Lodron, der die Universität im Jahr 1622 gründete, geht auf den Philosophen und Wissenschaftstheoretiker Paul Weingartner (geb. 1931) zurück. Er war von den Philosophen aus Österreich jene Person, die zu Popper die längsten und persönlichsten Kontakte hatte. Zunächst studierte er 1961/62 bei Popper in London als Postdoc, um dann zwischen 1962 und 1966 jeweils zweimonatige Forschungsaufenthalte bei Popper zu verbringen und an dessen Seminaren an der LSE teilzunehmen. Weingartner gibt einen informativen Einblick in die dortige Atmosphäre und die Diskussionen in einem kurzen Artikel *Gespräche mit Karl Popper in den 60iger Jahren*. Dieser Artikel ist in einer Festschrift abgedruckt, die am Salzburger Institut für Philosophie anlässlich des 100. Geburtstags von Popper erschienen ist. (Titel: *Was wir Karl R. Popper und seiner Philosophie verdanken*. Hg. Edgar Morscher). Wie Weingartner berichtet, ging es in den von ihm besuchten Seminaren bei Popper um Themen, die mit speziellen Abschnitten von dessen Buch *Logik der Forschung* zusammenhingen. Ein Problem, das von Poppers Schülern Lakatos, Bartley, Watkins, Miller, Agassi und Musgrave und auch Weingartner intensiv diskutiert wurde, war z. B. die Frage, ob die *Logik der Forschung* eine pragmatische Anleitung über die Akzeptanz oder die Ablehnung wissenschaftlicher Erkenntnisbehauptungen sei oder aber, wie Popper immer wieder insistierte, eine logische Studie über die Wahrheit und Falschheit von wissenschaftlichen Erkenntnisaussagen. Für Weingartner, der damals an seiner Habilitationsschrift über Definitionen in den Wissenschaften arbeitete, war in diesen Diskussionen vor allem die Frage von großer Wichtigkeit, ob man in Bezug auf Definitionen von Wahrheit oder Falschheit sprechen könne.

Weingartner wurde 1970 Professor am Institut für Philosophie der Universität Salzburg und war als einer der Popper-Freunde ein Co-Referent bei dem schon genannten Wiener Symposium aus Anlass des 80. Geburtstages von Popper. Er veranlasste im Jahr 1979 Poppers Ernennung zum Ehrendoktor der Universität Salzburg. Im selben Jahr hielt Popper übrigens auch die Festrede zur Eröffnung der Salzburger Festspiele unter dem Titel *Schöpferische Selbstkritik in Wissenschaft und Kunst*.

Am Philosophie-Institut in Salzburg haben sich neben Weingartner auch noch weitere Mitarbeiter mit verschiedenen Gedanken aus der Philosophie Poppers beschäftigt. Dies ist in der oben genannten Festschrift dokumentiert. Der Herausgeber, Edgar Morscher (geb. 1941), der u. a. ein international ausgewiesener Erforscher des Denkens von Bernard Bolzano ist, hat sich in dieser Schrift mit Poppers Welt-3-Lehre auseinandergesetzt. Weitere Angehörige des Instituts erörtern in ihren Beiträgen Poppers Wahrscheinlichkeitsbegriff (Reinhard Kleinknecht), seine Materialismus-Kritik (Johannes L. Brandl), in Anschluss an Popper die Frage, ob es in der Kunst einen Fortschritt gibt (Otto Neumaier), oder es wird Poppers Gesellschaftstheorie mit jener von John Rawls verglichen (Heinrich Ganthaler).

Ein Professor am Salzburger Philosophie-Institut, Gerhard Zecha (geb. 1942), hat einen aktuellen Forschungsschwerpunkt in der Frage, wieweit Poppers Philosophie für die Bildungs- und Erziehungsphilosophie fruchtbar gemacht werden kann. Von ihm wurde der Sammelband *Critical Rationalism and Educational Discourse* (1999) in der oben erwähnten Popper-Schriftenreihe herausgegeben.

Ein weiteres Mitglied des Salzburger Philosophie-Instituts, Georg Dorn, führte Anfang der 1990er-Jahre einen wissenschaftlichen Briefwechsel mit Popper zu einem Problem von Poppers Logik und beeinflusste dessen Ausarbeitung einer Ergänzung in einem Anhang zur *Logik der Forschung.*

An der Johannes Kepler Universität Linz beschäftigte sich die Sozialwissenschaftlerin und Philosophin Evelyn Schuster (in der Popper-*scientific-community* bekannt unter dem früheren Namen Evelyn Gröbl-Steinbach) intensiver mit der Philosophie Poppers und des Kritischen Rationalismus. In Sammelbänden und der oben genannten Popper-Schriftenreihe hat sie wiederholt Artikel publiziert, die verschiedene Themen des Kritischen Rationalismus betreffen, so u. a.: *Von der offenen zur postmodernen Gesellschaft?*, *Reflektierte versus naive Aufklärung? Kritische Theorie und kritischer Rationalismus. Versuch einer Bestandsaufnahme*, *Popper und die Metaphysik*, *Methodenstreit oder Ideologiedebatte. Ein Rückblick auf den Positivismusstreit*, *Wissenschaft oder Ideologie. Die*

Albert-Habermas-Debatte des Positivismusstreits, Zur Verteidigung kritischer Rationalität.

Mit der Berufung des Albert-Schülers Volker Gadenne (geb. 1948), der Psychologie, Philosophie und Wissenschaftstheorie in Mannheim studiert hat und seit 1994 Professor für Philosophie und Wissenschaftstheorie an der Linzer Universität ist, wurde dort die Beschäftigung mit Aspekten des Kritischen Rationalismus noch verstärkt. Gadenne hat als Arbeitsschwerpunkte Erkenntnis- und Wissenschaftstheorie, Bewusstsein, Geist und Gehirn. Buchveröffentlichungen sind unter anderem *Wirklichkeit, Bewusstsein und Erkenntnis* (2003) und *Philosophie der Psychologie* (2004). Er gab u. a. in der oben genannten Popper-Schriftenreihe den Band *Kritischer Rationalismus und Pragmatismus* (1998) heraus. Noch vor der Berufung von *Gadenne* nach Linz hatte Popper von der Universität Linz am 8. November 1986 das Ehrendoktorat verliehen bekommen.

In der Universitätsbibliothek der Alpen-Adria-Universität Klagenfurt befindet sich die *Karl-Popper-Sammlung*, das sind die im Jahr 1995 aus dem Nachlass von Popper erworbenen Bücher, Korrespondenzen, Manuskripte und andere Schriften. Der langjährige UB-Direktor, Dr. Manfred Lube, hat alle Schriften digital aufarbeiten lassen, sodass sie per Internet zur Verfügung stehen. Er selbst hat eine umfangreiche *Karl R. Popper Bibliographie 1925–2004* erstellt, die in Buchform im Jahr 2005 erschienen ist.

Mit Wirksamkeit 1. Oktober 2008 wurden die Rechte an den Werken und Korrespondenzen Karl Poppers durch die bisherige Nachlass-Verwaltung (*The Estate of Karl Popper*, Raymond und Melitta Mew, South Croydon, England) der Universität Klagenfurt/Karl-Popper-Sammlung übertragen. Seither ist der Karl-Popper-Sammlung das Karl-Popper-Copyright-Büro angegliedert. Alle Anfragen betreffend Übersetzungen und Neuausgaben von Werken Karl Poppers müssen an dieses Büro gerichtet werden.

Als gemeinnütziger Verein wurde im Jahr 1997 eine *Karl Popper Foundation* an der Universität gegründet, die u. a. das Ziel hat, wissenschaftliche Vorträge und Symposien zu veranstalten und die Universität Klagenfurt bei der wissenschaftlichen Auswertung des Nachlasses von Popper zu unterstützen. Auch Kontakte zwischen den mit der Philosophie Poppers befassten Institutionen und Persönlichkeiten des akademischen Lebens sollen laut Vereinsstatuten dort gefördert werden. Im Rahmen dieses Vereins wird eine *Schriftenreihe der Karl Popper Foundation Klagenfurt* herausgegeben. Als Präsident dieses Vereins wirkte zunächst von 1999 bis 2003 der hier schon öfter genannte Politiker und Wissenschaftsjournalist Franz Kreuzer. Auf ihn folgte Reinhard Neck (geb. 1951), Professor für Nationalökonomie an der Universität Klagenfurt.

DIE IN ÖSTERREICH HERAUSGEGEBENEN POPPER-SCHRIFTENREIHEN

Bisher erschienene Bände:

Schriftenreihe der Karl Popper Foundation Klagenfurt
(Hg. von Reinhard Neck)

Die Bände, die in dieser Reihe erscheinen, betreffen nicht nur Popper und den Kritischen Rationalismus, sondern auch aktuelle Probleme aus der Wirtschafts- und Sozialpolitik; hier werden nur die Bände über Poppers Philosophie und den Kritischen Rationalismus angeführt.

Bd. 2: Reinhard Neck/Kurt Salamun (Hg.): *Karl R. Popper – Plädoyer für kritisch-rationale Wissenschaft.* Frankfurt/M.: Peter Lang 2004.

Bd. 3: Manfred Lube: *Karl R. Popper Bibliographie 1925–2004. Wissenschaftstheorie, Sozialphilosophie, Logik, Wahrscheinlichkeitstheorie, Naturwissenschaften.* Frankfurt/M.: Peter Lang 2005.

Bd. 5: Reinhard Neck (Hg.): *Was bleibt vom Positivismusstreit?* Frankfurt/M.: Peter Lang 2008.

Bd. 7: Reinhard Neck/Harald Stelzer (Hg.): *Kritischer Rationalismus heute. Zur Aktualität der Philosophie Karl Poppers.* Frankfurt/M.: Peter Lang Edition 2013.

Schriftenreihe zur Philosophie Karl R. Poppers und des Kritischen Rationalismus (Series in the Philosophy of Karl R. Popper and Critical Rationalism)

(Hg. von Kurt Salamun, Bd.1–18, ab Bd. 19 zusammen mit Udo Thiel, ab Bd. 23 Hauptherausgeber Harald Stelzer)

Bd. 1: Kurt Salamun (Hg.): *Moral und Politik aus der Sicht des Kritischen Rationalismus.* Amsterdam/Atlanta: Editions Rodopi B. V. 1991.

Bd. 2: Bo-Hyon Kim: *Kritik des Strukturalismus. Eine Auseinandersetzung mit dem Strukturalismus vom Standpunkt der falsifikationistischen Wissenschaftstheorie.* Amsterdam/Atlanta: Editions Rodopi B. V. 1991.

Bd. 3: John R. Wettersten: *The Roots of Critical Rationalism.* Amsterdam/Atlanta: Editions Rodopi B. V. 1992.

Bd. 4: Hans Albert/Kurt Salamun (Hg.): *Mensch und Gesellschaft aus der Sicht des Kritischen Rationalismus.* Amsterdam/Atlanta: Editions Rodopi B. V. 1993.

Bd. 5: Joseph Agassi: *A Philosopher's Apprentice: In Karl Popper's Workshop.* Amsterdam/Atlanta: Editions Rodopi B. V. 1993. Revised, Extended and Annotated Edition. Amsterdam/New York: Editions Rodopi B. V. 2008.

Bd. 6: Sheldon Richmond: *Aesthetic Criteria: Gombrich and the Philosophies of Science of Popper and Polanyi.* Amsterdam/Atlanta: Editions Rodopi B. V. 1994.

Bd. 7: Bernward Gesang: *Wahrheitskriterien im Kritischen Rationalismus. Ein Versuch zur Synthese analytischer, evolutionärer und kritisch-rationaler Ansätze.* Amsterdam/Atlanta: Editions Rodopi B. V. 1995.

Bd. 8: Michael Schmid: *Rationalität und Theorienbildung. Studien zu Karl Poppers Methodologie der Sozialwissenschaften.* Amsterdam/Atlanta: Editions Rodopi B. V. 1996.

Bd. 9: Norbert Hinterberger: *Der Kritische Rationalismus und seine antirealistischen Gegner.* Amsterdam/Atlanta: Editions Rodopi B. V. 1996.

Bd. 10: Volker Gadenne (Hg.): *Kritischer Rationalismus und Pragmatismus.* Amsterdam/Atlanta: Editions Rodopi B. V. 1998.

Bd. 11: Gerhard Zecha (Ed.): *Critical Rationalism and Educational Discourse.* Amsterdam/Atlanta: Editions Rodopi B. V.1999.

Bd. 12: Alan Musgrave: *Essays on Realism and Rationalism.* Amsterdam/Atlanta: Editions Rodopi B. V. 1999.

Bd. 13: Hans Albert: *Between Social Science, Religion and Politics. Essays in Critical Rationalism.* Amsterdam/Atlanta: Editions Rodopi B. V. 1999.

Bd. 14: Dariusz Aleksandrowicz/ Hans Günther Ruß (Hg.): *Realismus–Disziplin–Interdisziplinariät.* Amsterdam/Atlanta: Editions Rodopi B. V. 2001.

Bd. 15: Ian Jarvie: *The Republic of Science. The Emergence of Popper's Social View of Science 1935–1945.* Amsterdam/Atlanta: Editions Rodopi B. V. 2001.

Bd. 16: Mahasweta Chaudhury: *Bounds of Freedom. Popper, Liberty and Ecological Rationality*. Amsterdam/New York: Editions Rodopi B. V. 2004.

Bd. 17: Jan M. Böhm: *Kritische Rationalität und Verstehen. Beiträge zu einer naturalistischen Hermeneutik.* Amsterdam/New York: Editions Rodopi B. V. 2006.

Bd. 18: Joseph Agassi/Ian Jarvie: *A Critical Rationalist Aesthetics.* Amsterdam/New York: Editions Rodopi B. V. 2008.

Bd. 19: Chen Yehezkely: *Closed Education in the Open Society: Kibbutz Education as a Case Study.* Amsterdam/New York: Editions Rodopi B. V. 2012.

Bd. 20: Alexander Naraniecki: *Returning to Karl Popper. A reassessment of his politics and philosophy.* Amsterdam/New York: Editions Rodopi B. V. 2014.

Bd. 21: Harald Stelzer: *Eine Kritik der kommunitaristischen Moralphilosophie. Offene Gesellschaft – geschlossene Gemeinschaft.* Leiden: Brill/Rodopi Publishing 2016.

Bd. 22: Thomas Trzyna: *Karl Popper and Literary Theory. Critical Rationalism as a Philosophy of Literature.* Leiden: Brill/Rodopi Publishing 2017.

LITERATURVERZEICHNIS

Adorno, Theodor W./Albert, Hans u. a. (Hg.): *Der Positivismusstreit in der deutschen Soziologie.* Neuwied, Berlin 1969: Luchterhand Verlag.

Albert, Hans: *Traktat über kritische Vernunft.* Tübingen 1969: J.C.B. Mohr (Paul Siebeck).

Albert, Hans: Varianten des kritischen Rationalismus, in: Karl Poppers kritischer Rationalismus heute, hg. von Jan M. Böhm u. a., Tübingen 2002: Mohr Siebeck.

Albert, Hans: *In Kontroversen verstrickt. Vom Kulturpessimismus zum kritischen Rationalismus.* Wien/Berlin 2007: LITT Verlag.

Albert, Hans, Popper, Karl: *Briefwechsel.* Hrsg. von M. Morgenstern u. R. Zimmer. Frankfurt/M. 2005: Fischer Taschenbuch Verlag.

Bartley, William Warren III.: *Flucht ins Engagement.* Tübingen 1987: J.C.B. Mohr (Paul Siebeck).

Bartley, William Warren III.: *Ein schwieriger Mensch. Eine Porträtskizze von Sir Karl Popper*, in: *Philosophen des 20. Jahrhunderts,* Hg. von E. Nordhofen. Frankfurt/Main 1986: Syndikat, EVA.

Bassam Tibi: *Die fundamentalistische Herausforderung. Der Islam und die Weltpolitik.* München 1992: C. H. Beck.

Bergen, Peter L.: *Heiliger Krieg Inc. Osama bin Ladens Terrornetz.* Berlin 2003: Berliner Taschenbuch Verlag.

Bracher, Karl Dietrich: *Die deutsche Diktatur. Entstehung, Struktur, Folgen des Nationalsozialismus,* Köln 1969: Kiepenheuer & Witsch.

Dahrendorf, Ralf Gustav: *Lebenschancen. Anläufe zur sozialen und politischen Theorie.* Frankfurt/M. 1979: Suhrkamp Verlag.

Engels, Friedrich und Marx, Karl: *Die heilige Familie oder Kritik der kritischen Kritik*, in: Karl Marx und Friedrich Engels, *Werke, Bd. 2,* Berlin 1974: Dietz Verlag.

Feyerabend, Paul: Wider den Methodenzwang. Skizze einer anarchistischen Erkenntnistheorie. Frankfurt am Main 1976: Suhrkamp Verlag.

Feyerabend, Paul: *Unterwegs zu einer dadaistischen Erkenntnistheorie*, in: *Unter dem Pflaster liegt der Strand,* Bd. 4, 2. Aufl. Hg. von H. P. Duerr. Berlin 1981: Karin Kramer Verlag.

Goebbels, Joseph: *Die Zeit ohne Beispiel. Reden u. Aufsätze aus den Jahren 1939/40/41.* München 1942: Zentralverlag der NSDAP.

Göring, Hermann: *Der Parteitag Großdeutschlands vom 5. bis 12. September 1938. Offizieller Bericht über den Verlauf des Reichsparteitags mit sämtlichen Reden*, München 1938: Zentralverlag der NSDAP.

Gombrich, Ernst: Interview mit H. Kiesewetter über die Freundschaft mit Karl Popper 1998, in: Hubert Kiesewetter, Karl Popper – Leben und Werk, Eichstätt 2001: Eigenverlag. S.103–124.

Haider, Jörg: *Die Freiheit, die ich meine. Das Ende des Proporzstaates, Plädoyer für die dritte Republik.* Frankfurt/Main, Berlin 1993: Ullstein.

Hayek, Friedrich August von: *Der Weg zur Knechtschaft*. 1945.

Hayek, Friedrich August von: *Die Verfassung der Freiheit*. Tübingen 1971: J.C.B. Mohr (Paul Siebeck).

Hess, Rudolf: *Reden*. 2. Aufl. München 1938: Zentralverlag der NSDAP.

Horkheimer, Max: *Kritik der instrumentellen Vernunft*. Frankfurt/Main 1985: Fischer Taschenbuch Verlag.

Jaspers, Karl: *Psychologie der Weltanschauungen.* München 1985: Piper Verlag.

Kelsen, Hans: *Was ist Gerechtigkeit?* Wien 1953: Franz Deuticke.

Kelsen, Hans: *Aufsätze zur Ideologiekritik*. Mit einer Einleitung herausgegeben von Ernst Topitsch. Neuwied, Berlin 1964: Hermann Luchterhand Verlag GmbH.

Kiesewetter, Hubert: *Karl Popper – Leben und Werk*. Eichstätt 2001: Eigenverlag.

Kreuzer, Franz (Hg.): *Offene Gesellschaft – offenes Universum. Franz Kreuzer im Gespräch mit Karl R. Popper*. Wien 1982: Franz Deuticke.

Leonhard, Wolfgang: *Die Dreispaltung des Marxismus*, Düsseldorf/Wien 1971: Econ Verlag.

Lingens, Peter Michael: *Begegnungen,* Wien 1995: Verlag Kremayr & Scheriau.

Lohlker, Rüdiger: *Theologie der Gewalt. Das Beispiel IS.* Wien 2016: facultas.

Lohlker, Rüdiger: *Die Salafisten. Aufstand der Frommen, Saudi-Arabien und der Islam*. München 2017: C. H. Beck.

Lührs, G. u. a. (Hg.): *Kritischer Rationalismus und Sozialdemokratie.* Berlin/Bonn 1975: Verlag J. H. W. Dietz Nachf.

Magee, Bryan: *Karl Popper*. Tübingen 1986: J.C.B. Mohr (Paul Siebeck).

Magee, Bryan: *Bekenntnisse eines Philosophen.* München 1997: Paul List Verlag.

Marcuse, Herbert: *Der eindimensionale Mensch. Studien zur Ideologie der fortgeschrittenen Industriegesellschaft.* Neuwied, Berlin 1970: Hermann Luchterhand Verlag GmbH.

Marcuse, Herbert: Befreiung von der Überflußgesellschaft, in: *Kursbuch 16.* in: Band II/Kursbuch 11–20. Frankfurt/Main 1969: Suhrkamp Verlag.

Marcuse, Herbert/Popper, Karl: *Revolution oder Reform? Eine Konfrontation.* hrsg. v. F. Stark. München 1971: Kösel-Verlag.

Marx, Karl/Engels, Friedrich: *Manifest der Kommunistischen Partei*, in: Karl Marx, Friedrich Engels, *Werke Bd.4.* Berlin 1974: Dietz Verlag.

Marx, Karl: *Das Kapital. Kritik der politischen Ökonomie,* 1. Bd., in: Karl Marx, Friedrich Engels, *Werke. Bd. 23*, Berlin 1974: Dietz Verlag.

Marx, Karl/Engels, Friedrich: *Deutsche Ideologie*. In Karl Marx und Friedrich Engels, *Werke. Bd 3*, Berlin 1969: Dietz Verlag

Merkel, Wolfgang: *Religion. Fundamentalismus und Demokratie*, in: Wolfgang Schluchter (Hg.): *Fundamentalismus, Terrorismus, Krieg.* Weilerswist 2003: Welbrück.

Miller, David (Hg.): *Karl Popper – Lesebuch*. Tübingen 1995: J. C. B. Mohr (Paul Siebeck).

Morgenstern, Martin/Zimmer, Robert: *Karl Popper.* München 2002: dtv Verlag.

Morscher, Edgar (Hg.): *Was wir Karl R. Popper und seiner Philosophie verdanken*. Zu seinem 100. Geburtstag. Sankt Augustin 2002: Academia Verlag.

Neumann, Peter R: *Der Terror ist unter uns. Dschihadismus und Radikalisierung in Europa,* Berlin 2016: Ullstein.

Petersen, Arne F.: *Vorwort des Herausgebers.* In: Karl Popper: *Die Welt des Parmenides. Der Ursprung des europäischen Denkens,* hg. von Arne F. Petersen, München 2001: Piper Verlag.

Popper, Karl R./Lorenz, Konrad: *Die Zukunft ist offen. Das Altenberger Gespräch. Mit den Texten des Wiener Popper-Symposiums,* München 1985: Piper Verlag.

Popper, Karl R.: *Objektive Erkenntnis. Ein evolutionärer Entwurf,* Hamburg 1973: Hoffmann und Campe Verlag.

Popper, Karl R.: *Logik der Forschung,* 11. Aufl. Tübingen 2005: Mohr Siebeck.

Popper, Karl R.: *Die offene Gesellschaft und ihre Feinde. Band I. Der Zauber Platons.* 7. Aufl. mit weitgehenden Verbesserungen und neuen Anhängen. Tübingen 1992: J.C.B. Mohr (Paul Siebeck).

Popper, Karl R.: *Die offene Gesellschaft und ihre Feinde. Band II. Falsche Propheten Hegel, Marx und die Folgen.* 7. Aufl. mit weitgehenden Verbesserungen und neuen Anhängen. Tübingen 1992: J.C.B. Mohr (Paul Siebeck).

Popper, Karl R.: *Ausgangspunkte. Meine intellektuelle Entwicklung.* Hamburg 1979: Hoffmann und Campe.

Popper, Karl R.: *Das Elend des Historizismus.* Tübingen 1965: J.C.B. Mohr (Paul Siebeck).

Popper, Karl R.: *Auf der Suche nach einer besseren Welt. Vorträge und Aufsätze aus dreißig Jahren.* 2. Aufl. München/Zürich 1987: Piper Verlag.

Popper, Karl R.: *Vermutungen und Widerlegungen. Das Wachstum wissenschaftlicher Erkenntnis. Teilband I Vermutungen.* Tübingen 1994: J.C.B. Mohr (Paul Siebeck).

Popper, Karl R.: *Vermutungen und Widerlegungen. Das Wachstum wissenschaftlicher Erkenntnis. Teilband II Widerlegungen.* Tübingen 1997: J.C.B. Mohr (Paul Siebeck).

Popper, Karl R.: *Die beiden Grundprobleme der Erkenntnistheorie.* Hrsg. v. Troels Eggers Hansen. Tübingen 1979: J.C.B. Mohr (Paul Siebeck).

Popper, Karl R.: *Frühe Schriften.* Hrsg. v. Troels Eggers Hansen. (Gesammelte Werke in deutscher Sprache 1). Tübingen 2006: Mohr Siebeck.

Popper, Karl R.: *Alles Leben ist Problemlösen. Über Erkenntnis, Geschichte und Politik*. München/Zürich 1994: Piper Verlag..

Popper, Karl R.: *The Myth of the Framework*. London/New York 1996: Routledge.

Popper, Karl R:. *Eine Welt der Propensitäten*, Tübingen 1995: J.C.B. Mohr (Paul Siebeck).

Popper, Karl R:. *Die Welt des Parmenides. Der Ursprung des europäischen Denkens*. Hrsg. von Arne F. Petersen unter Mitarbeit von Jorgen Mejer. München/Zürich 2001: Piper Verlag.

Schilcher, Bernd: *Zwischen Pragmatismus und Ideologie. Steirische Beiträge zur Grundlagendiskussion der ÖVP*. Graz 1972: Styria.

Spinner, Helmut: *Ist der Kritische Rationalismus am Ende? Auf der Suche nach den verlorenen Maßstäben des Kritischen Rationalismus für eine offene Sozialphilosophie und kritische Sozialwissenschaft*. Weinheim/Basel 1982: Beltz Verlag.

Topitsch, Ernst. *Studien zur Weltanschauungsanalyse*. Wien o. J.: Turia+Kant.

Topitsch, Ernst: *Sozialphilosophie zwischen Ideologie und Wissenschaft*. Neuwied 1961: Hermann Luchterhand Verlag.

Weber, Max: *Wirtschaft und Gesellschaft. Grundriss der verstehenden Soziologie*. 5. Aufl. Hg. v. J. Winckelmann. Tübingen 1972: J. C. B. Mohr (Paul Siebeck).

Weingartner, Paul: *Gespräche mit Karl Popper in den 60er Jahren*, In: E. Morscher (Hg.): *Was wir Karl R. Popper und seiner Philosophie verdanken*. Zu seinem 100. Geburtstag. Sankt Augustin 2002: Academia Verlag.

Wittgenstein, Ludwig: *Tractatus logico-philosophicus. Logisch-philosophische Abhandlung*. Frankfurt/Main 1963: Suhrkamp Verlag.

PERSONENREGISTER

STYRIA
BUCHVERLAGE

Wien – Graz – Klagenfurt

ISBN 978-3-222-15019-7

Bücher aus der Verlagsgruppe Styria gibt es
in jeder Buchhandlung und im Online-Shop
www.styriabooks.at

Coverfoto: SZ Photo/SZ-Photo/picturedesk.com
Foto S. 2: ullstein bild-Horst Tappe/Ullstein Bild/picturedesk.com
Covergestaltung: Emanuel Mauthe
Buchgestaltung und Satz: Florian Zwickl
Lektorat: Johannes Sachslehner

Druck und Bindung: Finidr
Printed in the EU
7 6 5 4 3 2